A ELITE NA CADEIA

Wálter Nunes

A elite na cadeia
O dia a dia dos presos da Lava Jato

Copyright © 2019 Wálter Nunes

Grafia atualizada segundo o Acordo Ortográfico da Língua Portuguesa de 1990, que entrou em vigor no Brasil em 2009.

Capa
Alceu Chiesorin Nunes

Imagem de capa
iStock/ Getty Images Plus

Imagens de miolo
Fotos 1 a 10: Wálter Nunes, 2018
Fotos 11 a 14: Conselho da Comunidade de Curitiba, 2017

Checagem
Felipe Bächtold

Preparação
Fernanda Villa Nova

Revisão
Carmen T. S. Costa
Isabel Cury

Dados Internacionais de Catalogação na Publicação (CIP)
(Câmara Brasileira do Livro, SP, Brasil)

Nunes, Wálter
  A elite na cadeia : o dia a dia dos presos da Lava Jato / Wálter Nunes. — 1ª ed. — Rio de Janeiro : Objetiva, 2019.

  ISBN 978-85-470-0095-0

  1. Brasil — Política e governo 2. Corrupção na política — Brasil 3. Elite (Ciências sociais) 4. Jornalismo — Aspectos políticos 5. Prisioneiros políticos I. Título.

19-30310   CDD-323.490981

Índice para catálogo sistemático:
1. Brasil : Prisioneiros políticos : Ciência política   323.490981

Iolanda Rodrigues Biode – Bibliotecária – CRB-8/10014

[2019]
Todos os direitos desta edição reservados à
EDITORA SCHWARCZ S.A.
Praça Floriano, 19, sala 3001 — Cinelândia
20031-050 — Rio de Janeiro — RJ
Telefone: (21) 3993-7510
www.companhiadasletras.com.br
www.blogdacompanhia.com.br
facebook.com/editoraobjetiva
instagram.com/editora_objetiva
twitter.com/edobjetiva

*Para Paulo, Áurea e Vinícius, a origem de tudo.
E para Enzo, Sophia e João, para onde o futuro aponta.*

*Lá fora é a liberdade e o sol.
A cadeia, os presos na cadeia, a
surra, ensinaram a Pedro Bala que
a liberdade é o bem maior do mundo.*

Jorge Amado, *Capitães da Areia*

Sumário

I. Na carceragem da Polícia Federal...... 11
II. No Complexo Médico Penal...... 81
III. A Odebrecht na cadeia...... 113
IV. Relações em cadeia...... 149
V. Novos e antigos detentos...... 207
VI. Lula...... 245

Sobre este livro...... 271
Agradecimentos...... 283
Notas...... 287

I

Na carceragem da Política Federal

"XARÁ, POLÍCIA FEDERAL AQUI, VIU?!"

Naquele novembro de 2014, o relógio ainda não marcava seis da manhã quando as viaturas pretas da Polícia Federal pararam em frente ao edifício da arborizada rua Ivone Cavaleiro, 184, na Barra da Tijuca, bairro de classe média alta carioca. O alvo dos policiais estava na cobertura duplex número 301. Como manda o regulamento, os agentes esperaram despontar o primeiro raio de sol no horizonte para então tocar o interfone na residência do ex-diretor de Serviços da Petrobras Renato Duque.

Ao descobrir que eram policiais federais que batiam à sua porta, Duque telefonou imediatamente para o advogado Renato Moraes: "Xará, Polícia Federal aqui, viu?! Vou olhar se tem mandado e abrir, não é isso?". O advogado respondeu que sim, mas quis saber se era apenas mandado de busca e apreensão ou se também havia ordem de prisão ou condução coercitiva. Duque ficou de checar: "Tá, eu te ligo".

Duque era alvo da sétima fase da Operação Lava Jato, batizada de Juízo Final. Os policiais federais traziam uma ordem judicial assinada pelo juiz Sergio Moro, da Justiça Federal de Curitiba, que permitia que revirassem os dois andares do elegante apartamento.

Duque, então com 61 anos, é um homem alto, de ombros largos, um pouco acima do peso. Poucos fios brancos cobrem sua nuca e suas têmporas e não há cabelo no topo da cabeça. Ele acompanhava o trabalho dos agentes olhando por cima dos óculos, o cenho franzido. Na Petrobras, esse mesmo semblante assustava seus subordinados, que temiam aquele homem grande e dono de uma poderosa caneta. Os policiais apanharam documentos, vasculharam computadores, apreenderam pendrives, esquadrinharam arquivos, esmiuçaram anotações, varreram tudo o que poderia ser uma pista sobre os passos ocultos do burocrata da maior estatal do país. Duque estava atônito. E tinha razões para isso.

Seu colega Paulo Roberto Costa, ex-diretor de Abastecimento da Petrobras, havia sido preso em março e, desde agosto, vinha contando aos investigadores do Paraná como eram as relações entre funcionários da estatal, empresários detentores de importantes contratos e políticos. Ficou ruim para Duque.

Renato Duque fora demitido da direção da Petrobras em 2012, dois anos antes do nascimento da Lava Jato, junto com Paulo Roberto Costa. O motivo da demissão, segundo a estatal, fora administrativo. A empresa sentira necessidade de reformular a diretoria. Na ocasião, nenhum dos dois havia sido alvo de denúncias de corrupção.

Duque ligou novamente para o xará: "Pelo que estou entendendo, estão terminando". "É só busca e apreensão?", perguntou o advogado novamente. Duque respondeu que sim. O advogado insistiu: "Não tem mandado de condução coercitiva?". Duque respondeu: "Não, não tem não". O advogado, desconfiado, avançou: "Nem prisão?". Duque então foi tirar a dúvida com um dos policiais. E descobriu que, sim, seria levado preso. "Tem mandado de prisão temporária", disse. "Ordem de Curitiba, é?", questionou o advogado. Sim, era ordem de Curitiba.

O ex-diretor da Petrobras então quis saber qual procedimento deveria seguir. Foi orientado pelo defensor a levar roupas e medicamentos para a Polícia Federal. O advogado explicou que a prisão temporária era de cinco dias, prorrogáveis por mais cinco, e tentou tranquilizar o cliente afirmando que a "temporária é a típica prisão de quando eles não têm nada e fazem de maldade, entendeu?". O advogado então perguntou onde ele ficaria preso, e o diretor da Petrobras voltou a recorrer ao policial ao lado. Na gravação feita pela Polícia Federal dá para ouvir o agente dizendo "na Superintendência (da Polícia Federal do Rio de Janeiro), depois vai ser levado para a Superintendência no Paraná". Duque repassa a informação para o advogado: "Ele está dizendo que eu vou para o Paraná. Que que é isso, cara? Que país é este?".

Renato Duque sabia que a Lava Jato estava perto de descobrir suas negociatas na Petrobras e que a qualquer momento poderia ser alvo de uma operação de busca e apreensão, mas ficou surpreso ao ver os federais revirando a casa e saber que sairia dali preso. A incredulidade fazia sentido: o país a que o engenheiro havia se acostumado não tinha a tradição de encarcerar pessoas de sua classe social.

Segundo dados do Levantamento Nacional de Informações Penitenciárias,[1] realizado pelo Departamento Penitenciário Nacional, órgão do Ministério da Justiça, a esmagadora maioria dos mais de 720 mil presos no Brasil é formada por jovens negros, de baixa escolaridade e de baixa renda. Só 1% dos detentos brasileiros têm curso superior, como Duque. Também é de 1% a população carcerária que ultrapassou os sessenta anos, como ele. Os brancos, menos da metade da população brasileira, representam 35% dos presos.[2]

Naquele dia 14 de novembro, porém, o juiz Sergio Moro havia expedido cerca de noventa mandados a serem cumpridos no Paraná, em Minas Gerais, no Rio de Janeiro, em São Paulo, no Recife e no Distrito Federal. Até as onze horas da manhã, delegados e agentes já haviam vasculhado 49 escritórios e residências. O juiz determinou seis prisões preventivas (sem prazo predefinido), dezenove temporárias (com prazo de duração de cinco dias, prorrogáveis por mais cinco) e nove de condução coercitiva (quando o acusado é levado por policiais para depor e depois liberado). Entre os alvos estavam, além de Renato Duque, alguns dos principais empreiteiros do país, como José Aldemário Pinheiro Filho, o Léo Pinheiro, presidente e acionista da empreiteira baiana OAS; Ricardo Pessoa, dono da UTC; e Dalton Avancini, presidente da gigante paulista Camargo Corrêa. A Lava Jato naquele dia dava um grande salto.[3]

Duque chegou à Superintendência da Polícia Federal do Rio de Janeiro, na praça Mauá, zona portuária da cidade, carregando escova, pasta de dentes e um remédio para o controle da pressão arterial. Contrariado, disse a cada policial que encontrou que aquilo era um absurdo, uma arbitrariedade e que tomaria providências contra aquele abuso. Os policiais não deram bola e Duque foi levado para uma sala de espera.

Aos poucos foi chegando mais gente. O diretor de Operações da Iesa Óleo e Gás, Otto Garrido Sparenberg, foi um dos primeiros. Quem entrava na sala era recepcionado por um agente que apontava a cadeira onde deveria se sentar e logo dava a orientação: "Está proibida a conversa entre vocês. Não pode ter bate-papo aqui. Estou de olho".

No final da tarde, entrou pela porta o presidente da Queiroz Galvão, Ildefonso Colares Filho. A demora ocorreu porque os policiais não o encontraram em casa. Colares Filho havia se hospedado no luxuoso hotel Fasano, com medo de ser surpreendido pela polícia ainda de pijamas.

Após responder a algumas perguntas, fornecer dados e entregar documentos, eles seguiram de van para o Aeroporto Internacional Tom Jobim, o Galeão, onde aguardaram o avião da Polícia Federal que viria da capital paulista para levá-los a Curitiba.

Mais cedo em São Paulo a polícia já havia prendido Léo Pinheiro e os executivos da OAS. Ricardo Pessoa, dono da UTC, foi surpreendido pelos policiais na véspera de seu aniversário de 63 anos, e o plano de comemorar com a família e amigos no sábado foi frustrado pela Lava Jato.

A decepção dos policiais ficou por conta de não terem encontrado nenhum dos diretores da Camargo Corrêa, e por um simples motivo: os advogados da empresa já tinham percebido que as operações da Lava Jato costumavam acontecer às sextas-feiras. Como suspeitavam que cedo ou tarde a PF bateria à porta de seus executivos, orientaram o presidente da empresa, Dalton dos Santos Avancini; o vice-presidente, Eduardo Hermelino Leite; e o presidente do conselho de administração da construtora, João Ricardo Auler, a saírem de casa na quinta-feira. A intenção não era fugir da Justiça, mas evitar que fossem detidos na frente da família.

Dalton Avancini passou a sair de casa com a esposa e as duas filhas já no meio da semana para se hospedar em hotéis ou ficar com os sogros. Uma semana antes da operação, no dia 7, comemorou o aniversário de 48 anos com a família de olho no celular, temendo que a polícia pudesse estragar seu dia. Afinal, a efeméride havia caído justamente numa sexta.

A estratégia dos advogados da Camargo Corrêa deu certo. Avancini, Leite e Auler evitaram que seus familiares acordassem com um delegado tocando a campainha. Eduardo Leite se entregou no final da tarde de sexta na sede da Polícia Federal, em São Paulo, pouco depois que os outros presos na operação já tinham ido para o Rio de Janeiro. Passou a noite ali mesmo, sozinho numa cela da carceragem.

Dalton e Auler se entregaram no sábado, também em São Paulo. O advogado dos executivos, Celso Vilardi, alegou que Dalton não tinha sido encontrado pelos investigadores porque havia viajado com a família, enquanto Auler estava descansando num sítio. No dia 15 de novembro os três foram para Curitiba.

Sérgio Mendes, dono da empreiteira Mendes Júnior, também conseguiu driblar os investigadores e só se apresentou no sábado. Foi para o Paraná em seu jatinho particular. Fernando Baiano, o lobista do PMDB, disse que corria numa praia da Barra da Tijuca, no Rio, enquanto a polícia o procurava. Em vez de se apresentar assim que soube da busca, preferiu ir para São Paulo, onde, segundo ele, tinha uma reunião agendada. Apresentou-se em Curitiba apenas na terça-feira, dia 18, quatro dias depois dos outros alvos da fase Juízo Final.

Os empreiteiros que não conseguiram escapar da investida amargaram uma ida para a sede da Polícia Federal, na Lapa, no banco de trás da viatura policial. Chegando lá foram acomodados no auditório e responderam a algumas perguntas dos policiais. No início da tarde seguiram de van para o Aeroporto Internacional Governador André Franco Montoro, em Guarulhos, na região metropolitana da capital.

Em Cumbica, os presos foram recebidos por dois homens vestindo macacão da Aeronáutica. Os agentes da Polícia Federal haviam demonstrado certa cordialidade com os presos da Lava

Jato durante a abordagem e no transporte até o aeroporto. Já os soldados não fizeram questão de ter simpatia. De modo seco, informaram que passariam por uma revista antes de entrar no avião. Um a um (e separadamente), tiraram a roupa e abriram a boca para mostrar que não havia nada embaixo da língua ou entre a gengiva e os dentes. Em seguida, os oficiais deram ordem para que agachassem sobre um espelho colocado no chão e, tapando a boca com a parte de trás da mão, assoprassem com força. O expediente era para se certificarem de que nenhum deles levava algo escondido na cavidade anal.

O procedimento constrangedor abalou o ânimo dos executivos, mas haveria mais pela frente. Até aquele momento, ninguém havia sido algemado. A determinação da Polícia Federal era a de que, se os policiais confiassem que os presos não ofereceriam resistência, as algemas poderiam ser dispensadas. Isso mudou quando estavam para seguir em direção ao avião, que já esperava na pista. Uma norma de segurança obriga que prisioneiros sejam mantidos algemados durante viagens em aeronaves. A medida é para evitar que ameacem a integridade física do policial que os acompanha, deles próprios ou da tripulação, colocando em risco a segurança do voo. Portanto, um cinturão de couro foi preso à cintura de cada um. Dele saíam duas correntes com algemas nas pontas — uma prendia o detido pelos tornozelos e a outra o imobilizava pelos punhos. Os empreiteiros cruzaram a pista em passos curtos e arrastados, feito pinguins, até o jato.

Por volta das cinco da tarde, o jato modelo ERJ 145, fabricado pela Embraer, foi autorizado a decolar com destino ao Rio de Janeiro. Com poucos minutos de voo, Agenor Medeiros, o executivo da OAS, começou a passar mal. Perdeu a cor e respirava com dificuldade. Os agentes afrouxaram o colarinho de sua camisa, mas o mal-estar não passava. Então permitiram que levantasse para respirar melhor. Ele tomou um pouco de água, porém nada adiantou. Os agentes tentavam tranquilizá-lo, mas ele não dava sequer sinal de que escutava o que lhe diziam. A náusea persistiu até o pouso da aeronave no Galeão, à noite.

A previsão era de que a escala na capital fluminense fosse rápida, só o tempo de embarcarem em outro avião e decolarem rumo a Curitiba. Mas aquele não seria um dia curto. Durante a checagem feita pela equipe de manutenção, foi encontrado um problema mecânico no jato e seria preciso fazer o conserto antes de seguirem viagem. O piloto informou aos policiais sobre o problema e um agente ordenou que todos desembarcassem.

Mais uma vez a passos de pinguim por causa das algemas, eles cruzaram a pista do Galeão e foram em direção a uma pequena sala onde já estavam seus futuros colegas de cadeia. A essa altura, o cansaço havia dominado boa parte dos empreiteiros. Mateus Coutinho de Sá, gerente financeiro da OAS, ajeitou-se num banco com a cabeça apoiada na mochila e tentou dormir. Esticou o pescoço e viu Renato Duque olhando em sua direção com ar de reprovação. Tentou pegar no sono assim mesmo.

Era quase meia-noite quando um dos policiais se lembrou de que ninguém havia comido nada desde cedo. Provavelmente por causa da tensão, nenhum dos presos reclamou do jejum. Um policial apareceu minutos depois com saquinhos com lanches do Bob's. Cada preso ganhou um hambúrguer e um copo de refrigerante. Assim que acabaram de comer, foram informados de que o avião estava pronto. Seguiriam, enfim, para o Paraná. Às quatro e meia da manhã do sábado, os dezesseis passageiros da aeronave chegaram ao Aeroporto Afonso Pena, em São José dos Pinhais. Seguiram direto à sede da Polícia Federal, em Curitiba, para serem encarcerados.

A CHEGADA

O prédio da Superintendência da Polícia Federal do Paraná foi inaugurado em 2007, no segundo mandato do então presidente Luiz Inácio Lula da Silva. O governo petista havia investido pesado na instituição, com reformulação dos planos de salários, abertura de concursos, instalações de modernos centros de perícia e entrega de novos edifícios para as superintendências nos estados. A sede de Curitiba estava nesse pacote.

Localizada no bairro de Santa Cândida, região distante do centro da cidade, a Polícia Federal está num dos pontos mais altos da capital. No inverno, o vento frio faz congelar os ossos. Naquele final de ano, apesar do verão, os curitibanos já conviviam com um clima fresco. A carceragem, que fica no primeiro andar, é um local de transição. Ali os suspeitos ficam provisoriamente por alguns dias até que a Justiça decida se podem ser soltos ou se devem seguir para um presídio (para esperar o julgamento e cumprir pena).

Se comparadas com a realidade da maioria das cadeias do país, as instalações da carceragem da PF paranaense são relativamente boas, com duas alas com três cubículos cada. As celas 1, 2 e 3 dão de fundos para as celas 4, 5 e 6. Cada uma mede dois metros e meio de largura por quatro metros de profundidade. Em frente ao xadrez há um corredor e depois dele uma parede onde janelas com grade deixam entrar alguma claridade.

O mobiliário das celas 4, 5 e 6, onde ficaram os presos da fase Juízo Final, consiste em um beliche, uma mesa e um banquinho, tudo feito de concreto e fixado no chão. No fundo, uma mureta de meio metro separa o banheiro — que tem vaso sanitário, pia e torneira — do resto do ambiente. Para darem um pouco mais de privacidade ao ambiente, os detentos improvisaram colchões como portas dos sanitários nas celas. Os chuveiros ficam do lado de fora, no final do corredor. São apenas duas duchas, e elas só podem ser usadas durante o período em que o preso é liberado para o banho de sol. A água geralmente é quente.

A capacidade ideal na carceragem é de um preso nas celas 1, 2 e 3, onde só tem uma cama, e dois presos nas 4, 5 e 6, mas desde a sétima fase da Lava Jato é uma raridade o lugar ficar dentro do limite máximo de nove pessoas. O comum é ver gente dormindo em colchões no chão. Além dos prisioneiros do Petrolão, quase diariamente passam por ali pessoas acusadas de tráfico de drogas, contrabando, falsidade ideológica ou que tenham praticado qualquer delito enquadrado como crime federal.

Não há um espaço exclusivo para mulheres. Quando há uma presa, os agentes têm que remanejar os homens de modo que ela fique com um cubículo só para ela. A doleira Nelma Kodama, por exemplo, ficou meses na cela 3, perto da cela 1, a de seu ex-amante Alberto Youssef. Teve como colega sua parceira nas operações financeiras, Iara Galdino, também investigada pela Lava Jato. Segundo os investigadores, Iara administrava as empresas de fachada de Nelma. Em 2016, as duas ganharam a companhia da secretária do departamento de propina da Odebrecht, Maria Lúcia Tavares. Presa em fevereiro na fase Acarajé da Operação Lava Jato, Maria Lúcia tinha acesso ao sistema que contabilizava todo suborno e caixa dois pagos pela empreiteira. A convivência com Nelma e Iara foi decisiva para que ela denunciasse todo o esquema da empreiteira e fizesse com que Marcelo Odebrecht e 77 outros executivos do grupo baiano assinassem um acordo de colaboração premiada com o Ministério Público Federal. Mas essa história será contada mais à frente.

Amanhecia quando os dezesseis presos que vieram de avião de São Paulo e do Rio chegaram à sede da Polícia Federal do Paraná. Tirando os eventuais cochilos durante o voo e depois no trajeto de carro do aeroporto Afonso Pena até o bairro de Santa Cândida, estavam acordados havia quase 24 horas. No saguão do prédio foram recebidos por Serjão, um agente federal alto, forte e de ar intimidador, e por Newton Ishii, que mais tarde ficaria célebre como o Japonês da Federal. Antes de entrarem na cadeia, forneceram dados para uma ficha cadastral e entregaram documentos aos policiais. Vencida a fase burocrática, cada um passou por nova revista. Mais uma vez se despiram, abriram a boca e agacharam em frente a um policial.

Serjão informou que na carceragem só eram permitidos material de higiene pessoal, remédios e algumas poucas peças de roupas. Na Polícia Federal os presos não usam uniforme, então eles ganharam uma sacola plástica branca, cuja capacidade determinava a quantidade de roupas que poderiam ter. Os materiais de limpeza ficam guardados com os carcereiros e são liberados apenas durante o banho de sol para que os próprios detentos façam a faxina na cela e na ala. Surpresa maior foi quando souberam que estavam proibidos os cadarços de tênis e sapatos. A proibição se justifica: correntes, pulseiras e cadarços poderiam ser usados para enforcar um agente, outro preso ou até para uma tentativa de suicídio.

Na parte da tarde, Léo Pinheiro, presidente da OAS, pediu aos seus advogados que providenciassem tênis e sapatos sem cadarços para todos da ala. Na segunda-feira, a UTC, de Ricardo Pessoa, entregou na Polícia Federal um lote de lençóis e travesseiros.

O grupo de dezesseis presos ultrapassava a capacidade da carceragem, ainda que estivesse vazia antes, o que não era o caso. E não demorariam a chegar mais quatro investigados para se juntar ao bando, pois no final da tarde se apresentaram os três executivos da Camargo Corrêa e o dono da Mendes Júnior. Para complicar de vez a logística, os agora vinte novos prisioneiros de Sergio Moro não seriam distribuídos nas duas alas, mas apenas nas três celas do segundo pavilhão. A decisão foi tomada pelo superintendente da Polícia Federal do Paraná, Rosalvo Ferreira Franco, em acordo com o chefe da Operação Lava Jato, delegado Igor Romário de Paula, que acharam por bem que a nova turma não ficasse no mesmo espaço do doleiro Alberto Youssef, já que as revelações do operador ajudaram a botá-los na cadeia. Youssef ficava na cela 1, na ala dos contrabandistas e traficantes. Os novos prisioneiros foram distribuídos no lado oposto, nos cubículos 4, 5 e 6.

Mesmo espalhando colchões pelas celas, não havia espaço suficiente para todo mundo. A solução foi usar também a área do corredor. Naqueles dias, apenas os portões de entrada das alas foram fechados. Os cubículos ficaram abertos 24 horas para que todos tivessem acesso aos banheiros das três celas. Durante a tarde, os presos montaram sofás improvisados no corredor usando uma pilha de colchões como assento e outra pilha rente à parede fazendo as vezes de encosto.

Aos poucos, as conversas foram surgindo. O tema principal era a injustiça da qual estariam sendo vítimas e todos tinham certeza de que sairiam logo dali.

No domingo pela manhã, o grupo foi para a sede do Instituto Médico Legal (IML) para fazer exame de corpo de delito, junto com um homem preso por tráfico de drogas. Era a primeira vez que os detidos por corrupção tinham contato com um preso comum. Durante o trajeto, o traficante fazia perguntas aos colegas famosos, como se estivesse conhecendo artistas de TV.

Além do exame físico feito pelo médico, cada preso responde a uma pequena entrevista para saber se foi violentado por policiais durante a captura ou na delegacia. Como toda a operação teve ampla cobertura da imprensa, era improvável que houvesse algum caso de violência física, mas a situação de Dalton Avancini chamou a atenção do legista. Dias antes da prisão, o presidente da Camargo Corrêa havia batido a cabeça, dentro de casa, na quina de uma prateleira. O acidente deixou uma marca roxa em sua testa. Como o empreiteiro é calvo, a marca ficava visível. O médico perguntou se o hematoma era resultado de ação policial, e ele negou. "Você tem certeza?", insistiu o médico. "Sim, doutor, eu bati a testa em casa. A polícia não tem culpa."

A ida dos presos para o IML foi uma oportunidade de ouro para fotógrafos e cinegrafistas. A cada entrada e saída do prédio do instituto os presos ficavam ao alcance da lente das câmeras. Léo Pinheiro e Ricardo Pessoa eram os alvos preferidos.

Os executivos voltaram para o prédio da PF perto do meio-dia, no momento em que as marmitas eram distribuídas. Assim que terminou a refeição, Ricardo Pessoa foi até o agente Newton Ishii puxar conversa. O empreiteiro já tinha percebido que o Japonês da Federal cheirava a cigarro. Começou um bate-papo falando de amenidades, mas, assim que encontrou uma brecha, reclamou que o pior do encarceramento era não poder dar umas tragadas após as refeições, pois é proibido fumar na carceragem. Ricardo disse que aquilo o estava torturando, mexia com seu ânimo e até com sua capacidade de raciocínio. "Você sabe como é", disse para Ishii, um tabagista inveterado. O apelo deu resultado, ou despertou no agente seu senso de oportunidade. Ishii retirou o dono da UTC da carceragem e foram juntos soltar umas baforadas.

Daquele dia em diante, Ishii passou a tirar Pessoa da cela com frequência. As saídas levavam um tempo que, segundo os colegas de prisão, superava a duração de um ou dois cigarros. Pessoa voltava para a cela exalando o odor da fumaça, mas os presos desconfiavam de que havia mais ali do que uma simples cumplicidade entre fumantes. Certo dia, o empreiteiro sinalizou ao amigo Léo Pinheiro, com quem trabalhou durante anos na OAS, que estava pensando em fazer um acordo com os procuradores. "Léo, eu analisei todos os vetores e não tem jeito de sair daqui num tempo razoável sem colaborar com esses caras." Pesava também o fato de que sua mulher estava se tratando de depressão e ele temia que sua prisão pudesse agravar o quadro e ter um desfecho trágico.

Foi também entre um trago e outro que resolveu que seria vantajoso contratar o advogado Antonio Figueiredo Basto, que já defendia o doleiro Alberto Youssef desde o caso Banestado, escândalo financeiro que teve como protagonistas, além do doleiro, os procuradores Carlos Fernando dos Santos Lima, o jovem Deltan Dallagnol e o juiz federal Sergio Moro. Figueiredo Basto seria o nome apropriado para negociar aquele tipo de acordo.

Em janeiro, pouco mais de dois meses após ser preso, Ricardo Pessoa começou oficialmente a tratar de uma colaboração premiada. Foi o primeiro dono de empreiteira a colocar na mesa a intenção de colaborar com os investigadores da Lava Jato. Em abril de 2015 ele saiu da cadeia para cumprir prisão domiciliar e em maio fechou o acordo de delação com o Ministério Público Federal.

NOITES NA CADEIA

Cadeia não era algo novo para o advogado Carlos Alberto da Costa Silva. Quando a Lava Jato bateu à sua porta, em 14 de novembro de 2014, ele já trazia na bagagem duas prisões em decorrência da Operação Anaconda. Em 2003, foi preso acusado de participar de um esquema de venda de sentenças judiciais em São Paulo. O advogado era procurador de uma offshore (empresa sediada em paraíso fiscal) proprietária do apartamento em que o juiz federal João Carlos da Rocha Mattos, pivô do esquema, vivia em São Paulo sem pagar aluguel. Costa Silva foi solto ainda em 2003, mas no ano seguinte voltou para a prisão.

Na Operação Lava Jato, o advogado era apontado pela Polícia Federal como auxiliar das empreiteiras envolvidas com o pagamento de propinas no esquema de corrupção da Petrobras. Costa Silva teria relações próximas com Ricardo Pessoa, dono da UTC Engenharia. Capturado em São Paulo e levado para o prédio da Superintendência da Polícia Federal, Costa Silva já chegou dizendo aos policiais que não abriria mão do direito de ter cela especial por ser advogado. A lei realmente prevê esse privilégio. Advogado preso preventivamente tem o direito de ser recolhido em sala de Estado-Maior, ou seja, uma cela em que fique acomodado sozinho. Na falta de local adequado, a prisão deve ser cumprida em regime domiciliar. Costa Silva ameaçou recorrer à OAB (Ordem dos Advogados do Brasil) caso seu pleito não fosse atendido.

A exigência chegou até a direção da Polícia Federal paranaense. O superintendente Rosalvo Franco e o delegado Igor Romário, chefe da Lava Jato, ouviram de um dos agentes a reivindicação do advogado e decidiram falar com os presos. Desceram até a carceragem e lá perguntaram, de forma genérica, quem ali era advogado. Costa Silva, autor da reclamação, levantou o braço. Havia, porém, outro advogado no recinto: Alexandre Portela Barbosa, executivo da OAS. Rosalvo então se dirigiu aos dois na frente de todo o grupo. "Os senhores, como advogados, realmente têm o direito de ficarem recolhidos em sala de Estado-Maior. Nós aqui cumprimos a lei. Porém, os senhores devem ter percebido que a situação está fora do padrão adequado."

A esperança dos advogados era que os investigadores da Lava Jato, diante do impasse, os soltassem para que aguardassem o desenrolar das investigações em casa. Mas não foi isso que aconteceu. Igor Romário explicou: "Para cumprir a lei, terei que pegar duas celas para os dois doutores. Os outros presos vão dividir o cubículo que restar nesta ala". O cálculo era simples. Os dezoito presos restantes teriam que se espremer em um espaço de dois metros e meio de largura por quatro metros de profundidade.

"Que loucura é essa? Isso é um absurdo!", protestou Eduardo Leite, então vice-presidente da Camargo Corrêa. "Tem que haver outra solução. Nós não vamos ficar amontoados por causa desses dois caras. Que negócio é esse?" Calmamente, Igor Romário de Paula disse que, sim, havia uma alternativa, mas ela não dependia da sua vontade: "A alternativa é que os dois doutores abram mão do privilégio e cumpram esse período da mesma maneira que todos os seus colegas. Se os doutores abrirem mão da sala de Estado-Maior, eu poderei dividir todo mundo de maneira igual no espaço que temos. Assim fica todo mundo com um pouco mais de conforto. Mas depende dos dois doutores".

Não havia como recusar. Portela, da OAS, foi o primeiro a abrir mão. "Eu não faço questão de sala de Estado-Maior", disse. Em seguida, Costa Silva foi pelo mesmo caminho: "Eu abro mão da sala especial também", disse, olhando para os colegas. Rosalvo e Igor balançaram a cabeça em sinal de aprovação e abriram um sorriso. Rosalvo fez um comentário: "Acho que fizeram uma boa escolha. A prisão da maioria aqui é provisória [cinco dias de prisão prorrogáveis por mais cinco]. Se o dr. Moro não prorrogar nem transformar em preventiva [sem prazo definido], a maioria aqui sai já na quarta-feira". Era o que todos os presos esperavam.

Quando caiu a tarde de sábado, os colchões foram distribuídos pela ala. Os detentos já haviam decidido que os mais velhos dormiriam nos beliches e os mais novos disputariam lugar no chão.

A hierarquia nas empresas era um critério, ainda que velado. Um subordinado não tiraria lugar do dono da empreiteira. A exaustão depois da maratona de viagens, exames, depoimentos e um período tão grande sem dormir fez com que os presos pegassem no sono quase que imediatamente. O sol despontou no dia seguinte e ainda havia gente dormindo.

Já a madrugada de domingo para segunda não foi tão silenciosa. Depois que voltaram do IML, na parte da manhã, os presos começaram a formar rodas de conversa. Os executivos da OAS se agruparam num canto, os diretores da Camargo Corrêa em outro. Léo Pinheiro e Ricardo Pessoa se mantiveram afastados de todos. Até aquele momento, havia no horizonte a expectativa de que na quarta-feira sairiam dali. Mas o desconforto do encarceramento, ainda mais numa situação de improviso como aquela, ia minando o ânimo do grupo. Aqueles homens habituados ao conforto estavam dormindo em colchões finos, comendo marmitas frias sentados no chão e dividindo banheiros que não ofereciam o mínimo de privacidade.

Alguns já demonstravam sinais de abalo psicológico. Eduardo Leite, da Camargo Corrêa, andava irritado e provocando discussões com os colegas de empreiteira. Agenor Medeiros, da OAS, se isolou. Naquela noite, assim que a escuridão tomou conta do cárcere, instalou-se um silêncio sepulcral. O remanso, no entanto, não demorou a ser interrompido por soluços que ecoaram pela galeria. Eduardo Leite, que já havia passado por um tratamento contra depressão, tentou sufocar o choro enfiando a cara no travesseiro, mas não conseguiu. Chorou de soluçar. Foi o estopim para que outros presos o acompanhassem em prantos abafados. O choro atravessou os primeiros dias.

A toda hora um preso despertava assustado no meio da noite. O sono precário era insuficiente para renovar o corpo e a cabeça.

A maioria só conseguiu um descanso longo depois de pelo menos uma semana de adaptação. Um dos detentos, presidente de empreiteira, relatou a evolução dos sentimentos desde quando fora preso. "Nos primeiros dias a sensação é de que você é vítima de uma injustiça. Há uma indignação que é compartilhada por todo mundo. A segunda fase é quando a gente passa a se perguntar como aquilo podia estar acontecendo. No final, cai a ficha. Chega uma hora em que você começa a refletir sobre o que fez e como chegou até ali. Incrível que no início parece que vamos ficar loucos, mas depois de um tempo a gente se acostuma. O ser humano é assim."

Quando os presos provisórios foram libertados e os que permaneceram foram reacomodados nas celas, as coisas pareceram melhorar durante a noite. Os prantos ainda existiam, mas eram mais raros. Não era só o choro dos empreiteiros que perturbava o sono dos presos. Mateus Coutinho de Sá, executivo financeiro da OAS, o mais novo entre os detidos da Lava Jato, roncava. Roncava muito, roncava alto e roncava a noite toda. Roncava tanto que os outros presos o apelidaram de D8, em referência a um modelo de trator de esteira fabricado pela norte-americana Caterpillar, muito comum nos canteiros de obras e cujo motor faz um barulho ensurdecedor. No dia em que foi preso, a mulher de Mateus colocou em seu bolso uma caixinha de Frontal, remédio indicado para tratar distúrbios de ansiedade e muito usado contra insônia. Como os agentes não implicaram com a cartela de comprimidos, ele passou a usá-los e ainda deu algumas pílulas para Walmir Pinheiro, da UTC, e Alexandre Portela, advogado da OAS.

Assim que tomava o medicamento ele capotava seus 130 quilos distribuídos em 1,83 metro no pequeno e fino colchão colocado sobre o piso do cubículo e logo começava a roncar. A piada com a alcunha podia ser eficiente para desanuviar o ambiente, mas a barulheira só deixava ainda pior um lugar que já não era confortável. A primeira ideia dos empreiteiros foi a de usar tampões nos ouvidos. Os advogados conseguiram que um punhado de protetores auriculares de espuma fosse distribuído. Não foi o suficiente. Ele não era o único a roncar, mas, se houvesse um campeonato de roncos, seria imbatível.

Como o barulho não parava, os colegas de cela arrumaram para Mateus um aparelho chamado CPAP nasal, que consiste numa máscara acoplada a um cano ligado a um pequeno motor que assopra oxigênio para os pulmões. Léo Pinheiro, outro que roncava muito, foi quem apontou a solução. O aparelho entrou na carceragem com o diretor-presidente da Iesa Óleo e Gás, Valdir Lima Carreiro, preso na mesma operação do dia 14 de novembro, mas que foi solto por Sergio Moro quatro dias depois. Valdir já usava o aparelho em casa e o levara para Curitiba ao ser preso. Quando foi libertado, deixou-o com os colegas de prisão.

Porém, a engenhoca tinha que ficar ligada na energia elétrica, e isso era um problema porque nem nas celas nem no corredor havia tomadas. Os carcereiros, então, pelo bem geral da carceragem, pois até os agentes de plantão estavam incomodados com o barulho, arrumaram um fio de extensão de tomadas que ia da área dos agentes até a frente da cela de Mateus Coutinho, que passou a dormir com a máscara todas as noites. Os roncos pararam e presos e agentes enfim puderam dormir uma noite inteira.

Mas não há sossego que dure dentro de uma cadeia. Numa tarde monótona, um traficante de drogas, conhecido como Boi, foi preso junto com a amante e seis comparsas. Boi havia sido flagrado com cocaína escondida em meio às estruturas de casas de madeira pré-fabricadas que ele usava como fachada para transportar a droga. A investigação da polícia desmascarou o falso empresário. Chegando à carceragem, ele e os comparsas foram para uma cela e a amante para o cubículo vizinho.

Na parte da tarde o casal trocou juras de amor pelo vão das grades. "Vai dar tudo certo, meu amor, eu vou dizer para o delegado que você não tinha nada a ver com os meus negócios", dizia o traficante. A companheira, romântica, rebatia com declarações apaixonadas: "Eu não vou conseguir viver sem você!". No começo, os presos acharam graça, mas depois as juras de amor cansaram os vizinhos.

O romance só foi interrompido quando um policial foi buscar Boi para depor. A moça, desconsolada, ficou aos prantos. Uma hora depois o traficante voltou ao cubículo e foi a vez de ela prestar esclarecimentos ao delegado. Esse bate-papo demorou muito menos. Em quarenta minutos a moça voltou aos berros. "Seu desgraçado, você me enganou esse tempo todo. Eu sendo fiel e você saindo com outras?", gritava.

Além da esposa, o traficante também traía a amante. "Você vai me pagar, Boi", dizia, furiosa. Passou a noite lamentando a própria sorte: "Você desgraçou a minha vida. Você prometeu que largaria sua mulher pra ficar comigo. Ia me dar um salão de beleza e me deu uma cela de cadeia. Olha onde eu estou agora!". A novela foi toda acompanhada pelos empreiteiros. "Calma, amor. Eu vou dar um jeito nisso", dizia o traficante. Ela não se tranquilizou. "Calma nada. Eu sei de tudo. Sei que você viajava com a outra. Levou para passear de barco. Até casaco de peles deu para ela. O delegado me contou tudo. E cadê meu salão de beleza?"

Naquela noite, os presos da Lava Jato não dormiram. Quanto à namorada do Boi, estava convencida a se tornar delatora.

QUEM SAI E QUEM FICA

Na quarta-feira, o agente federal Henrique entrou pelo portão de acesso da carceragem da Polícia Federal trazendo um documento. Havia vencido o prazo de cinco dias da prisão temporária aplicada por Sergio Moro aos dezenove presos.* Já se esperava que Moro prorrogasse o encarceramento de alguns deles, e a apreensão era enorme.

Sem tirar os olhos do documento, Henrique explicou que o juiz havia modificado a prisão de alguns de temporária, com prazo definido, para preventiva, sem data de saída. Mas onze aguardariam em casa os desdobramentos da investigação, porque Moro havia considerado que o papel deles nos delitos era secundário. Henrique disse que chamaria em voz alta os nomes dos que poderiam ir embora. Ninguém dava um pio.

Henrique foi convocando um a um. Ildefonso Colares, presidente da Queiroz Galvão, ouviu seu nome e soltou um suspiro. Depois o agente chamou Valdir Carreiro, da Iesa; Walmir Pinheiro Santana, da UTC; e Carlos Eduardo Strauch Albero, diretor da Engevix, que reagiram como quem comemora um gol em final de campeonato. Quem tinha o nome anunciado pelo policial era cumprimentado pelos colegas de pavilhão. Os dois advogados do grupo, Carlos Alberto Costa Silva e Alexandre Portela, também sairiam dali. Ganharam abraços de quem estava do lado. E assim foi até o 11º nome.

Ao fim da lista, o silêncio tomou conta da carceragem. Não estar entre os onze significava passar mais um período na prisão, longe de casa e dos familiares. Os que ficaram não conseguiram

---

* No total, eram 25 presos, porém seis já estavam em prisão preventiva, ou seja, não sairiam de qualquer maneira.

disfarçar a melancolia quando viram os colegas arrumando suas coisas. Quem saía pelo portão da carceragem recebia uma salva de palmas dos remanescentes.

Mas o trabalho de Henrique ainda não tinha acabado. Com a cadeia menos lotada chegara a hora de reposicionar os presos pelas celas. O lobista Fernando Baiano, que se entregara um dia antes, havia sido colocado na ala em que estava Alberto Youssef. Os outros foram organizados ali mesmo, no espaço que compreendia as celas 4, 5 e 6: dois dormiam nos beliches e dois foram acomodados em colchões no chão, que na gíria da cadeia é dormir na praia. Na cela 4, a mais próxima da entrada, ficaram os executivos da OAS Léo Pinheiro, Agenor Medeiros, José Ricardo Nogueira Breghirolli e o presidente da Camargo Corrêa, Dalton Avancini. Na cela 5, foram acomodados os empreiteiros Ricardo Pessoa, presidente da UTC; Gerson Almada, sócio da Engevix; Eduardo Leite, vice-presidente da Camargo Corrêa; e o ex-diretor de Serviços da Petrobras Renato Duque. Na cela número 6 temos o presidente do conselho administrativo da Camargo Corrêa, João Auler; o executivo da OAS, Mateus Coutinho de Sá; o diretor-presidente da divisão de Óleos e Gás e diretor de engenharia industrial da Galvão Engenharia, Erton Medeiros; e Sérgio Cunha Mendes, vice-presidente da Mendes Júnior.

Daquele dia em diante, como não haveria necessidade de alguém dormir no corredor, os investigados da Lava Jato seriam trancafiados no cubículo e ficariam lá durante 23 horas do dia. Só seriam soltos para uma hora de banho de sol. Começavam de vez a viver a rotina de um preso comum.

O COTIDIANO NA CARCERAGEM

Na carceragem da PF, os presos não podem usar relógio. Por isso, marca-se o tempo pelos eventos do dia. A rotina começa às oito horas, quando os agentes entregam o café da manhã na cela. O cardápio é sempre pão com margarina, café com leite ou suco de caixinha e, às vezes, uma fruta. Ao meio-dia, o almoço chega acondicionado em marmitas de isopor acompanhadas de talheres de plástico. A guarnição varia entre arroz, feijão e macarronada. Às vezes vem tudo junto, numa espécie de combinado. O acompanhamento é carne bovina ou de frango. Separada em outra embalagem, vem a salada de alface e tomates. Para ajudar a descer, suco de caixinha. No jantar, o cardápio se repete, sem muita variação. A comida na Polícia Federal não era das piores, segundo os presos. O fornecimento é feito por uma empresa terceirizada.

A reclamação dos detentos era sobre a quantidade de sal nos alimentos. Ali a maioria já tinha passado dos cinquenta anos e boa parte apresentava problemas de pressão. Os advogados dos empreiteiros levaram a demanda à direção da PF, que orientou o restaurante que fornece as quentinhas a moderar na quantidade de tempero. Os advogados e familiares também podiam levar alguns poucos produtos, como bolachas, macarrão instantâneo e refrigerante. E todas as refeições são feitas dentro da cela, já que não há refeitório no local. Mais tarde, a amizade dos familiares com o Japonês da Federal fez com que o cardápio melhorasse.

Às dez da manhã os presos são liberados para o banho de sol no pátio, única hora do dia em que ficam fora da cela — sem contar os encontros com advogados e os dias de visitas, no parlatório. Há um procedimento para a abertura do cubículo. Quando os agentes chegam para destrancar os cadeados, os presos têm que ficar no fundo do xadrez virados de costas para as grades.

O ritual segue uma norma de segurança para evitar que o agente seja atacado. Muitas rebeliões começam com um ato chamado cavalo louco, que é quando detentos desembestam a correr para atropelar um agente tornando-o refém. Com os presos de costas, esse expediente é dificultado. Só depois que os agentes abrem as trancas das seis celas e saem da ala, trancando o portão de acesso ao resto do prédio, é que o carcereiro diz a senha: pode sair.

O tempo fora do cubículo é usado para tomar banho nos chuveiros do final da ala e lavar peças de roupa. É na hora em que as celas ficam abertas que eles fazem a faxina. O material de limpeza que os presos compravam ficava numa prateleira encostada na parede do corredor, próximo à sala dos agentes. Quando os carcereiros abriam os portões, eles iam até essa prateleira e voltavam com os produtos.

Cada dia um era responsável pela faxina do seu cubículo. Logo nos primeiros dias houve uma divisão de tarefas por parte dos executivos. Mais uma vez, os mais velhos e altos na hierarquia foram poupados dos serviços pesados. Mateus Coutinho, que tinha na ocasião 36 anos e trabalhava como gerente do setor financeiro, além de responsável pelo caixa dois e pelo pagamento de propinas da OAS, foi quem ficou encarregado de limpar semanalmente o corredor da ala onde ficavam as celas 4, 5 e 6.

Ricardo Pessoa se voluntariou a providenciar o material de limpeza que seria usado. A Camargo Corrêa e a Engevix cuidavam de abastecer com frutas e outros alimentos os presos das celas 4, 5 e 6. A UTC enviava materiais de higiene pessoal, como xampu, sabonetes e toalhas. Um funcionário da empreiteira ficava de plantão em frente à sede da Polícia Federal para atender a demanda dos presos, transmitida pelos advogados ou pelo Japonês da Federal.

No fundo do pátio do banho de sol ficam dois tanques para os presos lavarem suas roupas. Cada um lava a sua. O local é fechado por muros altos e cercado por arame farpado. Quem não estava limpando a cela ou no tanque ia para o pátio caminhar. O lobista Fernando Baiano e Sérgio Mendes, vice-presidente da Mendes Júnior, tentaram fazer do lugar uma academia. Aqueciam-se correndo de um lado para o outro, depois improvisavam galões de cinco litros de água como alteres. Eles suspendiam e abaixavam os garrafões para exercitar os braços e ombros, faziam flexões. Os responsáveis pela carceragem permitiram que entrassem colchonetes de academia, que eles usavam para fazer abdominais. Quanto mais o tempo passava, mais claro ficava que aquela estadia não seria tão breve como gostariam. Restava ao grupo tornar o lugar o mais confortável possível.

Logo nas primeiras semanas os dois chuveiros que serviam as duas alas queimaram e, naqueles dias, só havia água gelada para o banho. Em Curitiba costuma fazer frio, então aquilo virou motivo de reclamação. Com a burocracia estatal, levaria algum tempo até que outros dois chuveiros fossem comprados pela direção da Polícia Federal, e os próprios presos da Lava Jato se apressaram em oferecer a doação de duas novas duchas. A direção aceitou. Duas de plástico foram instaladas e os banhos quentes voltaram.

Com tantos presos com carreira em empresas de engenharia, não demorou que propusessem obras de melhoria na carceragem. Por meio dos advogados, o consórcio de presos das empreiteiras propôs pintar a cadeia por conta própria. Comprariam as tintas, pincéis, brochas e eles mesmos seriam a mão de obra. Queriam também reformar a área do banho e o pátio. Justificaram o pedido dizendo que era uma maneira de ocupar o tempo e ainda melhorar o ambiente. A direção achou que seria demais e negou.

Mas os advogados travavam outras inúmeras batalhas diárias para tentar fazer com que entrassem na PF objetos que proporcionassem mais bem-estar aos seus clientes. Quiseram, por exemplo, substituir os finos colchonetes que ficavam estendidos no chão por camas box, aquelas montadas em cima de uma estrutura de madeira. Pedido negado. E além dos pedidos formais, havia também as negociações com o chefe da carceragem. Newton Ishii, o Japonês da Federal, relaxou a determinação que proibia a entrada de alguns alimentos e publicações da imprensa, por exemplo. Estabeleceu que seria permitida a entrada de chocolate, ainda que limitada a duas barras por preso que, somadas, não poderiam ultrapassar duzentos gramas. Também deixou que entrassem uma revista e dois jornais semanalmente. Aos domingos, Ricardo Pessoa recebia na sua cela os exemplares da *Folha de S.Paulo*, o jornal paranaense *Gazeta do Povo* e a revista *Veja*.

Nos primeiros finais de semana após 14 de novembro, o dia da prisão, não havia agentes plantonistas na carceragem da Polícia Federal. Na sexta-feira os policiais fechavam os empreiteiros em suas celas e só soltavam novamente na segunda. Eram dois dias sem sair daquele espaço e sem tomar banho. Nos feriados, o tempo era maior. Depois de muita reclamação dos advogados, a Polícia Federal instituiu um revezamento para que mais agentes trabalhassem nos finais de semana, garantindo assim os dois banhos, o de sol e o de chuveiro.

Os defensores também protestavam contra a obrigação de conversar com seus clientes no parlatório, separados por um vidro e usando um interfone. O lugar tinha três cabines e os advogados não tinham contato direto com o acusado. Foi preciso evocar o estatuto dos advogados para dizer que tinham o direito de ter contato pessoal e reservado com seus clientes. A verdade é que vários demonstravam receio de que suas conversas estivessem sendo monitoradas. Com o tempo, algumas das reuniões com os advogados passaram a ser em salas sem vidros.

Os presos da OAS Léo Pinheiro, Mateus Coutinho de Sá e José Ricardo Breghirolli estavam indo para o parlatório e cruzaram com um traficante que estava preso na outra ala. "Vocês são os caras da Lava Jato, né?", perguntou. Os executivos se entreolharam e Léo Pinheiro respondeu: "Somos nós, sim". O traficante então continuou a conversa. "Eu saio rápido daqui. Em dois meses ninguém lembra de mim, sou um ninguém. Já vocês estão na televisão todos os dias. Estão fodidos", e saiu balançando a cabeça em sinal negativo.

Na manhã da segunda-feira do dia 24 de novembro, Adarico Negromonte Filho, o último foragido da fase Juízo Final, apresentou-se aos delegados da Lava Jato em Curitiba. Irmão mais velho do ex-ministro das Cidades do governo Dilma Rousseff, Mário Negromonte, do Partido Progressista (PP) da Bahia, Adarico chegou caminhando à sede da Polícia Federal, ladeado por uma advogada e um segurança. Sorriu para os jornalistas e entrou sem dar declarações.

Adarico era apontado pela PF como um operador de Alberto Youssef e já era conhecido de alguns dos presos por protagonizar várias das histórias que o doleiro contava para arrancar gargalhadas dos ouvintes. Carregador de malas de dinheiro de Youssef, Adarico andava para baixo e para cima com pacotes cheios de cédulas de real. Nas eleições, a demanda aumentava e, na mesma proporção, cresciam as confusões que aprontava. Segundo Youssef, o operador era atrapalhado e distraído.

Em 2010, Adarico teria ficado com a incumbência de levar uma mala com 5 milhões de reais para políticos do PP da Bahia. No embarque do aeroporto, a caminho de Salvador, Adarico confundiu o ônibus que o levaria até a aeronave. Embarcou no avião errado sem perceber e, em vez de pousar na capital baiana, desceu na cidade paranaense de Maringá. Lá continuou no erro.

Pegou um táxi e tentou achar o endereço. E todo esse tempo com o telefone celular desligado. Foi dado então como desaparecido por Youssef e seus comparsas, que já o imaginavam capturado pela polícia. Diante disso, o doleiro passou a coordenar uma operação de guerra, queimando arquivos e escondendo dinheiro. Preparava a fuga quando Adarico ligou. Enfim, havia percebido o erro. Por isso, na carceragem, ficou conhecido como Maringá.

Quatro anos depois, quando chegou à carceragem da Polícia Federal, Adarico entrou negando qualquer crime e dizendo que a prisão poderia prejudicar ainda mais sua já debilitada saúde. Aos policiais afirmou que estava sofrendo de pneumonia viral crônica, uma doença que não existe na literatura médica. A pneumonia viral, segundo pneumologistas, não pode ser de natureza crônica. O que existe é pneumonia viral aguda.

De qualquer forma, parece que a versão de Adarico sobre ser doente convenceu o agente Newton Ishii, que o levou apoiado pelo braço até a ala onde estavam os outros presos da sétima fase da Lava Jato. "Alguém aqui aceita cuidar do Adarico Negromonte? Ele está com a saúde frágil. Tem pressão alta e diabetes", disse Ishii. Breghirolli, da OAS, se dispôs a ajudar. "Deixa ele aqui com a gente." Os outros colegas de cela torceram o nariz; afinal, o espaço já era pequeno. A cela que tinha Breghirolli, Léo Pinheiro, Agenor Medeiros e Dalton Avancini ganhava mais um ocupante. Léo Pinheiro dormia na cama de baixo do beliche, Agenor na de cima. Breghirolli e Dalton se acomodavam em colchões no chão. Onde iria dormir aquele homem que se dizia tão fragilizado?

Agenor Medeiros, que na OAS era conhecido pelo mau humor, resolveu ser cordial. Para a surpresa dos colegas, ofereceu a sua cama para o novato. Ali, ao que tudo indica, havia uma falsa gentileza. Como dormia na parte de cima do beliche, provavelmente imaginou que a oferta não seria aceita; afinal, como um homem debilitado iria subir num beliche de alvenaria que não tinha apoios que facilitassem a escalada? Mas Adarico foi rápido. Agradeceu o oferecimento e num movimento atlético saltou rapidamente para o topo da cama. Todos olharam com surpresa para Agenor. Adarico espichou o pescoço para enxergar os que estavam lá embaixo e, com um sorriso constrangido, justificou a habilidade. "Eu durmo num beliche assim na minha casa de praia. Peguei prática em subir."

Léo Pinheiro, Breghirolli e Dalton tentaram segurar o riso quando notaram a incredulidade de Agenor Medeiros. "Eu não me responsabilizo se esse velho cair daí", disse ele. Os três soltaram gargalhadas e Adarico suspirou de cima do beliche. Nos dias seguintes, as coisas não melhoraram para Agenor. Adarico Negromonte parecia ter chegado para azucrinar o executivo da OAS.

Numa manhã, Agenor acordou e foi até a pia para fazer a barba. Entre seus itens de higiene pessoal estava faltando justamente a lâmina de barbear. Intrigado, procurou por toda parte e não achou. Perguntou a Léo Pinheiro, a Dalton e a Breghirolli se tinham visto o aparelho, mas nenhum deles sabia o paradeiro do objeto. Desistiu de procurar e resolveu tomar banho. Ao chegar ao chuveiro, para a sua surpresa, viu Adarico Negromonte fazendo a barba com sua lâmina. "Esse aparelho é meu, caralho! Quem mandou você pegar?" Adarico Negromonte fez cara de arrependido e pediu desculpas. "Poxa, não sabia que você ia ficar assim tão bravo. Então vou devolver." Agenor pegou o objeto ainda com restos de barba quando Adarico alertou: "Mas, olha, cuidado porque eu tenho hepatite C". Agenor não acreditou no que ouvia. "Que filho da puta!"

No outro dia, Agenor estava sentando no chão e viu Adarico voltando do banheiro e, sem lavar as mãos, abrindo seu pacote de bolachas. "Você não lava a mão pra pegar na bolacha, porra! Vai tomar no seu cu!" Adarico largou a bolacha em cima da mesinha de concreto e, com cara de magoado, disse: "Você não precisa falar assim comigo só por causa de uma bolacha, Agenor". Em um movimento rápido saltou para a cama de cima do beliche enquanto Agenor balançava a cabeça em sinal de reprovação, sentado no colchão em que dormia no chão da cela, bem ao lado do banheiro.

NASCE UMA BIBLIOTECA

Com tantas horas de ociosidade e espaço faltando dentro do xadrez, o desafio era ocupar a cabeça para fazer o tempo passar mais rápido e manter a sanidade. Assim que chegaram à cadeia, a primeira providência foi pedir aos advogados cópias dos processos a que respondiam na Lava Jato. Debruçar-se sobre eles era uma necessidade e, ao mesmo tempo, um artifício para driblar o marasmo. Mas não bastava ler. Cada preso queria fazer observações nas páginas, anotar recomendações para os advogados, mandar recados para subordinados e para a família. Mas era proibida a entrada de canetas nas celas. Num ambiente como uma prisão, uma simples esferográfica pode funcionar como um punhal para perfurar o corpo de um desafeto. A direção negou o pedido de que algumas canetas fossem distribuídas entre os detentos. De tanta insistência dos advogados, os agentes encontraram uma solução. Autorizaram a entrada apenas da ponteira com a carga da caneta, sem a estrutura rígida de plástico que dá firmeza à escrita.

Para escrever era necessário segurar bem na ponta com os dedos em formato de pinça. Escrever assim era impreciso e cansativo, mas era melhor que nada. Com o tempo, os agentes perceberam que a chance de que uma caneta virasse arma nas mãos de um dos presos da Lava Jato era praticamente zero e cederam aos apelos dos encarcerados. Foi um alívio quando um estojo de esferográficas entrou na ala.

Havia ainda outro problema. Não há lâmpadas nas celas da PF e a iluminação chega ao cubículo pela luz que vem do corredor. O lugar é sempre sombrio. Para aproveitarem melhor a claridade que vinha do lado de fora, eles encostavam os colchões nas grades da entrada, onde apoiavam as costas. Assim, de maneira precária, a pouca luz de fora clareava as páginas dos livros e documentos. Mais uma vez os advogados foram à direção da Polícia Federal para que relaxassem a norma que elencava os objetos que podiam entrar na carceragem e assim permitissem a entrada de pequenas luminárias à pilha. A direção concordou. Os presos da Lava Jato tornaram-se leitores vorazes.

Se a compreensão dos processos era uma necessidade, a literatura servia para acalmar os ânimos e esquecer por algum tempo a situação pela qual estavam passando. Na Superintendência da PF não há biblioteca. Os livros entravam pelos advogados e, depois de lidos pelo dono, ficavam à disposição dos colegas de ala. Os exemplares foram se acumulando e em pouco tempo tomaram muito espaço. Sem uma prateleira para acomodá-los, a solução encontrada foi empilhá-los nas beiradas das altas janelas do corredor da ala. Junto com a primeira chuva, veio o primeiro problema. As folhas molharam com as gotas que atravessavam os vãos da janela. Erton Medeiros Fonseca, diretor da Galvão Engenharia, passou por trás da fileira de livros uma manta de plástico, cedida pelos agentes, que também passaram a usar o acervo. Quem ia embora ou era transferido deixava para trás as obras que havia lido. Em pouco tempo, a estante improvisada na claraboia já tinha mais de duzentos títulos dos temas mais diversificados.

Alguns fizeram sucesso. A trilogia *Getúlio*, escrita por Lira Neto, virou leitura obrigatória. Dalton Avancini, presidente da

Camargo, foi o primeiro a devorar em poucos dias os três volumes, cada um com mais de quatrocentas páginas. Saiu falando bem, o que despertou a curiosidade dos colegas. Em *Getúlio*, Lira faz um minucioso trabalho de pesquisa para recriar a história do presidente Getúlio Vargas, que se matou em 1954. Já o doleiro Alberto Youssef preferiu conhecer o ex-presidente pela ficção *O homem que matou Getúlio Vargas*, de Jô Soares.

Outro livro que rodou a cadeia foi *Sapiens, uma breve história da humanidade*, best-seller do professor de história da Universidade Hebraica de Jerusalém, Yuval Noah Harari. Neste ponto, uma curiosidade. Nas cadeias espalhadas pelo país o livro de cabeceira é a Bíblia Sagrada, seja o leitor de que religião for, praticante ou não. Já os "lavajatos" preferiram uma obra que trata da evolução do homem e, sobretudo, de sua capacidade de adaptação. O livro, aliás, traz uma visão científica sobre a religião como ferramenta política.

Os presos usaram a leitura também para matar a saudade do futebol e de outros esportes. *Estrela solitária*, biografia de Mané Garrincha escrita por Ruy Castro, e a autobiografia *Guga, um brasileiro* foram disputadas pelos detentos.

FIM DE ANO

Conforme os dias passavam, os pedidos de habeas corpus foram sendo negados pelos tribunais superiores. Se não saísse uma decisão favorável aos réus até o dia 20 de dezembro, quando começaria o recesso do Judiciário, isso significaria passar Natal e Ano-Novo atrás das grades. No dia 20 de dezembro não chegou notícia boa para nenhum dos presos da Lava Jato.

Na manhã do dia 24 de dezembro já começaram a pipocar os estrondos dos fogos de artifício no céu do bairro Santa Cândida.

Era véspera de Natal e os empreiteiros e diretores da Petrobras haviam completado quarenta dias presos. Todos ali tinham planos de viagens e festas luxuosas agendadas, que foram por água abaixo quando os policiais federais bateram à porta de suas casas.

A virada caiu numa quarta-feira, dia de visita, mas a direção da Polícia Federal decidiu suspender a entrada de parentes. A cadeia iria funcionar em regime de plantão. Não houve protesto por parte dos presos. Seria desnecessário, e até cruel, fazer com que seus familiares encarassem o dissabor de ir a Curitiba para passar a tarde da véspera de Natal por poucos minutos num parlatório onde conversariam por telefone, separados por um vidro.

A direção da Superintendência permitiu que naquele dia as celas ficassem abertas das seis da tarde até uma hora da manhã. Quando os portões se abriram, os presos encostaram os colchões na parede do corredor, improvisando um sofá. A chefia da carceragem liberou a entrada de panetone, sanduíche a metro recheado de frios e refrigerante. Os agentes de plantão resfriaram as bebidas em um isopor com gelo. A cela de Ricardo Pessoa serviu de copa para as comidas.

Por alguns momentos, o clima se desanuviou. Os baianos da turma eram os melhores contadores de histórias e tinham plateia atenta. Os presos se colocaram em torno de Léo Pinheiro, que relatava passagens da política baiana em que contracenava com o ex-senador Antônio Carlos Magalhães, um dos históricos coronéis do estado. Ricardo Pessoa contava que teve uma breve carreira de músico na Bahia, o que significou conviver com o pessoal da Tropicália, como Caetano Veloso e Gilberto Gil. Mateus Coutinho, o mais novo da turma, narrava casos engraçados da sua infância.

Henrique, um agente federal com formação em psicologia, deixou que cada preso da carceragem fizesse uma ligação para seus familiares. O tempo da chamada não poderia ultrapassar os quinze minutos. Um traficante de origem árabe chamado Salim, que segundo os presos da Lava Jato aparentava pouco mais de sessenta anos, pediu ao carcereiro que fosse o último a fazer uma ligação. "Preciso lembrar o telefone do *meu filha*", disse com forte sotaque. Henrique concordou. Os presos faziam a ligação e saíam da sala enxugando as lágrimas. Até que chegou a vez de Salim. Como dizia não lembrar o telefone da filha, pediu para ligar para o irmão para obter a informação. Henrique permitiu. Salim então falou com o irmão e outros parentes. Ao desligar disse que ninguém tinha o número da filha, mas soubera que uma de suas irmãs tinha o contato da moça. Era Natal e Henrique permitiu que Salim continuasse a busca. O roteiro se repetiu. Salim falou com a irmã, sobrinhos, genro e, no final, uma surpresa: ninguém sabia o telefone da moça. Mas um primo teria, certamente. Henrique percebeu o truque, mas resolveu aliviar para o homem de pele escura e cabelos brancos. Salim ligou para o tal primo. Quando avaliou que a paciência de Henrique estava prestes a se esgotar, Salim, enfim, descobriu o telefone da filha, para quem fez a última ligação. Voltou feliz para o pavilhão.

Pouco antes da meia-noite, Sérgio Mendes e João Auler convidaram os presos a se reunir numa roda de oração. O dono da Mendes Júnior e o conselheiro da Camargo Corrêa se revezaram na leitura de salmos da Bíblia e depois fizeram um sermão cheio de palavras de motivação. Evocaram a bondade divina para vislumbrar um futuro fora das grades. Quando os fogos explodiram em profusão no céu, foi a dica de que já era Natal. Não houve quem não chorasse. Os presos se cumprimentaram com abraços. "Isso vai passar", diziam. E brindaram com coca-cola em copos de plástico.

No réveillon, o roteiro se repetiu, mas Ishii flexibilizou o horário. O executivo da OAS, José Ricardo Breghirolli, pediu ao carcereiro que permitisse que ele e seus colegas permanecessem um pouco mais do lado de fora. O agente concordou, com a condição de que Breghirolli colocasse todo mundo de volta na cela por volta das duas e meia da manhã e trancasse a porta. Acordo fechado. Novamente o brinde foi com refrigerante em copo plástico. No horário combinado, Breghirolli fez o trabalho que seria de Newton Ishii.

O ano de 2014 não terminava bem para os enrolados na Lava Jato. E a operação estava só no início.

DEPRESSÃO

Numa cadeia, o dia mais esperado é o da visita dos parentes e amigos, que na Polícia Federal em Curitiba acontece sempre às quartas-feiras. A regra na Superintendência diz que apenas dois familiares ou amigos podem entrar para ver o preso. Quem tem mulher e mais de um filho, na teoria, deve descartar alguém. Mas havia um jeitinho. Dalton Avancini, pai de duas meninas, conversou com Newton Ishii que não teria como deixar uma das filhas esperando do lado de fora enquanto a mãe e a irmã entravam. Seria desumano e não havia arranjo que não devastasse a família. Ishii ouviu o apelo do empreiteiro e prometeu pensar no assunto.

No dia da visita, lá estavam as três na recepção da Polícia Federal paranaense. Ishii colocou o trio para dentro. Dalton jura que nunca deu nenhum tipo de gratificação ao agente por isso. "Foi bom senso da parte dele. Ele não precisava punir a minha família", disse. O mesmo aconteceu com Léo Pinheiro, que recebia as duas filhas e a esposa no dia da visita. Vários dos acusados da Lava Jato que foram presos após o dia de visita tiveram o privilégio de receber familiares em outra data. Eduardo Cunha, por exemplo, foi preso no dia 19 de outubro de 2016, uma quarta-feira, e seus advogados conseguiram autorização para que recebesse a família na sexta-feira. "O ambiente na cadeia é pesado o suficiente. A gente não precisa deixar pior", diz Ishii.

Os encontros entre parentes e presos acontecem no parlatório, das duas às cinco horas da tarde. Família e detento ficam separados por um vidro e se comunicam por telefone. Cada encontro dura cerca de vinte minutos a no máximo meia hora. A regra diz que não se pode ter contato direto com os presos, mas muitos dos detidos saíam do lugar para beijar e abraçar a mulher e os filhos. Na Superintendência, roupas e comidas são revistadas, mas não há revista íntima (aquela em que o visitante é obrigado a ficar sem roupa). Dois detentos por vez entram nas duas cabines do parlatório. Quem entra geralmente cruza com o colega saindo.

Quem já passou em frente a um presídio em dia de visitas pôde constatar que quem tem parente preso geralmente vem do estrato mais baixo da sociedade. Cadeia, no Brasil, é coisa de gente pobre. Desde novembro de 2014, porém, pelo menos na entrada da PF de Curitiba, toda semana pessoas vestidas com roupas de grife cruzavam a catraca da entrada em direção à carceragem.

A repórter Estelita Hass Carazzai, correspondente da *Folha de S.Paulo* em Curitiba, acompanhou o segundo dia de visitas após a sétima fase da Lava Jato, 26 de novembro de 2014.[4] Ela descreveu a invasão de parentes dos executivos de empreiteiras, operadores e de um ex-diretor da Petrobras assim: "Quase sempre com óculos escuros, elas (as visitas) informam seu nome à recepcionista. Pegam então uma senha numérica, pela qual são chamadas depois à carceragem. A maioria aguarda na salinha do passaporte, anexa ao saguão de entrada, onde se mistura a cidadãos que vão fazer ou renovar o documento".

Estelita contou que a primeira a chegar foi Maura Alvim Mendes, a mulher de Sérgio Mendes, vice-presidente da Mendes Júnior. "Acompanhada de um rapaz, ela carregava uma mala de viagem da marca alemã Rimowa, de rodinhas, cujo modelo custa 1300 reais. De óculos escuros, salto, paletó preto e calça jeans, ela sentou numa das cadeiras da sala de espera do passaporte. Perguntada se estava lá para visitar um dos presos, negou — e não fez mais comentários. Sempre de óculos escuros, manteve o semblante fechado até deixar a PF, sem falar com os jornalistas."

Estelita segue: "A mesma discrição tiveram a mulher e as filhas do presidente da OAS, Léo Pinheiro. As três de terninho preto, com uma garrafinha de água mineral nas mãos, confundiam-se com as advogadas que as acompanhavam. Mais relaxadas, sem óculos escuros, sorriam e demonstravam descontração. 'Manda um abraço pra ele', pediu um dos advogados, antes de as três subirem". A repórter relatou que as parentes de Léo Pinheiro saíram em silêncio, mas sorridentes. Certamente imaginavam que o empreiteiro sairia logo da prisão.

A cadeia é certamente um dos lugares mais tristes que um homem pode conhecer. Não há quem não se renda à melancolia ao ser apartado da família e confinado. Algumas pessoas, no entanto, sentem mais o baque e afundam numa enorme tristeza e apatia. Houve casos de presos da Lava Jato que amargaram uma depressão profunda. O caso mais extremo é o do empresário Mário Frederico de Mendonça Góes.

Ele entrou na carceragem da Polícia Federal do Paraná pela primeira vez amparado por dois agentes e chorando de soluçar. Andou arrastando os pés, com o corpo alto e magro arqueado para a frente, culpa de um problema na coluna cervical que havia demandado uma cirurgia recente. Alternou passos trêmulos até chegar à cela 5, onde foi recebido pelo empreiteiro Ricardo Pessoa. De todos os presos da Lava Jato, Mário Góes provavelmente era o que mais demonstrava abatimento.

Sua prisão foi decretada por Sergio Moro no quinto dia de fevereiro de 2015. O empresário permaneceu foragido até se entregar no dia 8, um domingo. Onze dias antes, havia completado 74 anos, o que lhe conferiu o título de preso mais velho da Lava Jato até então. Ele estava sendo acusado de usar suas empresas e contas no exterior para transferir para executivos da Petrobras dinheiro de propina de companhias que tinham contratos com a estatal.

Os advogados que acompanharam o operador financeiro quando ele se entregou alertaram os policiais de que a saúde dele era frágil. Além do problema na coluna, era hipertenso, tinha diabetes e sofria com colite e diverticulite, inflamações no revestimento interno e externo do intestino. O que mais chamava atenção, porém, era a precariedade da sua condição psicológica. Góes passava o dia aos prantos e não havia quem conseguisse consolá-lo. Aquela condição afetou toda a ala. Nos dias de visita, seu quadro piorava. A conversa com familiares ganhava contornos dramáticos, e ele não conseguia comer.

O empresário começou a carreira na década de 1960 trabalhando em estaleiros no Brasil e na Noruega. Em 1987 criou a Rio Marine Engenharia e Empreendimentos Marítimos. Quando se envolveu com os diretores da Petrobras, já era um homem rico e respeitado no setor. Com os escândalos da Lava Jato viu sua reputação escorrer pelo ralo. Ficava ainda mais deprimido porque havia comprometido a família. O filho Lucélio Góes era sócio do pai nas empresas investigadas e também poderia ser alvo de uma decisão mais dura de Sergio Moro.

Em 16 de março, o que ele mais temia aconteceu. Mário Góes soube por seu advogado que Lucélio havia sido preso. O choro de Góes no parlatório foi ouvido em toda a Polícia Federal. Mais tarde, quando viu o filho entrar na carceragem, desabou no chão aos prantos. Lucélio tentava consolar o pai, mas nada adiantava. O filho de Mário Góes ficou pouco tempo na prisão. No dia 20 de março foi solto por decisão de Moro. Mas nem a liberdade do filho fez o empresário melhorar.

Mário Góes tinha cabelos pretos, que usava penteados para trás, sempre com gomalina. Homem alto, costumava usar blusas escuras com a gola rulê encobrindo o pescoço. Parecia um sujeito sereno, seguro e tranquilo. Mas a Lava Jato o devastou.

Em duas ocasiões, o empresário chorou quando em audiência com Sergio Moro. Na primeira, sua defesa havia solicitado a conversão da custódia em regime domiciliar, "mesmo com uso de tornozeleira". O advogado orientou o prisioneiro a não falar sobre o mérito da acusação e argumentou que "a situação carcerária" do alvo era incompatível com seu estado de saúde. Em regime domiciliar, o empresário poderia ter o tratamento de que necessitava e a realização de vários exames, disse o advogado. "O paciente sofre de uma série de problemas ortopédicos que recomendam acompanhamento constante, alimentação adequada e acompanhamento de natureza psiquiátrica", enumerou o advogado.[5]

Foi então que o juiz da Lava Jato virou para Góes e perguntou: "Sr. Mário, tem alguma coisa que queira dizer diretamente?". Mário Góes até tentou: "Eu gostaria de dizer o seguinte: eu não me nego a responder ao processo, eu tenho um processo que vem de uma única acusação". Não conseguiu prosseguir, pois começou a chorar. "O senhor pode tomar uma água se quiser", recomendou o juiz Sergio Moro. "Eu estou ficando cada vez mais fraco. Eu operei a coluna lombar. Eu tenho problema cervical. Para ficar sentado é muito complicado, tenho que ficar deitado. Eu estava com a minha vida normal. Não estou reclamando de jeito nenhum das pessoas do sistema carcerário. Dentro da legalidade sou tratado com dignidade. Mas é diferente, eu não consigo as minhas comidas. Tenho colite, diverticulite, uma série de problemas digestivos. Isso vai me consumindo. Eu sinto coisas estranhas."

Moro não se comoveu e Mário Góes retornou para a carceragem. E continuava chorando a cada visita familiar, dos advogados ou quando dava algum telefonema. Após a transferência para o Complexo Médico Penal, ele recebeu cuidados médicos, mas a direção do presídio temia que ele atentasse contra a própria vida. Chamaram então a advogada Isabel Kugler Mendes, presidente do Conselho da Comunidade de Curitiba, entidade de defesa dos direitos humanos que vistoria as cadeias paranaenses.

A dra. Isabel tinha passado mais da metade dos seus 78 anos fazendo trabalhos sociais com presos e era a pessoa certa para convencer o empresário a não cometer uma loucura. Ela encontrou Góes cabisbaixo, esperando-a sentado numa cadeira da biblioteca do presídio. Ele contou para a advogada que tinha envergonhado a família e desgraçado a própria vida. Achava que não valia a pena prosseguir. A advogada disse que ele tinha que entender que as pessoas erram e pagam pelos erros. Após isso, têm o direito e o dever de seguir a vida da melhor maneira possível. "Você não pode abrir mão da vida. Erga a cabeça e siga em frente", disse a dra. Isabel. A conversa foi longa e produtiva. A advogada convenceu o empresário a não desistir. Mário Góes voltou mais tranquilo para a cela. Ele fechou um acordo de delação premiada e em 30 julho de 2015 saiu da prisão usando tornozeleira eletrônica para cumprir prisão domiciliar.

O ex-diretor internacional da Petrobras Nestor Cerveró não chegou deprimido à carceragem da Polícia Federal. Entrou andando e saudável. Mas o cotidiano da cadeia foi especialmente cruel com ele. Quando foi preso, em janeiro de 2015, já havia se espalhado a fama de que seria um sujeito antipático. Cerveró tem um rosto peculiar, em que o olho esquerdo não se alinha ao direito, sendo bem mais baixo e praticamente coberto pela pálpebra superior. Essa característica virou prato cheio para todo tipo de provocação. Foi eleito o rosto da corrupção na estatal, e várias pessoas, inclusive da imprensa, não perdiam a oportunidade de chamar a atenção para o fato. Como era véspera de Carnaval, logo chegou a notícia de que sua imagem seria reproduzida em máscaras para os foliões. Cerveró ameaçou processar quem fabricasse o adereço, mas isso de pouco adiantou.

Logo nas primeiras noites, assim que apagavam a luz, os presos faziam comentários maldosos sobre sua aparência, de modo que ele ouvisse. Quando parecia que todos já estavam dormindo, alguém rompia o silêncio e gritava: "Abre o olho, Cerveró". A provocação era seguida por gargalhadas que ecoavam por toda a cadeia. O ex-diretor da Petrobras se recolhia, calado.

De início, Cerveró foi colocado numa cela com o lobista Fernando Baiano, que passou a tutelá-lo. Baiano sempre vinha com um discurso religioso em que tentava convencer um incrédulo Cerveró sobre a importância de Deus (na representação católica) no enfrentamento das adversidades. Mas não havia ânimo que pudesse resistir às insistentes provocações dos colegas e carcereiros. A cada novo preso que chegava ou agente que trocava o plantão, ele era observado com curiosidade, como se fosse uma atração de um circo medieval. Seu flagrante declínio pessoal levou a que outros presos passassem a se juntar a Baiano e a dedicar atenção ao ex-diretor. O doleiro Alberto Youssef e Dalton Avancini, presidente da Camargo Corrêa, constantemente procuravam Cerveró para saber sobre sua saúde.

Numa tarde de calor, poucos dias após a prisão, Cerveró disse que se sentia mal. Ficou em pé na cela andando de um lado para outro. Levou a mão ao peito e Fernando Baiano imediatamente chamou os agentes. A pressão havia disparado e ele passava por uma crise de ansiedade. Uma ambulância foi chamada e Cerveró então seguiu para um hospital, onde foi medicado.

Os advogados pediram a Sergio Moro que Cerveró passasse a receber acompanhamento psiquiátrico. Juntaram ao pedido um laudo médico que dizia que o ex-diretor da Petrobras fazia, havia três anos, tratamento à base de ansiolítico e antidepressivo. O juiz concordou com a visita semanal de um psiquiatra custeado pelo preso. A consulta deveria acontecer em lugar reservado na própria Polícia Federal. E assim aconteceu. Ele passou a se consultar toda semana com um profissional para monitorar sua saúde física e mental.

Com o passar do tempo, os outros presos da Lava Jato foram transferidos para um presídio estadual e Cerveró ficou. Agora dividia a cela com Alberto Youssef. Mas o ex-executivo da Petrobras não se preocupava só com os processos e a vida que levava na cadeia. Sua família começou a passar aperto financeiro. A esposa, Patrícia, ia para Curitiba com o dinheiro contado. Ficava hospedada num hotel na região central da cidade, distante da carceragem da PF, e cada corrida de táxi até lá dava cerca de quarenta reais. Para ir do aeroporto até o hotel eram, com desconto, mais noventa reais. As visitas eram semanais e ela não podia deixar o marido desamparado naquele momento.

Patrícia conheceu então Franthieska, uma loira de olhos azuis que trabalhava como motorista de táxi e atendia a clientela da região do prédio da PF. Franthieska conhecia bem o drama de um encarcerado e da sua família. Ela mesma é ex-detenta do Complexo Médico Penal, onde cumpriu pena por tráfico de drogas. Lá, a taxista conheceu Maicon, um agente penitenciário por quem se apaixonou. O interesse foi recíproco e, assim que ela saiu da cadeia, os dois juntaram as escovas de dente. Franthieska passou a trabalhar com táxi e o marido continuou como agente penitenciário, mas comprou uma franquia de estacionamento que funciona no subsolo de um grande supermercado de Curitiba. Nas folgas, ele administra o negócio.

Franthieska se sensibilizou com a história de Patrícia e passou a fazer pacotes de desconto para ela. "Eu sei o que passa a família de um preso", disse. Por isso é que a corrida da Polícia Federal até o aeroporto, que custaria cerca de 120 reais, ela fazia por noventa. "Ela é uma mulher chique, mas acreditei que estava muito apertada mesmo."

Franthieska não sabia, mas a própria mulher de Cerveró estava enrolada na Lava Jato. A Polícia Federal havia indiciado Patrícia junto com o marido e o lobista Fernando Baiano. Baiano havia dito em delação premiada que parte da propina paga a Nestor Cerveró fora feita com a compra de um carro importado. O veículo, no valor de 220 mil reais, foi pago à vista por Patrícia. Havia comprovantes de um depósito bancário feito em espécie para a revendedora do carro, em São Paulo.

O comprometimento da família na investigação deixou Cerveró fragilizado. Ele e Youssef se desentenderam na carceragem da PF, e a mudança para o Complexo Médico Penal não fez o clima ficar mais brando, pois Cerveró vivia irritando os outros detentos.[6] Um dia ele tropeçou ao sair da sexta galeria (setor do presídio reservado aos presos da Lava Jato) e desceu rolando a rampa que dava acesso para o lado de fora do pavilhão. Ao levantar, ouviu piadas de que o tombo havia desfigurado seu rosto. Passou a alternar tristeza profunda com irritação. Por vezes recolhia-se na cela para chorar sozinho enquanto os outros presos tomavam banho de sol e, em outros casos, batia boca com colegas e carcereiros. As crises de choro deram lugar à agressividade, sobretudo no trato com os agentes penitenciários. Chegou a explodir com um deles, dirigiu-lhe palavrões e apontou-lhe o dedo na cara. Foi punido e ficou dois dias isolado, sem direito a banho.

O calvário de Cerveró chegou ao fim um ano e meio após a prisão. Seu filho Bernardo havia gravado o senador petista Delcídio do Amaral falando sobre um plano de fuga para o ex-diretor da área internacional da estatal, que poderia ser feito via Paraguai, e propondo uma mesada de 50 mil reais em troca do silêncio do ex-executivo. Delcídio perdeu o mandato e acabou preso. Cerveró também tinha começado a contar aos investigadores o que sabia sobre o esquema do Petrolão. O grampo feito pelo filho e suas histórias agradaram a Sergio Moro, que retribuiu a ajuda. Cerveró saiu da cadeia na manhã do dia 24 de junho de 2016, uma sexta-feira, beneficiado pela progressão de regime para prisão domiciliar. Ele foi de Curitiba para o Rio de Janeiro, onde morava, em um voo comercial da Gol Linhas Aéreas. Escondeu os olhos atrás de grandes lentes escuras de óculos de sol, pôs boina e achatou o rosto enrolando no pescoço um cachecol que subia pelo seu queixo. Estava de tornozeleira eletrônica e acompanhado por um policial federal. Nada disso o fez escapar de ouvir novamente a piada: "Abre o olho, Cerveró".

SAIU, MAS VOLTOU

Renato Duque, ex-diretor da Petrobras, chegou à prisão dizendo que logo sairia porque sabia de coisas com poder para derrubar a presidente Dilma Rousseff e, com ela, tudo o que restasse da República. Alardeava proximidade com Lula e o ex-presidente da Petrobras Sergio Gabrielli. Não parecia ser blefe o que dizia, já que no seu celular apreendido pelos policiais havia uma lista de contatos que sugeriam relações com poderosos, como "Dilma Roussef – Presidente", "Emerg Lula", "Zé Dirceu", "Humberto Costa – senador", "Crivella senador", "Humberto Costa – senador", "Jaques Wagner – gov.", "Senador Delcídio".

Após dezoito dias preso, foi solto por decisão do ministro Teori Zavascki, relator da Lava Jato no Supremo Tribunal Federal, que considerou, apesar das fortes provas de que ele havia praticado crimes, que sua liberdade não prejudicaria a investigação. Duque então pôde voltar à vida que levava no Rio de Janeiro, às tardes na charutaria Esch Café, no Leblon, fumando charutos cubanos; e às noites no Clube do Taco, em Copacabana, onde disputava partidas de sinuca, hábito herdado do pai. Aproveitou boa parte do tempo para se dedicar a Ana, sua netinha, que tinha apenas um mês e dez dias quando foi preso (ela nasceu em 4 de outubro de 2014).

Mas Duque não ficaria muito tempo em liberdade. Na segunda-feira 16 de março de 2015, novamente os policiais foram até seu luxuoso apartamento na Barra da Tijuca com uma ordem de prisão assinada por Sergio Moro. Era a décima fase da Lava Jato, batizada com uma provocação – Que País É Esse? –, uma óbvia referência à frase de Duque ao ser preso.

Se na primeira vez os policiais se concentraram em buscar documentos em papel e arquivos digitais, na segunda prisão eles também avançaram nas coleções de objetos valiosos e obras de arte. Para Moro, a vida de sofisticação de Duque era irrigada com dinheiro de propina.

Os federais se impressionaram ao encontrar um conjunto de canetas acomodadas em luxuosos estojos acolchoados. Eram dezessete peças da refinada marca alemã Mont Blanc, boa parte delas edições limitadas feitas em homenagem a grandes escritores. Completando o total de 24 exemplares, havia duas canetas da joalheria francesa Cartier, uma da marca nova-iorquina Waterman, uma da alemã Pelikan e três da marca brasileira Crown. Três das canetas Mont Blanc estavam acondicionadas em estojos com os nomes gravados de fornecedores da Petrobras: GDK, Etesco e (estaleiro) Jurong Shipyard. Era um carimbo de que o ex-diretor da estatal tinha relações próximas demais com as empresas contratadas por sua diretoria.

Os policiais também retiraram um a um os 132 quadros que enfeitavam as paredes do apartamento. Para qualquer direção que se olhasse, havia uma tela ou escultura. Na sala principal, havia um acervo com 24 painéis, no salão de jogos mais 37, no escritório outros quinze quadros. A casa de Duque parecia uma galeria de arte, com obras de artistas consagrados, como o friburguense Guignard (1896-1962), o carioca Heitor dos Prazeres (1898-1966) e a avareense Djanira (1914-79). Os policiais também apreenderam certificados de autenticidade dessas obras, provando se tratar de peças originais.[7]

Mais tarde, o acervo acabou servindo como prova da corrupção. Duque recebia um belo salário da Petrobras, mas não o suficiente para virar colecionador de obras de arte. O dono de uma galeria de arte em Botafogo, no Rio, confirmou à Polícia Federal que Duque negociou e foi o beneficiário da compra do quadro *Paisagem de Sabará*, do artista brasileiro Alberto da Veiga Guignard, da década de 1940, que custou 380 mil dólares. Duque, no entanto, não colocou a mão no bolso. Quem pagou pela obra foi o lobista Milton Pascowitch, que operava em nome de fornecedores da Petrobras e que, em delação, admitiu que a aquisição era propina para o burocrata.[8]

Duque voltou para a carceragem da Polícia Federal, onde o único quadro à vista é o de um tigre feito de peças de quebra-cabeças, que enfeita a sala dos agentes. Presente dado por presos ao agente Romildo, apelidado de Bolacha.

O DOLEIRO

O executivo José Ricardo Breghirolli, da OAS, estava com o corpo escorado na grade da primeira cela do segundo pavilhão quando percebeu a silhueta de três homens vindo, lentamente, da ala oposta em direção à saída da carceragem. Dois vestiam roupas pretas de agente e um se arrastava, vestindo branco. O funcionário da OAS fixou o olhar e reconheceu quem vinha de roupa clara: era Alberto Youssef.

Eles haviam se conhecido no ano anterior e era a primeira vez que alguém do grupo via o doleiro que, ao decidir pela delação premiada, se tornara responsável pela prisão dos que estavam ali. Nas primeiras noites após a prisão dos empreiteiros, Youssef ouvia xingamentos vindos da ala oposta à dele. "Youssef, seu filho da puta", diziam do outro lado da cadeia. A direção da PF havia colocado os delatados em pavilhão oposto ao do delator justamente para evitar confrontos.

Naquele dia, porém, Youssef seguia para a sessão de fisioterapia numa sala fora da carceragem quando cruzou com alguns de seus delatados. Entre eles, Breghirolli, que era superintendente administrativo da OAS quando conheceu Beto (apelido do doleiro), em 2013. Um ano depois, Youssef diria aos policiais que, por orientação de Breghirolli, havia direcionado propinas para o tesoureiro do PT, João Vaccari Neto. O executivo negou tudo, afirmando que nunca havia feito algo ilegal. Assim mesmo, acabou preso. Naquele momento, ele via seu delator a poucos metros de distância. Apenas uma grade os separava.

Conforme o trio ia se aproximando, a imagem que se formava na retina de Breghirolli era a de um homem debilitado, pálido, com os cabelos desalinhados e a barba rala e branca por fazer. Youssef alternava passos débeis, arrastando a sola do chinelo no piso frio da carceragem, e só avançava porque era amparado pelos agentes. A magreza fazia com que a roupa ficasse sobrando no corpo. Ele viu Breghirolli na grade e balbuciou: "Eu tive que delatar. Não tinha outro jeito".

Àquela altura, os outros presos já estavam na entrada das celas mirando Youssef. Ele deu uma pausa na caminhada, olhou o grupo e repetiu a frase. "Não tinha outro jeito, tive que contar o que eles queriam ouvir." Do outro lado ninguém disse nada. Os carcereiros o levaram para o andar de baixo do prédio, onde ele faria a sessão de fisioterapia. Youssef padecia de uma doença cardíaca crônica e, antes da chegada dos novos presos, em novembro de 2014, já havia sido internado três vezes no Hospital Santa Cruz, de Curitiba, socorrido após brusca queda de pressão arterial, com passagens pela unidade de tratamento intensivo (UTI) coronariana.

A aparente debilidade do doleiro deve ter assustado os que tinham sido presos havia pouco tempo. Certamente os problemas cardíacos não explicavam sozinhos tamanha decadência física, mas sim a combinação deles com a dureza do cotidiano da prisão. Na imagem de Youssef estava embutido um recado. A cadeia era realmente cruel. É duvidoso, porém, que a cena vista por Breghirolli tenha sido um retrato fiel da condição de Youssef. Pessoas que conviveram com o doleiro me sugeriram que a fragilidade demonstrada por ele naquela caminhada não passava de encenação. Youssef teve problemas cardíacos, é verdade, mas nada que causasse aquele tipo de resultado. Ouvi de muita gente que, tanto antes como depois da chegada dos empreiteiros, ele estava bem e aquilo fora uma estratégia para comover seus detratores. O fato é que a imagem do doleiro assustou e despertou, até certo ponto, a pena dos presos da Lava Jato.

Quanto aos agentes, estes foram percebendo que a possibilidade de que algum dos presos cometesse um atentado contra o doleiro-delator era próxima de zero. Isso era uma novidade, já que a regra numa prisão é reservar ao alcaguete (juntamente com os estupradores) as mais cruéis punições. Em cadeias comuns, os delatores são torturados, esquartejados vivos antes de serem assassinados. Delator vivendo junto com delatado é mais uma das inovações da Lava Jato no sistema carcerário brasileiro.

Youssef foi aos poucos sendo exposto a breves contatos com os outros presos no banho coletivo e no pátio do banho de sol, sempre acompanhado de perto por um agente. Não foi hostilizado e, em alguns momentos, alguns executivos até tentaram consolá-lo. Houve mesmo quem lhe oferecesse alimentos. Youssef foi então "recuperando" o fôlego e passou a caminhar sem dificuldades. O fato é que sua inteligência acima da média e capacidade de convencimento o tornariam uma espécie de "trunfo" da Lava Jato dentro da carceragem. Ninguém levou tão ao extremo o papel de colaborador premiado como ele. Foi Youssef que permitiu aos policiais e procuradores desenhar toda a estrutura do esquema de corrupção na Petrobras e deu o caminho do dinheiro da propina. Ele também indicou uma penca de novos implicados, tanto políticos quanto operadores e empresários.

A relação dele com procuradores, policiais federais e o então juiz Sergio Moro era antiga, desde a prisão no Banestado — escândalo de lavagem de dinheiro e evasão de divisas ocorrido na década de 1990 por meio de envio de dólares para o exterior e que tinha como ponto central o Banco do Estado do Paraná.

Naquela ocasião, Youssef foi libertado por Moro após assinar acordo de delação, mas seus depoimentos — o juiz soube mais tarde — fizeram a investigação andar em círculos.

Preso na Lava Jato pelos mesmos policiais, procuradores e juiz do caso Banestado, ele não teria a mesma facilidade para sair da prisão. Mesmo fechando acordo de delação, continuava preso. No início, partiu para o confronto. Desconfiou que informações de conversas que tivera dentro da cela com Paulo Roberto Costa estavam sendo usadas em interrogatórios, então passou a jogar iscas quando falava com alguém no cubículo. Não deu outra. As informações falsas passaram a constar dos questionamentos de policiais durante a investigação.

Não satisfeito, Youssef escalou a grade até chegar ao teto e encontrou um aparelho de escuta escondido ali. Mostrou o achado ao seu advogado, que tirou uma foto e vazou para a imprensa. Em tese, a descoberta do grampo seria uma bomba, já que era ilegal — não havia autorização judicial para aquele tipo de monitoramento. A PF abriu então uma sindicância para apurar o caso. A justificativa dos delegados de Curitiba, na ocasião, foi que o equipamento estava desativado, encontrava-se ali havia tempo e tinha sido colocado para gravar conversas de traficantes de drogas, sobretudo a de Fernandinho Beira-Mar, que já passara por aquela carceragem.

Porém, o testemunho do agente da PF Dalmey Fernando Werlang, que assumiu a responsabilidade pela instalação do aparelho, foi no sentido contrário. Ele disse ter instalado o grampo um dia antes de Youssef e Paulo Roberto Costa chegarem à carceragem. O agente cumpria, na ocasião, ordens de Igor Romário de Paula, chefe da Lava Jato, do delegado Márcio Anselmo, e do superintendente da PF paranaense, Rosalvo Franco. Mesmo com o depoimento de Werlang, a sindicância deu em nada e ninguém foi punido.

Youssef deve ter percebido que, se uma ilegalidade daquelas havia passado em branco, sem causar nenhum tipo de abalo para os investigadores, seria difícil nadar contra a maré. Naquele momento, os erros da Lava Jato pouco chegavam à opinião pública e não causavam reação alguma. Os fins justificavam os meios.

O doleiro, então, mudou a estratégia. Passou a ajudar cada vez mais — e de várias formas — os investigadores. Para isso, ele tinha ao seu lado Antonio Figueiredo Basto, o advogado controverso que já o acompanhava desde a primeira delação no Banestado.[9]

Youssef passou a praticamente dar expediente nos gabinetes onde a Lava Jato se desenvolvia. Logo pela manhã era retirado da cela por Bolacha ou pelo Japonês e só voltava quando o sol tinha ido embora. Os colegas de carceragem diziam, com ironia, que ele já estava no semiaberto.

Os presos da ala oposta perceberam também que, à medida que crescia o convívio do doleiro com os policiais, as regalias dele aumentavam. Primeiro, por decisão de Moro, Youssef ganhou o direito de ter uma televisão no xadrez. No horário do *Jornal Nacional*, ele aumentava o volume para que o noticiário chegasse às outras celas. Essa ação tão simples cumpria uma função dupla: não só ganhava a simpatia dos outros presos como incutia neles a ideia de que delatar trazia vantagens.

Além disso, o modo como era tratado pelos agentes havia mudado. Newton Ishii passara a chamá-lo de Yoyô, em tom de humor. Se algum outro preso estava próximo, Ishii mudava o tratamento para "meu preferido". Na ala de Youssef as portas passaram a ficar abertas e os presos podiam circular durante todo o dia no corredor e até na área do banho de sol. Aos não delatores, continuava vigorando a lei. Tinham apenas duas horas fora do cubículo para tomar banho, lavar a roupa e andar no pátio.

O passo seguinte foi a entrada de comida vinda de restaurantes de Curitiba. Mais de um preso relata ter visto entregas do Madero, especializado em hambúrgueres, seguindo para a cela de Youssef. O cheiro de pizza também tomou a carceragem algumas vezes. Em 2015, por causa de denúncias, a Polícia Federal investigou se Youssef teria regalias como acesso a telefone celular e se recebia comida diferenciada dos outros presos. A apuração concluiu que o doleiro não gozava de nenhum privilégio.[10]

Ser o preso mais antigo do lugar facilitava a missão de convencer os colegas de carceragem a delatar. Eram frequentes as perguntas dos novatos sobre como se comportar em relação à Lava Jato, o que fazer diante dos investigadores e até como se defender no processo. Youssef pouco estudou durante a vida, evita até se comunicar por escrito para que não fique patente sua falta de intimidade com as letras, mas faz análises sofisticadas de cenário, tanto político quanto jurídico, e sua intuição costuma apontar na direção certa. Os outros presos reconheciam isso e o ouviam com atenção. Então, sempre que o doleiro tinha uma conversa privada com alguns deles, puxava o assunto da delação e dizia, em tom de conselho: "Não tem jeito, quando eles vêm para cima é porque já estão cheios de provas. É melhor delatar o quanto antes. Perder tempo só faz você fazer acordos piores". E não ficava apenas no incentivo. Também fazia parte do pacote indicar os serviços de Figueiredo Basto, o advogado mais bem-sucedido nas negociações com os investigadores da Lava Jato.[11]

Os procuradores da Lava Jato dizem que nunca deram a Youssef a incumbência de arregimentar outros presos, mas acreditam que ele tirou vantagem do papel de liderança na carceragem. Ele seguiu um critério utilitarista, na visão dos procuradores, já que sua delação se tornava mais efetiva à medida que outras a corroboravam. Algumas histórias, porém, deixam evidente que

Youssef influenciava os outros presos. O depoimento do lobista Fernando Baiano é um caso exemplar. Numa acareação na CPI da Petrobras, em 2015, Youssef afirmou que um novo colaborador esclareceria uma divergência entre as versões dele e a do ex-diretor da Petrobras Paulo Roberto Costa sobre um valor que teria ido para o ex-ministro Antonio Palocci. Costa dizia ter recebido um pedido de Youssef em nome do petista para doar 2 milhões de reais para a campanha presidencial de Dilma Rousseff, em 2010. Duas semanas depois, o lobista Fernando Baiano prestou depoimento afirmando que havia sido ele o responsável pelo pedido.

Naquela ocasião, Youssef e Baiano dividiam a mesma ala. Conviviam diariamente e haviam ficado muito próximos, mas tanto Youssef quanto Baiano declaram que nunca combinaram versões dentro da carceragem. O Ministério Público Federal também não se incomodou com a suspeita de interferência. Àquela altura da investigação, uma contradição entre três delatores importantes, como Youssef, Costa e Baiano, poderia dar margem para que um acordo fosse anulado, o que inutilizaria depoimentos que eles consideravam importantes.

Outro caso em que a influência de Youssef deixou pegadas foi na colaboração de Alexandre Romano, apelidado de Chambinho, ex-vereador petista de Americana (SP), preso na fase Pixuleco 2 (deflagrada em 13 de agosto de 2015), que investigou desvios no Ministério do Planejamento em contratos de sistema informatizado de crédito consignado. Chambinho, preso acusado de fazer lobby e pagar propina representando a empresa Consist, pivô do esquema, era peixe pequeno para os investigadores, que trabalhavam de olho em Paulo Bernardo, ministro do Planejamento na época em que se concentrava a investigação, e Gleisi Hoffmann, senadora. Ambos do alto escalão do PT.

O ex-vereador já esperava a Lava Jato bater à sua porta desde que Milton Pascowitch, lobista com atuação na Petrobras, havia sido preso e resolveu delatar. Chambinho tinha feito negócios com o lobista no esquema que operava no Planejamento. Sabendo que seria delatado, procurou o advogado Daniel Casagrande, que considerou que era o caso de procurar a Lava Jato. Casagrande ligou para o delegado Márcio Anselmo pedindo uma conversa para apresentar seu cliente. "Claro, venha amanhã a qualquer hora", disse o delegado. Não deu tempo. Chambinho estava no salão de embarque do aeroporto de Congonhas com destino a Curitiba quando dois policiais federais o abordaram com um mandado de prisão. Chambinho pegou o voo para Curitiba naquele 15 de agosto de 2015, mas na condição de preso.

Na cadeia, o ex-vereador se apavorou. Passou noites alternando crises de choro e longos períodos de oração. Pai de três crianças pequenas, sua mulher estava grávida do quarto filho quando ele foi para a cadeia. Falava das crianças e do bebê que nasceria sem o pai por perto. Youssef era seu companheiro de cela e ouvia tudo com atenção. Assim que Chambinho se acalmou, o doleiro contou que conhecia bem o juiz Sergio Moro e os procuradores. Traçou o perfil de cada um e aconselhou: "Quanto antes falar, melhor". Dias depois, Chambinho contratou Figueiredo Basto e soltou as histórias que tinha sobre o esquema no Ministério do Planejamento. Dois meses depois, foi para casa cumprir prisão domiciliar.

Já com José Dirceu, preso em agosto de 2015, tudo indica que a abordagem de Youssef não deu certo. O ex-ministro da Casa Civil de Lula se recolhia quando o doleiro se atrevia a aconselhá-lo a delatar. Fechava a cara e não estendia a conversa. Sem interlocução, Youssef desistia. Dirceu então reclamava do incômodo com aquele tipo de aproximação. Cogitou, inclusive, que o próprio

Youssef estivesse recolhendo informações em conversas na carceragem para levar aos investigadores. Dirceu passou a desconfiar de tudo e negar as gentilezas do doleiro, como oferecimento de produtos de higiene ou alimentos. "Ele pensa que pode me manipular", disse numa conversa com um advogado.

Mais tarde, o alvo dos esforços de Alberto Youssef foi Marcelo Odebrecht. Aproximar-se do empreiteiro não era das tarefas mais fáceis, já que ele ocupava praticamente todo o dia com exercícios físicos, conversas com advogados, leitura dos processos ou redação de cartas para familiares, subordinados da empresa e amigos. Mas Youssef era determinado. Puxava assunto, oferecia conselhos, fazia piadas.

Marcelo ficou mais de um mês na carceragem da Polícia Federal, após ser preso em 19 de junho de 2015. Foi para o Complexo Médico Penal em 25 de julho de 2015, e em fevereiro de 2016 voltou para a Superintendência da PF para prestar depoimentos na 23ª fase, a Acarajé (uma alusão ao termo utilizado por alguns investigados para nominar dinheiro em espécie), que havia prendido funcionários da Odebrecht que lidavam com o caixa dois da empresa. Foi ali que se descobriu o departamento de operações estruturadas, o setor de propinas da companhia, e os sistemas informatizados que davam agilidade e sigilo à contabilidade do suborno. Youssef aumentou o assédio ao herdeiro da empreiteira, que não dava sinal de se deixar convencer.

Ironicamente, foi de Nelma Kodama, a ex-amante de Youssef, o empurrão que, enfim, levou os executivos da Odebrecht para a delação. A doleira estava presa na carceragem da Polícia Federal junto com sua comparsa, a contadora Iara Galdino, quando os delegados da Lava Jato alojaram em sua cela Maria Lúcia Tavares.

A baiana estava na Odebrecht desde 1977, ano em que foi contratada como datilógrafa da construtora. Quando a polícia bateu em sua porta, ela já havia passado pelos setores jurídico e financeiro do grupo e então ocupava o cargo de secretária no departamento de propinas, onde recebia ordens de Hilberto Silva, Fernando Migliaccio e Luiz Eduardo Soares, executivos responsáveis pelo fluxo de caixa dois da empresa. A Lava Jato sabia que Maria Lúcia era o meio para descobrir como funcionava a engrenagem ilegal da Odebrecht e abalar a resistência do herdeiro.

Nas primeiras horas de prisão, com Maria Lúcia extremamente abalada, Nelma e Iara se mostraram dispostas a apoiar a nova presa. Primeiro ouviram o que tinha a dizer e depois disseram palavras de conforto. O passo seguinte, decisivo, foi o do conselho. Nelma disse que Maria Lúcia deveria a todo custo evitar ser transferida para um presídio estadual. "Você já chupou boceta?", perguntou. Maria Lúcia, com os olhos arregalados, disse que nunca havia chegado perto de fazer algo assim. Nelma disse que num presídio isso não era algo opcional, e sim questão de sobrevivência. Foi a gota d'água para aquela senhora que havia passado a vida toda se ocupando da contabilidade da Odebrecht. Maria Lúcia entrou em desespero. Então a própria Nelma lhe apontou a solução. "Você precisa delatar, contar tudo o que sabe. É este o melhor caminho", disse. "Mas os advogados da empresa dizem que vão nos tirar daqui em breve", contestou Maria Lúcia. "Eles estão preocupados com o dono da empresa", disse Nelma. "Você não é a prioridade deles. A prioridade deles se chama Marcelo Odebrecht. Você é ninguém. Se eles precisarem te ferrar pra salvar o Marcelo, eles vão fazer. É ele quem paga os advogados."

Maria Lúcia ouvia a tudo atentamente. Parecia fazer sentido o que Nelma dizia. "Esses advogados ainda não conseguiram tirar da cadeia nem o dono da empresa. Você acha que eles vão se preocupar com você? Você acha que vai sair logo sem delatar? Quem delatou já está na rua. Estou falando para o seu bem, querida." Maria Lúcia não dizia nada, mas parece ter entendido o raciocínio: com tanto peixe grande preso, por que os advogados da empreiteira iriam se dedicar a defender uma secretária? Mas, como delatar, se os advogados que a defendiam estavam frontalmente contra uma confissão? A Odebrecht se defendia em grupo.

No dia seguinte, Maria Lúcia tinha depoimento marcado com a delegada Renata Rodrigues. Antes que as perguntas fossem feitas, Maria Lúcia fez um pedido. Queria que Rogério Bautista, advogado da empreiteira que a acompanhava, saísse da sala. Ela queria dispensar o defensor pago pela Odebrecht. A delegada então achou por bem deixar cliente e advogado a sós para resolverem o impasse. Bautista queria saber o que estava acontecendo, a razão daquela atitude, mas Maria Lúcia falava apenas que queria mudar de estratégia e seguiria apartada dos outros executivos da companhia. Não era preciso dizer mais nada para saber que ela havia decidido pela delação. Bautista saiu da sala e, do lado de fora, topou com Juan Marciano Viera, advogado de Nelma. Era ele o novo defensor da secretária da Odebrecht.

A delação de Maria Lúcia saiu[*] e suas revelações tornaram inviável o silêncio de Marcelo e de outros executivos. Em março, a Odebrecht começou a negociação para a maior delação premiada já feita no país, que envolveu 78 funcionários, colaboradores e acionistas do grupo empresarial. E, assim como aconteceu com Youssef, nenhuma autoridade da Lava Jato disse ter conhecimento de qualquer interferência de Nelma na decisão de Maria Lúcia.

---

[*] O acordo de delação entre Maria Lúcia e o MPF foi assinado no dia 1º de março de 2016 e desencadeou a 26ª fase da Lava Jato, apelidada de Xepa.

Em 20 de junho de 2016, Nelma Kodama saiu da carceragem da PF para cumprir, em casa, o resto da pena de quinze anos de prisão por corrupção ativa, evasão de divisas, operação de instituição financeira irregular e pertinência à organização criminosa. Os investigadores estimavam que ela teria movimentado pelo menos 5 milhões de dólares fora do alcance dos controles oficiais.

O benefício a Nelma foi concedido com base em depoimentos em que ela descreveu as brechas usadas, a partir de mudanças na regulamentação bancária, para a abertura de contas no exterior com intuito de lavar dinheiro. Sua ajuda teria sido tão excepcional que ela foi solta antes mesmo de o juiz Sergio Moro homologar sua delação. A doleira fora capturada em março de 2014, ainda no início da operação, no aeroporto de Guarulhos, tentando sair do país com 200 mil euros escondidos na calcinha. No mês seguinte, já tinha a simpatia dos agentes da Polícia Federal: em 8 de abril ela viu quando um carcereiro levou a mão ao peito e caiu no chão. Ela, que estava fora da cela por causa do banho de sol, correu para socorrer o homem com massagem torácica e respiração boca a boca. Como ele não se recuperava, ela pegou as chaves de seu bolso e destrancou a cela onde estava detido um médico. Enquanto ele fazia os procedimentos dos primeiros socorros, ela foi chamar outros agentes, que puseram o colega numa viatura e saíram com o giroflex ligado a caminho do hospital. O infartado foi salvo. E o ato rendeu a Nelma seis meses a menos atrás das grades.*

---

* Em agosto de 2019, depois de ter cumprido um quinto da pena, Nelma foi beneficiada por um indulto.

PAI

Quando a Polícia Federal tocou no seu apartamento, por volta das seis da manhã, Mateus Coutinho de Sá Oliveira foi antes até a porta do quarto da filha de dois anos para checar se a menina permanecia dormindo. Na entrada da casa, recebeu a notícia de que a Polícia Federal estava a sua procura. O executivo do departamento financeiro da OAS tinha 36 anos e era considerado um prodígio dentro da empreiteira. Rapidamente se tornara diretor financeiro, com um ótimo salário.

Com os policiais na sala, ele acordou a esposa e propôs uma maneira de fazer com que a filha não percebesse a gravidade da situação. Diriam a ela que os policiais eram amigos do trabalho do pai e que vieram buscá-lo para uma viagem. Combinou com os policiais, que toparam a farsa.

Enquanto os policiais revistavam a sala, Mateus observava tudo sentado no sofá. A filha, já acordada, correu e pulou no seu colo. Mateus sorriu, prometeu que voltaria em poucos dias e conversou com os policiais como se fossem amigos que estavam ali para dividir o café da manhã. Os investigadores não deixaram transparecer que carregavam o mandado de prisão do executivo.

O celular de Mateus foi confiscado e a ele foi dado o direito de fazer uma única ligação. Em vez de chamar o advogado da OAS, Mateus ligou para o pai, que mora na Bahia, e avisou que estava indo para a prisão. Pediu que ele e sua mãe viessem urgentemente para São Paulo para cuidar da neta. A mulher do executivo passava por um tratamento contra depressão e não seria adequado deixá-la sozinha cuidando da filha, ainda mais com todos os dissabores de ter o marido preso.

Mateus seguiu para a sede da Polícia Federal no banco de trás da viatura preta. Apesar do baque inicial, chegou à cadeia tentando demonstrar ânimo. Dizia aos colegas que sua prisão não passava de um engano e que seus advogados rapidamente provariam sua inocência. Ele afirmava não ter contato com políticos e diretores da Petrobras. No departamento financeiro, fazia o que a direção da empresa determinava, e só. Se havia algo ilegal no fluxo de dinheiro que passava por seus cálculos, ele não tinha responsabilidade nenhuma.

Recomendou à mulher que não levasse a filha para visitá-lo. Não queria que a menina entrasse numa cadeia, fosse revistada e visse o pai naquela situação. Seria muito complicado explicar a uma criança de tão pouca idade o que estava acontecendo. Como lidar com o desgaste da hora do fim da visita, quando teria que ir embora sem o pai? E, afinal de contas, provavelmente aquela prisão temporária, de cinco dias prorrogáveis por mais cinco, não iria se alongar.

A maioria dos presos da Lava Jato já se conhecia pelas relações de negócios que tinham fora da cadeia, mas Mateus era um desconhecido da turma. "Ele não é do mercado", disse Dalton Avancini, presidente da Camargo Corrêa, quando o conheceu. Não demorou para que gostassem do jeito simpático do executivo da OAS. Ele foi colocado na cela de número 6, junto com os empreiteiros Erton Medeiros Galvão, executivo da Galvão Engenharia; João Auler, ex-presidente do conselho administrativo da Camargo Corrêa; e Sérgio Cunha Mendes, vice-presidente e herdeiro da Mendes Júnior. Valia a regra: os mais velhos no beliche e ele, o mais novo, dormia num colchão no chão.

Os dias foram passando e o ânimo de Coutinho vez ou outra cedia lugar à melancolia. Passou a reclamar da saudade que sentia da filha e constantemente dizia aos agentes que não deveria estar ali, que tudo não passava de um grande mal-entendido. Mas a carceragem da PF, assim como toda cadeia, estava povoada por gente que se achava injustiçada.

Mateus foi parar atrás das grades acusado de gerenciar o dinheiro da empreiteira e liberar pagamentos de propina para funcionários da Petrobras como contrapartida de contratos que a empreiteira havia conseguido na Refinaria Abreu e Lima, em Pernambuco, e na Refinaria Presidente Getúlio Vargas, no Paraná. Os investigadores estavam convictos de que ele havia movimentado 10 milhões de reais em suborno. Mateus se defendia dizendo que não havia tomado decisões sobre essas operações. Vencidos os cinco dias da prisão temporária, Moro decretou sua prisão preventiva, sem prazo para expirar.

Como os pedidos de habeas corpus caíam um a um nos tribunais superiores, Mateus percebeu que não veria a filha tão cedo se ela não o visitasse. Mesmo assim, resistia à ideia de a menina entrar na Polícia Federal. Mas a mãe já não conseguia administrar os incessantes pedidos da criança para ver o pai e, nas visitas de quarta-feira, insistia com Mateus que era preciso que ele e a filha se encontrassem.

Mateus cedeu aos apelos, mas, para ele, a visita só faria sentido se não significasse um sofrimento muito grande para a menina. Começou então a negociar com o delegado Ivan Ziolkowski, responsável pela carceragem, e com o agente Newton Ishii um esquema especial para o encontro, que deveria ser fora do dia oficial de visita (quarta-feira).

Toda a cadeia já estava torcendo para que o delegado desse a permissão. Depois de alguns dias de conversa, enfim, Ivan Ziolkowski permitiu que ele visse a filha numa sexta-feira. A decisão foi comemorada entre os empreiteiros. Burlando a norma, o delegado ainda permitiu que a menina tivesse contato direto com Mateus, dispensando o vidro e o interfone.

O encontro foi na sala dos agentes, um pequeno escritório na entrada da carceragem. Havia um computador no lugar, então inventaram que ali era o escritório de Mateus. Quando a porta se abriu, a menina se jogou nos braços do executivo. Mesmo com a distância da sala para as celas, todos os presos ouviram a voz aguda da menina gritando de felicidade. Ela quis saber por que o pai estava demorando para voltar. Viu o computador e perguntou se era ali que ele trabalhava. Mateus respondeu que a demora era porque o trabalho era muito importante e que, sim, aquele computador era dele. Procurou saber como ela estava, e a menina contou suas coisas de criança.

A visita começou por volta das dez da manhã e foi até onze e meia. Como a menina tinha acordado muito cedo para ir de São Paulo até Curitiba, no finalzinho da visita pegou no sono e dormiu no colo de Mateus. Isso tornou a despedida menos dramática. Quando cruzou o portão na volta para a carceragem, ele, enfim, desabou. Foi recebido com abraços e palavras de solidariedade pelos companheiros de cela. Deitou no colchão e passou o dia calado.

Antes disso, ele tinha recebido a primeira visita da mãe, uma professora aposentada de escola pública na Bahia, que só conseguiu ir a Curitiba após 45 dias de prisão do filho. Ela chorava copiosamente. "Você não merecia passar por isso, meu filho", ela dizia. Ele tentava aparentar força. "Quanta gente morre e não merece, mãe? A vida é assim."

Sua mulher continuou pressionando para que a filha fizesse novas visitas. Mateus tentava explicar que seria difícil repetir aquele esquema. O humor da esposa oscilava. Numa das visitas, os dois discutiram. O tom de voz subiu. Ao sair do parlatório para ser levado de volta à cela, ouviu uma piada de mau gosto vinda do agente Flávio, que o escoltava. Algo sobre ele não poder ver a filha. Mateus perdeu a cabeça. Ele já havia passado pela grade que dava acesso ao corredor onde ficava a sua cela, mas voltou para bater boca com o agente. "Você não fala assim comigo. Você também tem filho, porra!", disse Mateus. "Mas eu estou solto. Sua filha tem pai preso", revidou o agente. Flávio já tinha discutido dias antes com Gerson Almada, dono da Engevix. O agente foi até o delegado Ivan Ziolkowski e disse que Mateus Coutinho tinha ameaçado a ele e o filho de morte. O delegado ouviu Mateus e, no final, a denúncia não foi à frente.

Já a relação de Mateus com o agente Henrique foi na mão contrária. Henrique é pernambucano e a família de Mateus é de Jacobina e Morro do Chapéu, no sertão baiano. Descobriram afinidades, como o gosto por Luiz Gonzaga. Estudante de psicologia, o policial percebeu que o preso estava em depressão. Chamava Mateus para conversar sobre os problemas, falava sobre superação e a necessidade de manter-se forte. O assunto na maioria das vezes girava em torno da falta que o preso sentia da filha.

Em 24 de março de 2015, Mateus foi transferido para o Complexo Médico Penal, em Pinhais, junto com outros nove presos da fase Juízo Final da Lava Jato. Mateus ficou lá até o dia 28 de abril, quando por decisão apertada os ministros do Supremo Tribunal Federal decidiram que ele poderia responder ao processo em prisão domiciliar. Calçou tornozeleira e foi para casa. No caminho, passou numa loja de brinquedos e comprou um boneco de neve de pelúcia, reprodução do personagem Olaf, da animação *Frozen*, uma paixão da filha. Disse a ela que trazia dos Estados Unidos, onde teria ficado aquele tempo todo trabalhando.

Em agosto daquele ano, Moro trocou a domiciliar por medidas cautelares. Entre as restrições impostas, Mateus teve que se afastar de atividades econômicas, entregar o passaporte, comparecer à presença do juiz em prazos determinados e ficou proibido de manter contato com os outros réus. O casamento não resistiu e a guarda da filha passou a ser compartilhada. Ele também perdeu o emprego na empreiteira.

Em 23 de novembro de 2016, Mateus Coutinho de Sá Oliveira foi absolvido por unanimidade pelos desembargadores da 8ª Turma do Tribunal Regional Federal da 4ª Região, que julga os recursos da Lava Jato. Os magistrados consideraram que não havia provas de que ele cometera os crimes apontados pelos investigadores. Um ano depois da absolvição, Mateus assinou acordo de delação premiada em que confessou que liderava a Controladoria, um setor do departamento financeiro da OAS destinado a movimentar dinheiro de caixa dois e propina, e contou como eram os pagamentos ilegais feitos pela empreiteira.

A TRANSFERÊNCIA

A presença dos presos da Lava Jato por um tempo tão extenso na carceragem da Superintendência da Polícia Federal, em Curitiba, causava problemas. Eram apenas seis celas com capacidade para duas pessoas e havia, naquele momento, catorze detentos do Petrolão. Diariamente chegavam contrabandistas, traficantes de drogas, falsificadores de dinheiro e todo tipo de infrator que precisava ser acomodado naquele mesmo espaço. Já tinham passado cerca de quatro meses quando a Polícia Federal foi até Sergio Moro pedir que desse outro destino aos presos da sétima fase da Lava Jato. A carceragem da Superintendência é, na verdade, um lugar de passagem.

Diante da iminência da transferência, a defesa do vice-presidente da empreiteira Mendes Júnior, Sérgio Cunha Mendes, protocolou na Justiça Federal um pedido para que seu cliente fosse transferido para o presídio da Papuda, em Brasília. Sergio Moro, porém, não autorizou. Moro disse que a presença do empreiteiro em Curitiba ainda se mostrava necessária. Isso inibiu que os advogados dos outros presos solicitassem transferência para São Paulo e Rio de Janeiro, por exemplo.

No dia 23 de março de 2015, uma segunda-feira, 129 dias depois da fase Juízo Final, Moro, enfim, determinou que houvesse a mudança de doze presos da Lava Jato para o Complexo Médico Penal, em Pinhais, na região metropolitana de Curitiba. No despacho, o magistrado afirmou que não era possível saber se sofreriam violência por parte de outros detentos, "entretanto, forçoso admitir que, pela notoriedade da investigação, há algum risco nesse sentido, o que justifica colocá-los, por cautela, em ala mais reservada", escreveu no despacho.[12] Os advogados dos prisioneiros viram na transferência uma pressão por novas delações.

Na terça de manhã, dia 24 de março, os presos foram acordados pelos agentes que já tinham a ordem de transferência nas mãos. "Juntem suas coisas porque vocês vão mudar de casa. Hoje vocês vão aparecer no *Bom Dia Brasil*", disse um dos carcereiros. Cada um recolheu o que tinha e se preparou para a mudança. A previsão era que os doze presos da lista de transferência fossem juntos, mas como o lobista Fernando Baiano e Gerson Almada, da Engevix, tinham audiência agendada com os policiais federais naquele dia, seguiriam mais tarde, após os depoimentos. Continuariam na PF apenas Alberto Youssef, que estava colaborando com a apuração, e Nestor Cerveró, que passava por avaliações médicas.

O ônibus cinza que levaria o grupo até Pinhais foi estacionado a cerca de dez metros de distância da entrada da garagem por onde saíram algemados. Ao atravessarem a rampa do estacionamento, os prisioneiros viraram alvo das câmeras dos fotógrafos e cinegrafistas. O veículo venceu a distância de 15,4 quilômetros entre a sede da Polícia Federal e o Complexo Médico Penal em pouco mais de vinte minutos. Às nove da manhã, os "lavajatos" já estavam na "nova casa".

A transferência foi encarada com temor pelos presos. Eles já haviam se acostumado à rotina da carceragem da Polícia Federal e se sentiam relativamente seguros naquele ambiente. O espaço reduzido colocava os carcereiros sempre muito perto dos presos, o que permitia que pudessem agir rapidamente no caso de uma emergência. Também dava tranquilidade o fato de que ali eram maioria, pois nenhum outro detido passava muito tempo naquele lugar. As condições também não eram das piores, porque, embora não houvesse conforto, tampouco eram degradantes.

Na mão contrária, sabiam que, ao passar para a tutela do governo paranaense, ingressariam num sistema penitenciário em convulsão. A administração do tucano Beto Richa vinha perdendo a queda de braço para as facções criminosas que passaram a comandar os presídios paranaenses. Multiplicavam-se as rebeliões que, em geral, tinham desfechos trágicos, com assassinato de reféns por estocadas de estiletes artesanais, queima de pessoas vivas e decapitações. O PCC (Primeiro Comando da Capital), maior facção criminosa do país, que nasceu nas penitenciárias paulistas, conseguiu dominar boa parte das cadeias do Sul a custo de muito derramamento de sangue. Só em 2014, ano um da Lava Jato, foram 22 rebeliões nas penitenciárias do estado.

Dois meses antes da fase Juízo Final, que prendeu os empreiteiros, os presos tomaram a Penitenciária Estadual de Piraquara, conhecida como PEP 2, na região metropolitana de Curitiba, a Penitenciária Estadual de Cascavel, a Cadeia Pública de Guarapuava e a Penitenciária de Cruzeiro do Oeste. A rebelião em Cascavel se notabilizou pelas imagens de homens sendo espancados no teto dos pavilhões e lançados lá de cima. Duas cabeças decapitadas foram exibidas como troféus pelos líderes do motim. No final, o saldo foi de cinco reféns mortos.

Os presos da Lava Jato sabiam o que se passava. O espetáculo de terror era transmitido pelas TVs e os jornais noticiavam a barbárie com detalhes. Impossível imaginar que os executivos das empreiteiras não teriam seus pensamentos povoados por cenas de assassinos exibindo a cabeça decepada de reféns. Seriam eles alvos da fúria de rebelados?

O governador Beto Richa e seu secretário de Segurança Pública, Fernando Francischini, deputado federal licenciado pelo Solidariedade e ex-delegado da PF, que mais tarde também seria citado por investigados da Lava Jato, sabiam que não poderiam deixar que algo acontecesse com aqueles aprisionados. A repercussão seria enorme. Atendendo ao pedido de Moro, o governo reservou seis celas na sexta galeria do Complexo Médico Penal, na cidade de Pinhais, que mais tarde seria conhecida como a "cadeia da Lava Jato".

II

No Complexo Médico Penal

POR DENTRO DO COMPLEXO

O presídio escolhido para abrigar os presos da Lava Jato é uma mescla de manicômio, hospital e penitenciária. O CMP, como é conhecido popularmente o Complexo Médico Penal, fica numa área pouco habitada da cidade de Pinhais, na região metropolitana de Curitiba, e é considerado mais seguro que as outras unidades do sistema carcerário paranaense. O prédio foi inaugurado em 31 de janeiro de 1969 com o nome de Manicômio Judiciário. Em 21 de dezembro de 1993, foi rebatizado com o nome atual. Na teoria, o presídio deveria ser um centro médico para acomodar prisioneiros com distúrbios psiquiátricos, feridos, enfermos e grávidas. Mas a superlotação de outras penitenciárias e as ondas de rebeliões fizeram com que o CMP recebesse presos comuns, como policiais que cometeram crimes, criminosos sexuais, condenados com curso superior e detentos ameaçados de morte.

Ao chegarem ao CMP, os presos da Lava Jato passaram por revista, cumpriram a fase burocrática do cadastramento na unidade e receberam um kit com sabonete, creme dental, escova de dentes e papel higiênico (não usariam nada disso, preferindo as marcas trazidas pelos familiares). Depois, seguiram para um auditório, onde foram recepcionados pelo então diretor da unidade, Marco Marcelo Muller.

Homem alto de olhos azuis, pele avermelhada e cabelos predominantemente ruivos com mechas grisalhas nas têmporas, Muller tentou passar tranquilidade aos que chegavam. "Eu quero que vocês saibam que a gente aqui não está julgando ninguém. Vocês vão tirar o tempo de prisão de vocês sem serem expostos." Renato Duque imediatamente retrucou. "Como assim, tempo de prisão? Eu sou um condenado?", perguntou em tom desafiador. "Eu não fui condenado a nada!"

Nem Duque nem ninguém ali havia sido condenado ainda. Todos cumpriam apenas prisões cautelares, mas a intervenção soou inconveniente. Muller e o agente penitenciário Valdir Callegari, chefe da segurança do presídio, se entreolharam. Os outros presos miraram Duque. Muller, sem dirigir a palavra a Duque, continuou de onde tinha parado, dizendo que ali seriam oferecidas condições de segurança e dignidade para que eles cumprissem a pena normalmente, mas isso dependeria também da postura de cada um.

O Complexo Médico Penal tem área construída de 8406 metros quadrados e capacidade para 659 internos. Visto do alto, o conjunto de prédios tem o formato de um rifle. São seis galerias, uma ala feminina e um hospital. As quatro primeiras galerias funcionam no mesmo prédio. As alas 1 e 2 têm respectivamente doze e dezesseis celas e ficam no andar inferior. As alas 3 e 4, uma com 22 cubículos e outra com 28, dividem o andar superior. Na ala feminina há dezessete celas. No prédio ao lado fica o hospital, que atende pacientes de todo o sistema penal paranaense. São dezesseis apartamentos. A quinta e a sexta galerias têm 32 celas cada uma, sendo que a quinta fica no térreo e a sexta no andar superior.

Na parte de trás do presídio não há nenhum muro, cerca ou alambrado. Por isso, os detentos colocam algemas nos pulsos e tornozelos quando passam para a área externa dos blocos, como no caso de consultas médicas. O CMP não é considerado de segurança máxima, mas nenhum preso da Lava Jato tentou fugir até o fechamento deste livro.

No Complexo a rotina é diferente daquela da carceragem da Superintendência da Polícia Federal. Na sede da PF os presos têm apenas duas horas de banho de sol e depois não saem mais da cela, a não ser para uma consulta com médico ou advogado. Já no Complexo as portas das celas são abertas às oito horas, depois do café, e os presos têm dois períodos de banho de sol: um de manhã e outro à tarde. Entre as oito e dezessete horas eles podem circular pelo pavilhão. Cada bloco com duas galerias tem um modesto espaço para banho de sol. Há uma área comum usada para receber visitas, onde há treze mesas com bancos de concreto e um pequeno gramado. Quem vê a foto do lugar pode facilmente ser levado a acreditar que se trata do pátio de uma escola pública.

A rotina no CMP começa às seis e meia, quando eles recebem o café da manhã nas celas. Depois, os internos saem, até que os carcereiros os chamam para o banho de sol no pátio. Não há horário definido. Às onze da manhã eles retornam para as celas e esperam o almoço, servido ali em torno de meio-dia. Eles almoçam e saem novamente. No meio da tarde, às dezesseis horas, são recolhidos pelos agentes penitenciários e uma hora depois recebem o jantar.

Uma curiosidade da sexta galeria é que as celas não são trancadas com cadeado, e sim parafusadas pelo lado de fora. Após recolher os detentos, o agente penitenciário usa uma chave inglesa para rosquear com força um grosso parafuso que se encaixa na junção da porta de ferro da cela com um encaixe de metal fixado na parede. Os carcereiros garantem que parafusar daquele jeito é eficiente. Como a porta é uma grossa chapa de metal maciço, sem grades vazadas, o preso não consegue passar o braço para alcançar o parafuso do outro lado. Nessa porta há duas pequenas portinholas: a de cima, por onde passam os alimentos, e a de baixo, onde se retira o lixo. As duas são travadas pelo lado de fora.

As regras para visitas no CMP são mais flexíveis do que na PF. Como há centenas de presos no Complexo, as visitas são fracionadas e cada pavilhão tem um dia e horário específico. Os presos da sexta galeria recebem seus visitantes das 13h30 às 16h30 toda sexta-feira. O espaço para o encontro é o pátio, onde há treze mesas retangulares com bancos de concreto fincados no chão. É permitido que os parentes levem alimentos para o encontro.

A lista de produtos que os internos podem receber também é bem mais ampla do que a da carceragem da PF. São permitidos uma TV de até vinte polegadas por cela e um rádio AM-FM por preso. Podem entrar ebulidores, conhecidos na cadeia como "rabo-quente", um aparelho que consiste num fio condutor de eletricidade com uma resistência na outra extremidade. Assim que o fio é ligado na tomada, a resistência aquece e o preso pode ferver água ou esquentar alimentos. Esses ebulidores são vendidos em lojas de eletrodomésticos, mas os presos mais pobres improvisam fazendo uma engenhoca com resistência de chuveiros.

A lista do vestuário especifica quantidade, cor e modelo de cada peça que pode entrar na cadeia: duas calças tipo malha colegial na cor laranja, cinza ou azul-marinho; três camisetas sem gola na cor branca; duas blusas tipo moletom na cor laranja, cinza ou azul-marinho; duas bermudas na cor laranja ou cinza; dois pijamas; quatro cuecas; quatro pares de meia; um par de tênis com cano e solado baixo e um par de chinelos de dedo. Essas especificações, porém, não são seguidas ao pé da letra. Ninguém barra uma camisa porque tem cores demais ou implica com o tamanho do solado do tênis.

Quinzenalmente os familiares que moram a pelo menos cem quilômetros de distância de Pinhais podem enviar pelo correio uma caixa ou sacola com material de higiene e limpeza, algumas peças de vestuário e alimentos crus não perecíveis, como macarrão instantâneo, biscoitos, temperos, sopas, doces pastosos e achocolatado, desde que acondicionados em embalagens transparentes. Um funcionário do presídio abre tudo e verifica se há algo no pacote que não se enquadre na lista de alimentos autorizados. É permitido também mandar livros, mas, se uma obra entra no presídio, não sai mais. Passa a fazer parte do acervo da biblioteca do CMP.

Qualquer tipo de cigarro é proibido nos presídios paranaenses, mas o cheiro da fumaça pode ser sentido nos pavilhões. Os presos têm acesso a tabaco e maconha, mesmo com as restrições oficiais. Detentos e agentes contam que o material entra por meio de visitas, advogados e até funcionários corruptos.

O ex-deputado estadual paranaense Osmar Bertoldi estava confinado junto com os presos da Lava Jato, em 2016. Ele não tinha sido alvo do juiz Sergio Moro, mas foi preso por espancar a ex-namorada Tatiane Bittencourt. Fumante e com vícios típicos de quem costumava contornar as regras quando estava solto, ele não viu problemas em tentar contrabandear para dentro de sua cela uma porção de tabaco solto, conhecido como caiçara nos presídios paranaenses. Entregou 150 reais a um atravessador, embora portar dinheiro dentro da cadeia também seja proibido. O plano deu certo até o momento da entrega, quando os agentes do CMP capturaram Bertoldi e o contrabandista no flagra. Ex-deputado e fornecedor foram para o isolamento.

A proibição de circulação de dinheiro no presídio não significa que não exista comércio. Comida e vestuário são moeda no CMP. Quinzenalmente os presos da Lava Jato recebiam dos familiares uma encomenda popularizada com o nome de Sedex, que consiste num pacote enviado pelo correio com comida não perecível, material de higiene e vestuário. Semanalmente os familiares levavam comidas prontas, como carnes cozidas e bolos. Os presos ricos passaram a pagar aos mais pobres para que fizessem as tarefas cotidianas em seu lugar — se comprometiam com a limpeza das celas e das roupas dos "lavajatos" em troca de pacotes de biscoito ou fatias de bolo.

No CMP há uma lavanderia com quatro grandes máquinas de capacidade industrial para higienizar as vestimentas dos presos e roupas de cama. São duas lavadoras e duas secadoras. Diariamente os presos da faxina recolhem as peças em carrinhos, seguindo um cronograma ordenado por ala. Muitos dos detentos da Lava Jato, porém, evitavam que suas roupas saíssem da galeria. Como o lugar é um complexo médico, temiam que suas vestimentas fossem contaminadas por alguma doença contagiosa. As peças, então, eram lavadas nas pias dentro das celas. A maior parte dos presos da Lava Jato trocava o guarda-roupa com frequência, geralmente com a periodicidade de um mês e meio.

Depois do acesso a TV e rádio, o que deixou os presos contentes foi a permissão da entrada de um colchão, um dos itens do "kit cama e banho". Todos receberam duas toalhas de banho, um jogo de lençol, travesseiro, três cobertores e uma espuma de colchão para solteiro. Por outro lado, a rigidez no controle da entrada dos visitantes aumentou. A rotina semanal passou a incluir a revista íntima, que significa se despir em frente a um agente penitenciário, ter a boca examinada e agachar diante de um espelho três vezes seguidas.

Em pelo menos dois casos, esposas jovens de presos da Lava Jato foram advertidas pelas agentes por causa de roupas muito curtas ou com decotes mais ousados. Há no papel a regra que diz que as mulheres que visitam presos no sistema prisional paranaense não devem ir com roupas de tecido transparente, saias e blusas consideradas curtas pela segurança do local, sapatos de salto alto e sutiãs com armação ou enchimento. Brincos, piercings, pulseiras, anéis e colares também são vetados. "Nos primeiros dias eram tantas joias e relógios caros que o CMP ficou parecendo uma casa de penhor", brincou um dos agentes.

Logo de cara os presos da Lava Jato demandaram mudanças estruturais no presídio. Além da preparação da sexta galeria, que foi pintada para receber os novos ocupantes, houve também a ampliação do espaço para os encontros com os advogados. Antes, o CMP recebia dois ou três advogados por semana. Com a Lava Jato, o presídio passou a ter, no mínimo, quinze advogados por dia conversando com seus clientes. Só havia um parlatório na ocasião. Marcos Muller então decidiu fazer outras três cabines. Usou para isso uma área onde funcionava o serviço social da cadeia, lugar de encontro com os assistentes sociais. Dividiu a sala ao meio e criou ali as três cabines. Conseguiu, assim, diminuir a espera dos advogados e dos presos da Lava Jato.

Os presos comuns passaram a usar uma sala perto do consultório médico. Segundo os agentes, as demandas dos assistentes sociais não eram tão significativas.

UM COMPLEXO, DUAS REALIDADES

Quando os primeiros presos da Lava Jato cruzaram os portões de entrada do Complexo Médico Penal, sem perceber estavam oferecendo a comprovação de que, mesmo atrás das grades, o Estado brasileiro dispensa tratamento desigual para ricos e pobres. A quinta e a sexta galerias, habitadas por presos com curso superior e ex-policiais, dispunham de instalações muito mais confortáveis do que as dos pavilhões 1, 2, 3, 4, a ala feminina e as enfermarias, onde os presos comuns são confinados.

O juiz Sergio Moro determinou que o governo do Paraná deveria custodiar seus presos e o CMP foi a opção viável. Os outros presídios do estado estavam superlotados, dominados por facções criminosas e várias unidades sofriam com a falta de materiais básicos, como colchões e cobertores. O risco de rebelião fazia parte do cotidiano, e ninguém quis arriscar ter uma figura pública num ambiente assim.

O CMP também apresentava problemas estruturais e de superlotação, mas, por se tratar de um centro hospitalar e de tratamento psiquiátrico, seus ocupantes tinham perfil menos ameaçador. Além disso, havia um último bloco pouco ocupado e totalmente isolado dos demais. Ali os empreiteiros ficariam fora do alcance de um maníaco ou de um faccionado com ideias de fazer dinheiro encostando uma faca em seu pescoço. Construído há dez anos, o prédio das galerias 5 e 6 era novo se comparado aos dos outros pavilhões, de quase meio século de existência. Suas acomodações não apresentavam vazamentos, rachaduras, nem sequer rabiscos nas paredes. E havia ali celas vazias, além de nenhum preso dormir no chão. Desde 2014, morava no lugar um grupo de condenados com curso superior e ex-policiais, transferidos após uma onda de rebeliões. Era o lugar perfeito para os clientes de Sergio Moro.

Já o cenário nos primeiros pavilhões é uma calamidade. Boa parte dos presos passa o dia em finos colchões de espuma encaixados numa base de concreto de trinta centímetros acima do chão que se convencionou chamar de cama. Mas nem isso há para todo mundo. Uma parcela dos internos se acomoda em colchões espalhados pelo assoalho, à noite frequentado por baratas e pequenos roedores em busca de comida.

A direção do CMP distribui a cada interno um cobertor azul fabricado com sobras da indústria têxtil, mesmo material das mantas usadas por moradores de rua. Os presos logo descobrem que essas cobertas são incapazes de vencer o rigoroso frio paranaense.

A miséria humana é maior nas duas primeiras alas, a dos doentes psiquiátricos. O cheiro nauseabundo impregnado naquelas celas se faz sentir à distância. Tamanho fedor é resultado da decomposição de restos de alimentos caídos pelos cantos e do banheiro imundo e quebrado. A privada sem tampa e sem acento e a ausência de porta permitem que o odor dos dejetos se espalhe pelo cubículo. Quem entra ali pisa no chão molhado, já que o botão metálico que aciona a válvula da descarga também faz escorrer um líquido enferrujado pela parede desde o botão até o piso.

As roupas encardidas estendidas para secar em varais que cruzam o local de um extremo ao outro bloqueiam os mirrados raios de sol que atravessam as janelas. O ambiente sombrio e úmido resulta em paredes tomadas por manchas escuras de mofo. O piso, uma composição geométrica de tacos de madeira, foi soltando com o tempo e deixando espaços em que se vê o cinza do cimento. Não parece um alojamento, como o pavilhão da Lava Jato.

Formalmente, esses presos são classificados como "internos em medida de segurança", ou seja, são aqueles que cometeram crimes, mas foram encarcerados para tratamento psiquiátrico por apresentarem problemas mentais. Nos corredores, eles são tratados como "louquinhos". Esses internos não se organizam para fazer a manutenção e a limpeza do espaço em que vivem. Alguns não falam, outros grunhem e murmuram palavras desconexas, repetem gestos maquinalmente, têm espasmos e tiques. Há os que usam a própria calça como banheiro.

Foi nesse espaço que ficou internado entre 2010 e 2012 Carlos Eduardo Sundfeld Nunes, o Cadu, que matou a tiros o cartunista Glauco Villas Boas e seu filho, Raoni. Após o crime, Cadu foi diagnosticado com esquizofrenia e enviado para o CMP para tratamento. Acabou morto em 2016 numa briga com um colega de prisão, num presídio em Goiás.

Agentes penitenciários dizem que a grande maioria dos doentes psiquiátricos não oferece perigo para os que estão ao redor; no máximo machucam a si mesmos. Contam que em 2015 um rapaz mastigou o próprio lábio inferior e outro apagou com o olho uma brasa de cigarro. Até meados do século XVII, os transtornos psiquiátricos eram considerados manifestações demoníacas. Não por acaso, os manicômios tornaram-se o inferno na Terra.

Parte da explicação para que eles vivam em condições tão desumanas é a rejeição da própria família. Os parentes simplesmente os abandonam na instituição, não visitam nem demonstram interesse algum por sua situação. Um preso já idoso chamado Mauro Pereira recebeu alta, mas ficou mais de um ano esperando algum familiar de Rondônia ir buscá-lo. Os parentes alegavam não ter condições de cuidar dele. O caso de Francisco Celestino é ainda mais extremo. Ele acumulou décadas de esquecimento. Preso em 1981 por furto, aos 23 anos foi julgado inocente, mas, apesar da absolvição, o juiz o considerou um risco para a sociedade. O magistrado determinou que Francisco fosse internado no manicômio judiciário. Com o tempo, ele perdeu todo contato com a família e ficou no CMP.

Os pavilhões 3 e 4 são maiores, com quarenta celas no total, e apresentam problemas estruturais semelhantes aos das duas primeiras alas. As condições, porém, são um pouco melhores porque, ao contrário da ala psiquiátrica, os internos se ocupam da higiene do local. Estão ali presos comuns feridos e doentes, inclusive tuberculosos, cadeirantes e outros que estão passando por tratamento ou fazendo exames. É nesse lugar que estão os faccionados. Segundo os carcereiros, se comparado aos outros presídios do Paraná, no Complexo há maior facilidade para que um preso consiga drogas, celulares e cigarros, ainda que não sejam permitidos. Agentes penitenciários dizem que alguns internos de facções como o PCC (Primeiro Comando da Capital) simulam doenças e produzem ferimentos em si próprios para serem transferidos para o CMP. Hoje já se encontram rabiscos de PCC nas paredes do Complexo.

Há ainda quatro celas de castigo, para isolar presos que se comportam mal segundo a avaliação dos carcereiros. Uma sala vazia é usada para o corte de cabelo e para costurar peças de roupa.

A ala feminina fica nos fundos do prédio. Não há uma divisão com base no perfil, como acontece nas alas masculinas. Ficam misturadas criminosas portadoras de deficiências mentais, presas juradas de morte em outras cadeias e grávidas, que chegaram de outras prisões no final da gravidez ou com gestação de risco. Há ainda detentas feridas e doentes na mesma ala. Os partos são feitos fora do CMP, no Hospital Angelina Caron, em Campina Grande do Sul, região metropolitana de Curitiba.

No terreno do Complexo ainda há o Hospital Penitenciário, que passou por uma reforma nas enfermarias e salas de atendimento desde o ano 2017, com recursos oriundos do Fundo Penitenciário. A situação nas enfermarias era lastimável até bem pouco tempo, repetindo os mesmos problemas dos outros pavilhões. Colchões espalhados pelo chão, falta de higiene, piso irregular e infiltrações. Mas, em junho de 2019, um setor do hospital passou a abrigar 38 presos por crimes "de colarinho-branco", incluindo alguns detidos pela Lava Jato. Segundo Isabel Kugler, "antes, [os presos da Lava Jato] ficavam próximos à galeria em que estavam os condenados à medida de segurança, a maioria com problemas mentais, que gritavam e choravam. Nesse sentido, agora estão melhores, pois estão longe dessa ala". As novas celas também são mais espaçosas e confortáveis.[1]

A VIDA NO CMP

Os primeiros presos da Lava Jato que subiram a rampa que dá acesso à sexta galeria encontraram um lugar organizado e silencioso. Nada de lixo nos corredores, paredes emboloradas e banheiros quebrados. Não havia sequer a barulheira típica das cadeias. O piso marrom brilhava de tão liso, sem falhas ou buracos. Sentia-se um leve cheiro de tinta fresca, muito diferente do ar podre que pairava nas primeiras galerias.

As celas reservadas para eles eram as primeiras da entrada do pavilhão. A número 601 ia abrigar Mário Góes, Renato Duque e Erton Medeiros Fonseca. A cela 602 continuaria habitada por um agente de segurança e um bombeiro, presos comuns sem relação com os processos da Petrobras. Na 603 ficaram Sérgio Mendes, Mateus Coutinho de Sá e João Auler. Na 604, Ricardo Breghirolli, Agenor Medeiros e Léo Pinheiro. Fernando Baiano e Adir Assad foram acomodados na 607.

No CMP ninguém teria que dormir em colchão estendido no chão, mas ainda assim foi reproduzida uma regra velada adotada na carceragem da PF que determinava que os melhores leitos ficavam para os mais velhos e para aqueles em melhor posição na hierarquia das empresas. As celas tinham três camas: duas paralelas perto da porta de entrada e outra atrás, fazendo divisa com o banheiro. E eles já tinham aprendido que em uma cadeia a cama é tanto melhor quanto mais afastada do sanitário.

Uma cortina foi improvisada pelos próprios presos para dar um pouco de privacidade a quem fazia as necessidades. O banheiro da cela não era equipado com vaso sanitário, mas com uma bacia turca de cerâmica, chamada de "boi" pelos detentos, que é um buraco no chão onde os presos precisam ficar de cócoras para evacuar. A posição é uma ginástica impossível para quem tem limitações físicas, caso do empreiteiro Léo Pinheiro. O ex-presidente da OAS, bem acima do peso recomendável para alguém da sua estatura, sofria com problema na coluna e nos ombros e sentia uma fisgada a cada movimento mais atípico. A solução encontrada pelos agentes para amenizar a agonia do empresário foi deixar à sua disposição uma cadeira de rodas para a hora do banho, cujo assento imitava o de vaso sanitário. Léo Pinheiro pediu para comprar a sua própria cadeira, em vez de desfalcar o presídio das poucas que tinha. A direção do CMP concordou. Funcionários da OAS entregaram na prisão uma moderna cadeira de banho, toda articulada. O problema parecia resolvido, mas na hora de acomodar a tal cadeira em cima da bacia turca descobriram que ela não cabia entre as estreitas paredes do lugar. Voltou-se então à opção inicial da velha e simplória cadeira fornecida pela enfermaria do presídio.

Os presos da Lava Jato estranharam também a comida. A marmita, produzida pela empresa terceirizada Risotolândia, que fornece para todo o sistema penitenciário paranaense, chegava fria e, segundo eles, tinha um sabor horrível. Os executivos da OAS, em boa parte baianos, passaram a disfarçar o gosto ruim polvilhando farinha temperada em cima da refeição. Se o paladar podia ser enganado, o aparelho digestivo não. Após as refeições, as entranhas dos empreiteiros se rebelavam. Por sorte, no complexo é permitido levar material de limpeza para as celas, e os presos passaram a deixar sempre à mão sprays aromatizadores de ambiente, ainda que nem sempre dessem conta. Mais tarde, eles descobriram um preparado químico que se autointitula "odorizador bloqueador de odores sanitários", da marca FreeCô. O pequeno frasco com spray vem com sessenta mililitros do produto e custa cerca de vinte reais. Bastava borrifar cinco vezes na água do "boi" para que o cheiro dos dejetos não se espalhasse pelo local. O produto fez sucesso.

Apesar da dificuldade de Léo Pinheiro e do estranhamento com a comida, ainda assim os presos do Petrolão avaliaram que as condições do CMP eram melhores, se comparadas ao cotidiano na custódia da PF. Poder assistir à televisão e ouvir rádio era uma maneira de se conectar com o mundo. Não ter que ficar 22 horas confinado na cela também era algo a se comemorar, sobretudo aos habituados ao exercício físico, como Fernando Baiano e Adir Assad. No Complexo, eles passaram a ter mais tempo com os familiares durante a visita, e o banho de sol acontecia num pátio mais arejado e um pouco mais espaçoso. Uma cadeia nunca é um lugar agradável, mas diante da realidade do sistema penitenciário brasileiro, e até mesmo da das outras alas do CMP, é possível dizer que a sexta galeria oferecia um serviço cinco estrelas.

Não demorou para que os presos de outros pavilhões tentassem extorquir algum dinheiro dos empreiteiros. Logo nos primeiros dias, os faxinas — detentos responsáveis pelas entregas de medicamentos e marmitas, limpeza e outros serviços — encostavam nas portas das celas e passavam recados ameaçadores. "Tem que ajudar o partido, gente fina." Os empreiteiros sabiam do que eles falavam. Partido, no presídio, é como os internos se referem ao PCC (Primeiro Comando da Capital). Após o impacto inicial, veio a piada. "Estamos aqui por causa disso. Olha no que dá ajudar os partidos", brincou Coutinho. O assunto, porém, poderia não ficar só no anedotário. Os empreiteiros avisaram os agentes sobre a ameaça.

A tentativa de extorsão foi o mote perfeito para que Valdir Callegari, chefe da segurança, tivesse uma conversa com os empreiteiros sobre os limites na prisão. Callegari é um sujeito baixo, branco, de cabelos grisalhos. Descendente de italianos, carrega no braço uma tatuagem do Palmeiras, seu time do coração. Era o funcionário de confiança do diretor da cadeia, pois sabia como as coisas funcionavam no sistema prisional paranaense. Ele reuniu os novos presos e disse que o PCC não tinha controle sobre o CMP, apesar de alguns presos tentarem fazer crer o contrário. "Se fosse em Piraquara, eu não ia dizer isso. Mas o CMP eles não controlam. Vai ter malandro tentando tirar dinheiro de vocês, mas não caiam nessa. Se vocês derem dinheiro uma vez, eles nunca mais vão sossegar. Vocês vão se foder, porque aí vão ter que dar sempre. Malandro acostuma mal", disse. "E também não aceitem nada deles. Aqui na cadeia tem celular. Não caiam na besteira de usar celular aqui dentro. Se aparecer alguém com celular aqui, pode ter certeza de que eles estão grampeando vocês e vão grampear a família de vocês." Logo em seguida, a equipe da faxina que tentou achacar os presos da Lava Jato foi substituída e impedida de entrar naquela ala.

A adaptação não seria fácil. Na primeira semana, um preso que estava confinado numa ala vizinha começou a berrar durante a noite. Os "lavajatos" acordaram. Era um grito desesperado, que não deixava ninguém dormir. Não adiantava tapar os ouvidos ou enfiar a cabeça embaixo do travesseiro. E o preso só parou quando o dia despontou. Naquela manhã, a informação que chegou aos empreiteiros foi a de que o homem havia sido confinado numa solitária, teve um surto e morreu após rachar o crânio batendo-o contra a parede.

Os presos logo trataram de arrumar algo para o ponteiro do relógio andar mais rápido. Um grupo passou a se reunir no fundo da ala, numa cela abandonada, para jogar pôquer. O jogo só teria alguma graça se pudessem apostar algo e, como lá dentro não havia dinheiro, resolveram que as rodadas valeriam doces trazidos pelos familiares. A mesa da disputa tinha José Ricardo Breghirolli, da OAS; Sérgio Mendes, da Mendes Júnior; Emerson Rodes, policial que mandava na ala; e Piloto, um veterinário que pilotava aviões e se meteu com o tráfico de drogas. O grupo sempre designava alguém, em troca de uns docinhos, para ficar de sentinela na porta do cubículo, já que jogo de baralho dentro do CMP é proibido. A proibição pode soar incompreensível, mas segundo os agentes o carteado pode perturbar a rotina da prisão, pois os presos (não os da Lava Jato) acabam se afundando em dívidas que geralmente são cobradas de uma maneira nada amistosa.

Um dia, a vigilância falhou e Valdir Callegari flagrou a turma durante o jogo. "Já que estão reunidos aí, fiquem por alguns dias", disse antes de fechar a porta e transformar a sala de jogatina em cela de castigo. Os presos ficaram confinados por três dias para entender que, no CMP, a palavra "proibido" era levada a sério.

O operador Adir Assad se adaptou rápido à cadeia e aos novos colegas. Ele mantinha o bom humor, uma coisa rara em uma prisão e mais surpreendente ainda para um homem que passava os dias sofrendo por causa de um insistente refluxo e convivia com dores na coluna, sintoma de uma hérnia de disco.

Logo nos primeiros dias no CMP, Adir viu que um grupo de presos sem camisa se reunia ao redor de uma armação de metal parafusada no alto da parede do fundo do corredor da sexta galeria. A estrutura servira no passado como suporte de uma pesada televisão de tubo, mas agora fazia a vez de uma barra para exercícios de flexão de braços. Os detentos se revezavam para fazer as sequências. O ritual era saltar até alcançar a barra de metal, espichar o corpo todo até começar a repetição de movimento de subida e descida. Os que estavam ao lado contavam em voz alta cada movimento executado, que só era contabilizado quando o queixo do preso ultrapassava a barra que estava segurando.

Adir viu aquilo e foi até os novos colegas de prisão. Parou perto da roda e observou cada um que saltava para enfrentar os exercícios. "Faço mais barras do que qualquer um de vocês", provocou. Os detentos riram daquele homem magro e já passando da meia-idade, mas aceitaram o desafio. "Espere a sua vez", disse um deles. Depois que cada um se exercitou, chegou a vez de Assad. O operador retirou a camiseta e fez movimentos para alongar os braços. Olhou compenetrado para cima e deu um salto para alcançar o suporte. Podiam-se ouvir as risadas ao redor. Ficou esticado durante uns segundos, encheu os pulmões e soltou um suspiro alto. Começou então a alavancar o corpo em rápidas sequências, para espanto dos outros detentos. Fez 31 flexões, ultrapassando as 28 do candidato vencedor até então. No final, soltou as mãos da barra de ferro e caiu no meio do grupo. Limpou o suor do rosto e apertou a mão de cada um dos colegas de galeria, se apresentando. "Sou o Adir Assad, preso da Lava Jato", dizia a cada cumprimento. O operador financeiro começava ali a se tornar um dos personagens mais populares da cadeia.

Adir se metia em tudo quanto era negócio que ele imaginava que pudesse torná-lo rico. Era dono das empresas Legend Engenheiros Associados e SM Terraplanagem Ltda., que forjavam contratos em obras para gerar dinheiro vivo para as grandes empreiteiras, que usavam para pagamento de propina e caixa dois.

Também tinha a agência de eventos Rock Star Entertainment, que trouxe megaespetáculos de artistas internacionais para o país. Nesses negócios, emitia notas fiscais falsas.

Ao redor de Adir formavam-se rodas de presos para ouvi-lo contar sobre os bastidores dos eventos que promovia no Rio de Janeiro. Nesses casos, ele sempre contracenava com celebridades como Bono Vox, vocalista da banda irlandesa U2, Madonna, Beyoncé e Amy Winehouse, além, claro, das celebridades locais, na maioria globais, que o cercavam atrás de ingressos em camarotes VIP.

Adir também tratou de se aproximar dos agentes penitenciários, dividindo com eles as histórias de suas trapaças. Contava aos risos que certa vez percebeu que tinha fornecido notas fiscais falsas que atestavam que a máquina de uma das suas empresas de terraplanagem teria trabalhado mais de 3 mil horas seguidas em um ano, um número exagerado que por si só revelava a farsa em que estava metido. Em muitos casos, ele fazia contratos fajutos com empreiteiras como a Andrade Gutierrez, em que as únicas coisas que fornecia eram adesivos imantados com os nomes de suas empresas, que os empreiteiros contratantes colocavam nas próprias máquinas de terraplanagem para depois fotografá-las em atividade num canteiro de obras e, assim, forjar uma "prova" de que a máquina de Adir estava operando no local, quando na verdade o equipamento era da própria contratante. Os carcereiros riam da esperteza do preso.

Adir foi o primeiro da turma a se matricular na faxina. Percebeu que trabalhar no presídio dava privilégios, como ficar solto a maior parte do tempo. Isso permitia que circulasse entre os pavilhões, o que lhe dava a possibilidade de estar mais próximo de outros presos e carcereiros. Passou a lavar a galeria e a entregar a marmita. A primeira providência foi higienizar o fundo da sexta galeria, onde estavam os idosos. Muitos deles haviam relaxado na limpeza e Adir organizou um mutirão para cuidar da assepsia da cela.

E Adir quase foi o responsável por uma rebelião.

No final de uma tarde, estava ele com o carrinho lotado de marmitas (que na cadeia são chamadas de blindadas) indo em direção à sexta galeria quando viu um detento com outro carrinho correndo para "pagar a boia" (ou seja, distribuir as refeições) da quinta galeria. Adir olhou para trás e logo pensou num trote. Acelerou, como se estivesse numa corrida. Quando viu que o adversário passaria por ele e ganharia a disputa, resolveu fechar o carrinho do rival. A manobra foi um desastre. Os dois carrinhos tombaram e as marmitas voaram, espalhando arroz, feijão, carne, toda a comida dos presos das celas especiais, pelo chão. O incidente significava que não haveria jantar naquele dia, já que a empresa terceirizada entregava a quantidade exata de quentinhas, sem sobras. Adir e o outro preso tentaram recolher a comida do chão e montar de novo as marmitas. Mas algumas delas estavam irrecuperáveis.

Adir conseguiu salvar seu carregamento, mas o preso que entregaria a refeição da quinta galeria pouco pôde fazer diante do estrago feito na sua carga. Adir levou o que conseguiu recuperar para a sexta galeria. A situação na ala dos presos da Lava Jato era mais confortável, já que eles contavam com uma farta remessa de iguarias de seus parentes. Já a situação na quinta galeria ficou dramática.

Uma cadeia sem comida entra em erupção. À medida que a fome apertava, a multidão ia ficando impaciente. Os agentes tentaram explicar o que havia acontecido e pediram paciência até que se providenciasse mais comida, mas os internos exigiam que a refeição viesse logo. Não demorou a ecoarem gritos e barulhos de batidas nas portas de ferro das celas. A tensão aumentou. Um colchão foi queimado. Parecia que haveria uma rebelião.

Os ex-policiais que estavam presos na mesma ala dos "lava-jatos" resolveram que aquela era uma boa hora para fazer uma molecagem. Passaram a provocar os detentos da quinta galeria chamando-os de mortos de fome. Os agentes se apressaram em entrar em contato com a empresa terceirizada de refeições para pedir urgência na entrega de mais marmitas. Eles sabiam que muitas tragédias em presídios nasciam de eventos banais como aquele. A rebelião que culminou no massacre do Carandiru, em 1992, iniciou-se após uma disputa entre presos pelo espaço de uma cueca no varal. A direção do CMP se mobilizou e no início da noite chegaram as marmitas, para alívio de todos.

A Lava Jato não foi o primeiro enrosco em que Adir Assad se meteu. Ele já tinha sido alvo em outros escândalos e foi investigado pela CPI do bicheiro Carlos Cachoeira, no Congresso Nacional, como suposto intermediário de propinas envolvendo a empreiteira Delta com o Departamento Nacional de Infraestrutura e Transporte (Dnit). Adir conhecia todo mundo no ramo das grandes obras do país.[2]

Poucos dias antes de ser preso, ele fora a um ortopedista para tentar dar jeito num problema na coluna. Estava na sala de espera quando entrou no consultório o Paulo Souza, conhecido como Paulo Preto, ex-diretor de engenharia da Dersa (Desenvolvimento Rodoviário S/A), empresa de economia mista controlada pelo governo estadual paulista, acusado de arrecadar dinheiro de empreiteiros para financiamento de campanhas do PSDB de São Paulo.

Paulo Preto foi apontado por sete delatores da Odebrecht, na Lava Jato, como destinatário de mais de 2,2 milhões de reais endereçados ao PSDB de São Paulo, na gestão do governador José Serra. Mais tarde, autoridades suíças afirmaram que ele tinha uma conta no país com 34,4 milhões de dólares, abastecida justamente durante o governo Serra. Foi Paulo Preto quem contratou empreiteiras para as grandes obras viárias de São Paulo, como o Rodoanel Mário Covas. Adir trabalhara em várias dessas obras por indicação de Paulo Preto, que conhecera em provas de triatlo, aquela em que o participante compete em três modalidades: corrida, natação e bicicleta.

Ao ver o amigo entrar no consultório, Adir levantou e foi lhe dar um abraço. "Paulo, que sorte te encontrar aqui." Disse que tinha saudade e contou do infortúnio de ter esquecido a carteira em casa. Pediu socorro a Paulo Preto para pagar os novecentos reais da consulta. O engenheiro riu, disse um dos seus habituais palavrões, mas acertou a conta. Dias depois, Adir foi pego pela Polícia Federal e não saldou a dívida com o colega. Pior, mais tarde, Paulo Preto foi delatado por Adir, que disse que o operador tucano era quem o apresentava para os empreiteiros para que suas empresas fossem contratadas em esquemas fraudulentos para emitir notas frias e repassar propina às campanhas do PSDB de São Paulo, sobretudo às do ex-governador José Serra e do senador Aloysio Nunes Ferreira.

Por causa dessa delação, o próprio Paulo Preto, acusado de operar dinheiro de caixa dois com o setor de propinas da Odebrecht pela Lava Jato, foi parar no Complexo Médico Penal. Ele, no entanto, não cruzou com Assad, que já assinara seu acordo de delação premiada e fora libertado.

De início, Adir ficou na mesma cela de Fernando Baiano, e ali construíram uma forte amizade. Os dois têm muita habilidade para conquistar a simpatia das pessoas e em certa medida foram responsáveis por boa parte do ânimo do lugar. Baiano é mais contido que Adir, mas também é bom de papo. Outra coincidência é o gosto pelos exercícios físicos.

Não demorou para que Adir percebesse que a religião era um fator de descompressão em uma cadeia. Passou então a falar sobre sua espiritualidade com os outros detentos. Contou que era adepto da cabala, um método esotérico judaico que se dedica a um conjunto de ensinamentos relacionados a Deus, ao universo, ao homem, à criação do mundo, à vida e à morte. Adir fez curso de Cabala no Kabbalah Centre, o mesmo feito pela pop star Madonna, também adepta dessa ciência. Como essa linha espiritual se debruça sobre o conteúdo da Torá (os primeiros cinco livros do Antigo Testamento da Bíblia, denominado Pentateuco pelos cristãos), acreditando que os segredos do Universo foram revelados por Deus, de forma codificada, naqueles livros, Adir construía seus sermões juntando elementos de uma literatura conhecida dos presos de outras religiões cristãs. Passou então a reunir evangélicos, católicos e espíritas num culto ecumênico que acontecia todo final de tarde na ala 6. Incluía também mensagens de autoajuda no discurso espiritual e religioso.

Adir tornou-se um pregador reconhecido no CMP, mas sua verdadeira vocação era o humor. Mais tarde, em 2016, quando conviveu com o evangélico Eduardo Cunha, ex-presidente da Câmara dos Deputados, passou a pregar peças para testar os conhecimentos religiosos do ex-parlamentar. Certa vez, pegou escondido a Bíblia de Cunha, abriu aleatoriamente em uma página qualquer e questionou: "Cunha, vamos ver se você conhece a Bíblia mesmo. O que diz o salmo 59?". O ex-deputado o olhou com cara de poucos amigos. Cunha não era nem um pouco simpático nem apreciava brincadeiras, mas com Adir não tinha jeito. "Para de besteira, Adir. Devolve minha Bíblia." "Só depois que você admitir que não sabe o que diz o salmo 59", desafiou. Cunha virou as costas para Adir, deixando-o sem resposta. O operador achou que tinha saído vitorioso quando ouviu o ex-deputado sussurrando no corredor: "Livra-me, meu Deus, dos meus inimigos, defende-me daqueles que se levantam contra mim".

Mas pegar no pé dos colegas tinha lá seus inconvenientes. O ex-diretor da Odebrecht Alexandrino Alencar levou para a sexta galeria uma moderna máquina de cortar cabelos, com vários níveis de ajuste e acessórios. Um veterinário colega de galeria mostrou destreza ao operar o equipamento e se tornou o cabeleireiro oficial da turma. Na primeira vez em que atendeu Adir Assad, recebeu um pedido ao pé do ouvido: "Só corta do lado, porque a parte de cima quase não cresce. É implante". Adir queria que aquilo ficasse em segredo, mas não teve coragem de pedir. O homem da máquina só tosou a lateral do cabelo, mas a confidência não ficou entre eles.

Dias depois, um carcereiro resolveu dividir com o pavilhão a descoberta. "Adir, então esse negócio na sua cabeça é implante? Por isso está essa bosta." Adir Assad deu um salto e respondeu: "Como assim, uma bosta? Dá para perceber que é implante?". E saiu correndo à procura de um espelho. Presos e carcereiros gargalhavam.

Já Renato Duque seguia na mão contrária. Não fazia questão de ter boa relação com os agentes penitenciários ou presos de outro grupo social, simplesmente os ignorava. Numa manhã de calor, um carcereiro foi até a cela onde estava o ex-diretor da Petrobras para soltá-lo para o banho. "Quando abri a porta, vi Renato Duque em pé, de bermudas, sem camiseta e calçando chinelos. Levava uma toalha no ombro e sabonete na mão. Passou por mim como se eu fosse invisível. Parecia que eu era o camareiro do hotel abrindo a porta para o hóspede. Ele caminhou até os outros presos da Lava Jato e seguiu para o banho conversando como quem estava passando um tempo num spa", contou o agente.

Duque se relacionava bem com poucas pessoas, mais especificamente com seus colegas de Petrobras e com João Antônio

Bernardi Filho, executivo da empresa italiana Saipem. Quando foi preso pela Lava Jato, Bernardi era funcionário da gigante especializada em perfuração e instalação de dutos para projetos do setor de óleo e gás, com atuação em mais de sessenta países, e seu elo com os burocratas brasileiros. Em busca do combustível no pré-sal, a Petrobras era uma grande cliente da Saipem.

Os procuradores da Lava Jato investigavam a relação da empresa com Renato Duque. Desconfiavam de um contrato celebrado em dezembro de 2011, no valor de 249 milhões de reais, para a instalação do gasoduto submarino de interligação dos campos de Lula e Cernambi com a Petrobras. Prenderam Duque e, logo depois, o executivo da multinacional. A relação entre os dois parecia harmoniosa até que um dia Duque irrompeu furioso pelo corredor da sexta galeria em direção ao engenheiro. "Você está tentando me foder, né, seu filho da puta?", disse aos berros. "Que porra é essa, Duque?", disse Bernardi. "Você acha que eu sou idiota? Você está fazendo delação", respondeu, já sendo contido pelos colegas de pavilhão.

Bernardi ficou pálido, gaguejou e não conseguiu negar. Ele havia saído do banho e juntava suas coisas para se mudar para a carceragem da Polícia Federal, onde ficam os delatores. Bernardi estava, sim, costurando um acordo com o Ministério Público Federal que atingiria em cheio o ex-diretor da Petrobras.*

O executivo da Saipem admitira aos investigadores que o contrato do gasoduto submarino de interligação dos campos de Lula e Cernambi só saiu porque foi azeitado com propina. O arreglo com Duque envolvia pagamentos no exterior e "doação" de obras

---

* A Justiça Federal do Paraná homologou o acordo de delação premiada de João Antônio Bernardi Filho em 26 de outubro de 2015. Preso desde junho, ele foi liberado sem tornozeleira eletrônica para casa, no Rio de Janeiro.

de arte. Bernardi apresentaria notas fiscais de cinco quadros de importantes artistas plásticos repassados para Duque como suborno. Também relatou transferências para as contas da offshore uruguaia Hayley/SA na Suíça. Posteriormente, os valores foram remetidos como simulação de investimentos para a subsidiária da Hayley no Brasil. As revelações foram devastadoras para Renato Duque, que até então insistia que era inocente e contava com a discrição do seu corruptor.

Ao descobrir que seu antigo pagador havia se transformado em informante da polícia, Duque viu-se traído também pelo seu advogado, Marlus Arns, que negociava a confissão de Bernardi. Ou seja, o advogado atuava para delator e delatado. Duque trocou de advogado, migrou para Figueiredo Basto, que na Operação Banestado costurara o acordo entre o juiz Sergio Moro, o procurador Carlos Fernando dos Santos Lima e o doleiro Alberto Youssef, seu cliente. Duque então passou a ver na delação uma chance de sair da cadeia, mas demorou demais para falar o que sabia. Até o fechamento deste livro, já havia trocado de advogado mais uma vez, seu acordo ainda patinava e completava quatro anos e meio na cadeia.

É FANTÁSTICO

A produtora de reportagem Lizzie Nassar, do programa *Fantástico*, da TV Globo, pegou um avião no Rio de Janeiro com destino a Curitiba levando na bagagem a expectativa de uma reportagem bombástica: registrar em vídeo o cotidiano dos presos da Lava Jato dentro do Complexo Médico Penal. Aquele não era um voo às cegas. Lizzie embarcou em direção ao Sul já com a promessa de que seria autorizada a entrar na cadeia levando consigo uma câmera de vídeo. Ela teria acesso às galerias onde os presos viviam e ao pátio onde tomavam banho de sol.

Assim que recebeu de sua fonte a garantia de que entraria no presídio, Lizzie comunicou a seu chefe imediato, Gustavo Vieira, que coordena o núcleo de reportagens especiais do *Fantástico*. Luiz Nascimento, então diretor do programa, também foi imediatamente avisado. Luizinho, como é chamado pelos colegas, resolveu que deveria comunicar à cúpula do departamento de jornalismo da TV Globo antes de autorizar qualquer passo. Informou a pauta ao diretor-geral de jornalismo da emissora, Ali Kamel, e aos dois imediatos Silvia Faria e Mariano Boni. Eles acompanhariam passo a passo a reportagem, pois o furo tinha potencial para ser a principal atração do *Fantástico*.

Ao chegar a Curitiba, Lizzie preparou o equipamento e foi para o Complexo Médico Penal. Estava ansiosa para começar a gravar. Apesar de ser Marcos Marcelo Muller o diretor do presídio, a última palavra sobre tudo o que dizia respeito à Lava Jato era do secretário de Segurança Pública do Paraná, Fernando Francischini, que sabia da gravação e também parecia entusiasmado. Ao conversar com assessores, aparentemente concordou em veicular a imagem dos presos que estavam sob sua custódia. Nos bastidores da Secretaria, os assessores comentavam que "ia dar merda".

A disponibilidade de Fernando Francischini para as câmeras é conhecida. Ex-delegado federal, ele sempre gostou de falar com jornalistas, sobretudo os repórteres de TV. Deixou a Polícia Federal em 2010 para se candidatar a deputado federal e foi eleito com o discurso do combate ao crime e o respeito irrestrito às leis. Em 15 de dezembro de 2014, trocou novamente de função. Foi nomeado secretário de Segurança Pública pelo governador Beto Richa, do PSDB, exatamente um mês depois da prisão dos empreiteiros da Camargo Corrêa, da OAS e da Mendes Júnior. Com a transferência dos presos da Lava Jato para um presídio sob sua responsabilidade, viu-se sob os holofotes.

Francischini, Lizzie e o assessor de imprensa Karlos Kolbach foram juntos até o Complexo Médico Penal, distante dezenove quilômetros do prédio da Secretaria. Lá foram recebidos pelo diretor do presídio, que já estava ciente do acordo para deixar a jornalista transitar pelo local usando o colete preto dos funcionários. Ela estaria infiltrada, levando consigo apenas uma discreta câmera.

Uma caravana acompanhou Lizzie enquanto cruzava os corredores do presídio até a sexta galeria. Para registrar as celas dos empreiteiros, ela foi até o pavilhão quando foram liberados para o banho de sol. Lizzie ligou o equipamento e, ao ver piscar a luz que avisa que está gravando, passou a apontar a câmera para todas as direções. Queria detalhes da cadeia, dos objetos dos presos, de tudo que pudesse ajudar o espectador a conhecer o espaço onde viviam os detentos mais célebres do Brasil. Depois foi até o banheiro coletivo, onde registrou como eram os chuveiros, e seguiu até o fim do corredor, onde se pendurou na janela gradeada que dava para o pequeno pátio.

A repórter viu então o que poderia ser o ápice da reportagem: os presos da Lava Jato à vontade, sem saber que eram vigiados. A produtora mirou a câmera em Léo Pinheiro, presidente da OAS, que, sem camiseta, gesticulava ao conversar com um grupo de detentos. Sérgio Cunha Mendes, dono da Mendes Júnior, estava sentado num canto segurando uma caneca azul de plástico numa das mãos. Esticou o braço para receber água de um dos colegas. Adir Assad corria em trote de um lado para o outro.

Terminadas as gravações, a jornalista saiu de Pinhais e foi para Curitiba. Apertou o botão play. Precisava ver o material captado e dar retorno para a chefia. Viu a entrada do presídio e as paredes quando, de repente, a reprodução foi interrompida. Lizzie checou os comandos da máquina, apertou o play de novo e se repetiu o roteiro. Poucos segundos de imagens e novamente o corte. Nada das celas, nenhuma cena dos presos.

O Paraná é conhecido pelas noites geladas de inverno, mas foi o sol forte daquele verão que tirou da jornalista sua reportagem. A câmera aqueceu e literalmente derreteu tudo o que havia lá dentro. Lizzie ligou para a chefia no Rio e relatou o ocorrido. Tentou também convencer Francischini a deixá-la fazer mais uma visita, mas àquela altura os presos e seus advogados já haviam sido avisados sobre a gravação e estavam furiosos. E Francischini estava convencido de que aquilo ia dar merda.

A RODA GIRA

Conforme a Lava Jato avançava, novos presos chegavam ao CMP. A engrenagem que se autoalimentava consistia em prender suspeitos, que logo optavam por delatar comparsas, que também eram presos e, por sua vez, traíam outros envolvidos no esquema. Na tarde do dia 23 de abril de 2015, o controlador da Galvão Engenharia, Dario de Queiroz Galvão Filho, e o operador financeiro Guilherme Esteves de Jesus, acusado de operar a propina paga, foram transferidos para o Complexo (eles haviam sido presos no dia 27 de março de 2015 e ficado até então na PF de Curitiba). Geralmente essas transferências acontecem de manhã, mas a mudança dos dois ocorreu no meio da tarde de uma quinta-feira.

Quando Dario e Guilherme chegaram à sexta galeria, após exames e procedimentos burocráticos, passava das cinco da tarde e os presos já haviam sido recolhidos à cela. Ao entrarem no pavilhão, ouviram gracejos de outros detentos. "Tem cu novo na área", gritavam os presos. "Chegou bunda nova", era outra provocação. Dario e Guilherme ficaram tensos. Na manhã seguinte, quando o agente penitenciário destrancou as portas para que os detentos pudessem circular livremente pela ala, os dois não botaram o nariz para fora do cubículo. Um grupo de presos, então, resolveu falar com eles. Explicaram que o lugar era pacífico e que aquilo não tinha passado de uma brincadeira de mau gosto dos mais antigos. Os dois demoraram a se convencer. Haviam passado a noite em claro.

A rotatividade na sexta galeria era grande, pois o preso que fazia acordo para denunciar outros envolvidos no esquema voltava a viver na carceragem da Polícia Federal. A transferência era para preservá-lo da pressão dos colegas, mas também pela conveniência dos delegados, que demandavam acesso rotineiro aos colaboradores. Os delatores eram chamados a toda hora para tirar dúvidas e explicar como funcionavam sistemas de lavagem de dinheiro e pagamento de propina.

Em abril, um grupo foi beneficiado por uma decisão do Supremo Tribunal Federal, que determinou que esperassem em casa, sob o regime de prisão domiciliar, o desenrolar de seus processos. Os empreiteiros Léo Pinheiro, Mateus Coutinho, Agenor Magalhães Medeiros e José Ricardo Breghirolli, todos da OAS; Gerson Almada, sócio da Engevix; Sérgio Mendes, dono da Mendes Júnior; Erton Medeiros Fonseca, executivo da Galvão Engenharia; e João Ricardo Auler, presidente do Conselho de Administração da Camargo Corrêa, trocaram a prisão por uma tornozeleira eletrônica.

No mês seguinte, chegaram o ex-tesoureiro do PT João Vaccari Neto e os ex-deputados André Vargas, que fora do PT paranaense,

Luiz Argôlo, do Solidariedade da Bahia, e o veterano Pedro Côrrea, que presidiu o PP de Pernambuco. Em agosto, chegou José Dirceu, ex-ministro do governo Lula. Mas Sergio Moro mirava mais alto.

Em junho, o juiz mostraria que a operação tinha poder para alcançar todos que se meteram com os governos petistas.

III

A Odebrecht na cadeia

PARA TODOS

Quando Marcelo Bahia Odebrecht saiu da cama na sexta-feira do dia 19 de junho de 2015, o sol ainda não havia despontado pelos lados do Jardim Pignatari, condomínio de mansões na Zona Sul da cidade de São Paulo. O termômetro marcava treze graus e caía uma garoa fina, mas Marcelo já estava pronto para seguir à risca a programação de todas as manhãs: nadar na piscina semiolímpica aquecida da casa, fazer uma série de exercícios na academia particular, tomar café com a mulher, Isabela, e as filhas e, finalmente, seguir para a sede do grupo empresarial da família. Às seis horas, porém, o interfone tocou. Era um funcionário do condomínio anunciando a visita da Polícia Federal.

O herdeiro da Odebrecht, um dos mais poderosos conglomerados de empresas do país, nunca acreditou no alcance da Lava Jato. Sabia que sua companhia era alvo dos investigadores, mas desprezava os alertas dos que temiam que Moro avançasse sobre a cúpula do grupo.

Foi o próprio Marcelo quem abriu a porta para os policiais,

todos vestidos de preto. Ouviu sobre os motivos da visita àquela hora da manhã e pediu para ver o mandado judicial. Os policiais mostraram apenas o documento de busca e apreensão, em que o juiz federal Sergio Moro determinava que vasculhassem a casa, omitindo que havia também um mandado de prisão.

A primeira providência de Marcelo foi avisar a esposa: "Bela, a polícia está aqui. Apronte as meninas e leve para a escola". Ele já não andava mais sozinho pela mansão, um policial o seguia de perto para impedir qualquer ato ilegal, como uma tentativa de fuga ou destruição de provas.

Isabela Odebrecht atendeu o pedido do marido. Foi ao quarto de cada uma das três meninas e ajudou-as a se arrumarem para o colégio. Marcelo e Isabela têm três filhas. Na ocasião da prisão, a mais velha tinha dezessete anos, a do meio, quinze e a caçula, catorze. "Posso ligar para o meu advogado?", perguntou o empreiteiro. A resposta foi sim. "Maurício, a Polícia Federal está aqui em casa. Vem pra cá", disse para o vice-presidente jurídico da Odebrecht, Maurício Ferro. "Estou indo agora", respondeu o advogado.

Maurício Ferro é casado com Mônica Bahia Odebrecht, irmã de Marcelo. Ferro acordou a esposa e os dois foram voando até o Jardim Pignatari. Venceram em quinze minutos os seis quilômetros que separam a casa do casal, no Jardim Europa, da mansão de Marcelo. Quando chegaram, os policiais já estavam revirando o local. Pegaram pendrives, HDs de computadores, documentos e até papéis com anotações. Arrastaram estantes, verificaram embaixo de tapetes e mudaram móveis de lugar. Marcelo acompanhava tudo de cara fechada. Ferro pediu para conferir o mandado e constatou que não tinha o que ser feito.

Ao mesmo tempo, outra equipe de policiais invadia os 26 andares da sede da Odebrecht, no bairro do Butantã, na Zona

Oeste de São Paulo. O interesse principal era o 15º andar do edifício, onde ficava a sala de Marcelo e seus vice-presidentes. O delegado Eduardo Mauat pediu ao diretor jurídico do grupo, Adriano Maia, que acompanhava os policiais, que apontasse a sala do presidente. Adriano acatou a ordem e Mauat não perdeu tempo. Determinou que a equipe não deixasse nada sem verificação. Poderia haver um cofre escondido em algum fundo falso de armário ou embaixo do piso. Ele tinha esperança de sair dali com uma prova cabal de corrupção.

Enquanto os agentes olhavam em cantos e frestas, Mauat notou algumas migalhas de cor escura em cima da escrivaninha de Marcelo. Pegou aquele resto de alguma coisa com os dedos em formato de pinça e esfregou até que virasse pó. Virou-se com olhar desconfiado para Adriano Maia e disse: "Isto parece maconha". O advogado da Odebrecht teve que se conter para não rir. "Olha, delegado, o Marcelo pode ter alguns problemas, mas usar drogas não está entre eles."

Não era preciso grande conhecimento para saber que o empreiteiro não se encaixava no perfil de alguém que queima um baseado durante o expediente. Marcelo é notoriamente fanático por exercícios físicos e segue uma dieta saudável. Raramente bebe uma taça de vinho. Mauat provavelmente desconhecia o perfil do investigado, e também não parecia estar com o faro muito apurado para reconhecer uma substância ilícita.

O delegado pediu que um agente recolhesse aquele material e levasse para a análise. E lá foi o agente com um saquinho de plástico recolher o resto da tal substância suspeita. Adriano Maia assistia incrédulo àquela cena. Os agentes então amontoaram num carrinho computadores e um punhado de documentos, mas um calhamaço de papel que estava em cima da escrivaninha permaneceu intocado. Nele constava a famigerada planilha "italiano", que descrevia o fluxo de propinas e doações em caixa dois para o PT e que tinha esse nome porque era negociada com o ex-ministro da Fazenda Antonio Palocci. A "italiano" acabou sendo conhecida apenas no ano seguinte (2016), quando a Lava Jato, já sem Mauat na equipe, descobriu o setor de operações estruturadas, conhecido como o departamento de propina da Odebrecht.

Quanto à substância suspeita, depois se descobriu que o tal farelo não era maconha, mas sim restos de um tipo de chocolate amargo.

Marcelo Odebrecht foi informado por Ferro sobre o pente-fino na empresa e determinou que fosse disparado um aviso aos funcionários de que naquele dia não haveria expediente. Isso não impediu que as pessoas chegassem para trabalhar e dessem de cara com os homens de preto.

A busca na mansão ainda não havia chegado ao fim quando os policiais disseram que Marcelo teria que entregar seu celular. Era a deixa de que seria preso. Marcelo Odebrecht resmungou que aquela situação era absurda, mas não teve efeito. Pediu então para reforçar a roupa, já que era quase inverno — estava com uma calça preta, sapatos da mesma cor e uma blusa de moletom branca, mas achou por bem colocar mais uma jaqueta. Antes de sair de casa, ainda se certificou de que seria uma mulher que revistaria o quarto das filhas. A PF já havia preparado alguém para a missão.

Os agentes deram a voz de prisão e levaram o herdeiro da Odebrecht até a caminhonete preta da polícia. Os policiais perguntaram se havia alguma possibilidade de resistência e tentativa de fuga e ele rejeitou qualquer dessas hipóteses. Os agentes decidiram então não algemá-lo. Ele se acomodou no banco traseiro da viatura e, em silêncio, seguiu até a Superintendência da PF de São Paulo, no bairro da Lapa, na Zona Oeste da cidade. Durante o percurso de 19,5 quilômetros deve ter se perguntado como aquilo podia estar acontecendo. Marcelo só voltaria a nadar e a se sentar à mesa do café da manhã com suas filhas dois anos e meio depois daquele 19 de junho.

Naquela mesma manhã, nos Jardins, bairro nobre do centro da capital paulista, o diretor de relações institucionais da Odebrecht, Alexandrino Alencar, atendeu os policiais federais com um cordial bom-dia. Ao contrário do dono da empresa, Alexandrino já esperava ver a Lava Jato batendo à sua porta. Torcia, porém, que viessem depois do casamento da sua filha mais nova, programado para acontecer dali a poucas semanas. Como o cronograma policial não estava sincronizado com o calendário nupcial, a jovem teve que cancelar a cerimônia.

Com mais de trinta anos de empresa, Alexandrino Alencar gozava da confiança do pai de Marcelo, Emílio Odebrecht, e tinha na agenda do celular alguns dos principais políticos do país. Mas o que o fazia valioso para a Lava Jato era o fato de que era o contato do grupo com o ex-presidente Luiz Inácio Lula da Silva. Alexandrino costumava dizer que a Lava Jato tinha um objetivo final: prender o Lula. E o caminho para chegar ao ex-presidente passava por ele.

Assim como aconteceu com Marcelo, os agentes comunicaram apenas a busca e apreensão, deixando a notícia da prisão para o final. Alexandrino tomou seu café calmamente enquanto os policiais revistavam o apartamento. Mas Sheila, sua namorada, não. A moça de 27 anos acompanhava com visível apreensão a movimentação dos homens de preto pela casa. "O que eles vieram fazer aqui?", perguntou. "Eles vieram me prender, mas fica tranquila. Não tem nada a ver com você."

Sheila começou a chorar de soluçar. "Calma, isso é coisa minha. Não vai acontecer nada com você", insistia Alexandrino. Ela não se convencia. "Eu nunca fiz nada. Não quero ir presa." Com a serenidade de seus 67 anos de idade, Alexandrino garantia que ela não tinha com o que se preocupar. Sheila não se acalmou nem quando os próprios policiais disseram que ela não era alvo da ação.

Alexandrino ainda consolava a namorada quando chegou esbaforido pela porta o advogado Augusto Arruda Botelho. O advogado havia madrugado numa festa quando o telefone tocou avisando da batida policial na casa de seu cliente. Era possível sentir no ar o aroma do uísque servido na noitada. "Está tudo bem por aqui?", perguntou Augusto. Alexandrino disse que sim. Ao final da busca, veio o aviso de que seria levado preso. Augusto o acompanhou até a sede da Polícia Federal, em São Paulo, e Sheila ficou no apartamento lamentando a má sorte do namorado.

Ao prender empreiteiros e o diretor da Petrobras no final de 2014, na fase batizada de Juízo Final, a Lava Jato continuava alimentando o escândalo nacional. Mas foi a prisão de Marcelo Odebrecht que deu à operação uma estatura inédita. Quando foi detido, Marcelo Odebrecht era apontando pela revista *Forbes* como o nono homem mais rico do país, com uma fortuna pessoal estimada em 13 bilhões de reais. Sozinho, tinha mais dinheiro do que o previsto no orçamento do Ministério da Agricultura para todo aquele ano de 2015. Não foi à toa que a operação foi batizada pelos policiais federais de *Erga Omnes*, expressão latina muito usada no direito que significa "contra todos". Se até Marcelo Odebrecht fora pego, então o braço da Lava Jato poderia alcançar quem quisesse.

No mesmo dia foram presos também os executivos da Odebrecht Márcio Faria, Rogério Araújo e César Ramos Rocha. César Rocha foi detido enquanto fazia compras numa padaria no Rio de Janeiro. Na verdade, ele mal dormia à noite com a certeza de que seria preso. A PF já havia feito buscas na casa dele e na de Márcio Faria. Quando esteve em São Paulo, dormiu na casa de Marcelo Odebrecht temendo passar pelo constrangimento de ser capturado num hotel.

Foram presos também executivos da Andrade Gutierrez: Otávio Rocha Azevedo, presidente da holding, Flávio Lúcio Magalhães e Elton Negrão, que apesar de ser mineiro estava em São Paulo naquele dia. A aeronave ERJ 145, fabricada pela Embraer, pegou a primeira leva de prisioneiros na capital fluminense e depois seguiu para o aeroporto de Congonhas. Às sete horas da noite, o jato da Polícia Federal decolou com destino a Curitiba.

Ao chegarem à carceragem da Superintendência da Polícia Federal do Paraná, os empreiteiros foram levados para uma sala onde foram recepcionados pelo chefe dos agentes, Newton Ishii, já famoso como o Japonês da Federal que escoltava os presos da Lava Jato. Receberam então as instruções do lugar e um aviso: ali seriam tratados como detentos comuns. Se não dessem trabalho e obedecessem aos comandos dos agentes, a convivência seria pacífica. Do contrário, teriam problemas. "Lá fora vocês mandavam em tudo. Aqui dentro, somos nós que mandamos", alertou Ishii. "Nós decidimos o que vocês vão fazer e quando vão fazer."

Entrou um de cada vez na sala dos agentes. Marcelo obedeceu calado à determinação de ficar com as mãos para trás em sinal de rendição, mas levava no rosto uma expressão que os agentes interpretaram como arrogância. A ordem seguinte foi para tirar a roupa para a revista. O procedimento de entrada foi seguido à risca. Abrir a boca para que se verificasse se havia algo escondido embaixo da língua, levantar os braços, agachar três vezes para garantir que não havia nada na cavidade anal. Aquela espécie de ritual de recepção, aparentemente desnecessária, reforçava a condição de submissão dos detidos.

A situação embaraçosa minou o que restava do ânimo do grupo. Entre um exame e outro, Ishii passava os recados. "Preso que não dá trabalho não tem problema aqui dentro. Mas quem resolve dificultar não vai ter vida fácil." Marcelo Odebrecht, Rogério Araújo e César Rocha seguiram para o xadrez de número 5, no pavilhão oposto ao do conjunto de três celas onde estava Alberto Youssef. Marcelo quis dormir num colchão no chão. Márcio Faria ficou com a parte de cima do beliche de alvenaria e Rogério dormiu na de baixo. (Mais tarde, houve rodízio entre eles e Marcelo passou a dormir no beliche de cima e César no chão.) Otávio Azevedo e os presos da Andrade Gutierrez foram para a cela de número 4, no fundo da ala.

Alexandrino Alencar e Márcio Faria foram trancafiados na cela 6, a mais próxima do portão que dá acesso à saída da carceragem. Quando os dois entraram no cubículo, perceberam que o lugar já tinha dono. Juliano, um contrabandista, e Reginaldo, um falsificador de moedas, estavam lá havia mais de uma semana.

Alexandrino logo engatou um papo com Reginaldo. Soube que o rapaz de 28 anos, alto, loiro e de olhos claros, havia trabalhado como modelo no Paraná, mas achava que o dinheiro que recebia para desfilar nas passarelas era insuficiente. Reginaldo então passou a falsificar notas de cinquenta e cem reais. Tudo ia bem até uma semana antes, quando, por causa de uma falha em uma das copiadoras, Reginaldo teve que ir até a periferia de São José dos Pinhais, na região metropolitana de Curitiba, para resolver o problema. Por azar, uma viatura da Rone (Rondas Ostensivas de Natureza Especial) que patrulhava a região desconfiou do Mini Cooper estacionado em frente a um casebre. Afinal, o que um carro cujo modelo básico custava mais de 120 mil reais estaria fazendo naquele lugar? O tenente Souza se equilibrou na ponta dos pés e viu através da janela Reginaldo imprimindo dinheiro falso.

"Dancei, seu Alexandrino. Ali eu me fodi. Agora meu dinheiro vai todo pro advogado me tirar da cana", disse Reginaldo. "Mas esse negócio dá dinheiro?", quis saber o empreiteiro. "Ô, se dá! Eu recebo cem reais verdadeiros para cada quinhentos reais em notas falsas. E minhas notas são perfeitas. Se vejo um defeitinho em uma delas, descarto. Eu faço até a fita de segurança das cédulas. Trabalho de primeira."

De cara, a primeira preocupação de Marcelo foi ter acesso a todos os documentos sobre as acusações que pesavam sobre ele. Queria começar a ler o mais rápido possível as peças da investigação. Também orientou os advogados a informá-lo sobre tudo o que se passava na Odebrecht e com sua família. Pretendia fazer da cadeia seu escritório provisório e assim continuar à frente do grupo. E realmente conseguiu fazê-lo por um bom tempo. O grupo Odebrecht passou pela insólita situação de ser comandado de dentro de uma cela durante quase seis meses.

Imaginando que sua permanência atrás das grades seria curta, ele determinou que a mulher, Isabela, e as filhas não fossem visitá-lo. "Não quero a Isabela e as meninas passando pelo constrangimento de visitar o pai na cadeia. A imprensa toda está na porta. Não quero foto delas nos jornais. Esse pedido de prisão não tem pé nem cabeça. Logo eu saio", disse ao advogado. Ele também requisitou aos defensores que entrassem imediatamente com um pedido para que Sergio Moro autorizasse a entrada de barrinhas de cereal e alimentos desse tipo na carceragem. A questão é que precisava comer de três em três horas por sofrer com hipoglicemia, distúrbio provocado pela baixa concentração de glicose no sangue. Apesar de não ter diabetes, se não ingerisse alimentos em curtos intervalos de tempo, o empreiteiro poderia desmaiar, o que já havia acontecido. No dia em que foi preso, Marcelo tratou de encher o bolso da jaqueta com doces cristalizados de banana.

Os advogados fizeram a peça com os pedidos de Marcelo e anexaram um laudo médico atestando sua condição de hipoglicêmico. O juiz Sergio Moro foi sensível à demanda e liberou que um estoque de barrinhas passasse a ser entregue semanalmente na carceragem. Era uma primeira vitória. A defesa do herdeiro do grupo baiano então se empolgou e arriscou pedir outras regalias. Como as celas não têm lâmpada nem janela, a Odebrecht se dispôs a custear e executar a instalação de um novo sistema de iluminação nos dois corredores que dão acesso aos cubículos. Pediu permissão também para doar duas TVs, que seriam colocadas na entrada de cada uma das alas. Tentou também a entrada de camas box. Não deu certo. Sergio Moro achou que seriam mordomias demais e indeferiu os pedidos. A única TV da carceragem continuaria sendo a de Alberto Youssef, uma recompensa por ter delatado tanta gente.

Marcelo recebeu os documentos de seu processo e começou imediatamente a estudar o caso. Metódico, estabeleceu um roteiro para as conversas com os advogados. Perguntava primeiro sobre a família. Queria saber detalhes do cotidiano de Isabela, do desempenho das filhas na escola e se mostrava preocupado com a situação emocional de todas elas. "A Bela está aguentando firme?", perguntava. Os advogados diziam que sim, estava suportando bem a pressão.

Ele passava então a falar das acusações e cobrava com energia que os defensores agilizassem sua saída dali. Como Marcelo passara a vida toda dando ordens e se certificando de que fossem cumpridas, aparentemente custou a perceber que a situação não era tão simples. Ele considerava seu caso de fácil solução e rejeitava qualquer ponderação dos advogados de que as coisas não eram bem assim. "Em quanto tempo eu saio?", perguntava com insistência. E passou a estudar a fundo cada denúncia contra ele.

Encerrada a conversa sobre seus processos, Marcelo deliberava como presidente das empresas da família. Anotava numa folha de papel recados que seriam mandados aos executivos, fazia apontamentos sobre rumos a serem tomados, traçava planos e cobrava resultados de ações planejadas quando ainda estava solto. Falava como se despachasse da sua ampla sala no 15º andar do edifício-sede da empresa, em São Paulo. "Não é porque estou preso que não estou de olho no que está acontecendo na Odebrecht", mandava dizer. Não demonstrava abatimento. Queria que chegasse à esposa e às filhas a notícia de que estava bem. Fazia questão de que os subordinados soubessem que o presidente do grupo Odebrecht ainda estava no comando e atento a tudo o que se passava na companhia.

TIRE O SEU SORRISO DO CAMINHO

Ninguém se arriscava a prever como o homem mais rico já preso por Sergio Moro iria se comportar atrás das grades. Ainda assim, foi espantoso que Marcelo Odebrecht tenha sido o preso da Lava Jato que se adaptou mais rapidamente à rotina de privações da cadeia. Ao contrário de boa parte dos alvos da operação, ele não foi visto chorando pelos cantos nem reclamando da má sorte. Quem já o conhecia do lado de fora diz que o mau humor e o ar de soberba que chamaram a atenção dos carcereiros eram naturais mesmo em tempos de liberdade.

O primeiro passo que Marcelo Odebrecht deu para se adequar ao cárcere foi ajustar o tempo e o espaço do confinamento a uma rotina de atividades físicas. Aficionado por treinos de academia, ele encarou como um desafio fazer de paredes e grades instrumentos de ginástica e do corredor da ala uma pista de treino de corridas de tiros curtos. Encaixou, de início, quatro sessões de exercícios à rotina. Como relógio é proibido dentro da carceragem da PF, ele tentou se guiar pela claridade e pelos horários de refeição e banho de sol.

Começava de manhãzinha escalando as grades da cela para fortalecer braços e pernas. A pancada seca de suas mãos e pés contra as barras de ferro fazia um barulho que incomodava os outros presos. Fazia então flexão de braços, os mais diferentes tipos de exercícios abdominais e alongamentos dos mais variados. Os colegas de cela fingiam que não viam o empresário se contorcendo no chão ou pendurado na grade. Quando os agentes abriam o xadrez para as duas horas diárias de banho de sol, ele ia até o pátio e começava a correr de um extremo ao outro do local, em piques de tiros curtos. Terminava a corrida com tempo suficiente para ir tomar banho no chuveiro coletivo; afinal, depois só haveria água na pia e no vaso sanitário.

Levando em consideração que Marcelo Odebrecht cumpria quatro sessões diárias de exercícios, gastava pelo menos uma hora com seus advogados, escrevia e lia cartas e ainda estudava seus processos, pouco tempo sobrava para interagir com os colegas de cárcere. Ele não participava das rodas de carteado e tampouco era afeito a jogar papo fora. Não demorou para ganhar fama de misantropo e metódico.

A fama de metódico, sem dúvida, era justificável. A cela que Marcelo Odebrecht dividia com seus empregados exibia a organização de um dormitório de quartel. Nada de roupas e objetos espalhados. Documentos eram empilhados geometricamente alinhados, as vestimentas ficavam dobradas e organizadas, os sapatos eram acomodados emparelhados embaixo do beliche. Ninguém havia determinado que as coisas deveriam funcionar assim, mas todos ali conheciam a mania de organização do chefe. Curiosamente, os dois funcionários mais altos na hierarquia da Odebrecht, Alexandrino e Márcio Faria, não ficaram na mesma cela que ele (Alexandrino, por exemplo, é amigo pessoal de Emílio, patriarca da empresa).

Já César Rocha e Rogério Araújo, que ocupavam cargos de diretoria, mas não despachavam com Marcelo, pois este tratava dos assuntos da organização com os vice-presidentes, de repente se viram confinados com o herdeiro do grupo numa cela. Situação especialmente desconfortável para César Rocha, que padecia de síndrome do pânico. A tensão da prisão somada ao ritmo frenético de Marcelo e sua mania de organização talvez tenham sido demais para o frágil estado psicológico do executivo. E pior, César era fumante, e na carceragem da PF é proibido o consumo de cigarro, ou ao menos o era para quem não era querido por Newton Ishii. Quando o ataque de pânico vinha, César sentia sintomas como falta de ar, taquicardia, calafrios, as mãos formigavam e tinha até dor de cabeça e estômago. Suava e empalidecia. Quando a crise ia embora, ele era acometido pela angústia da expectativa de novos ataques. Os medicamentos contra a ansiedade e depressão não davam conta. À noite, a situação piorava.

Marcelo então passou a ajudá-lo. Quando a crise vinha, o empreiteiro saltava do alto do beliche e ficava no chão da cela segurando a mão de César, até a ansiedade e o medo irem embora. Talvez sua fama de misantropo não fosse assim tão merecida.

Mas a questão é que, depois de um tempo preso, os policiais federais consideraram que o herdeiro da Odebrecht não havia se dobrado à hierarquia da cadeia e mesmo à autoridade da Lava Jato. Marcelo não era indisciplinado, mas mantinha um ar de superioridade que incomodava. Os agentes estavam determinados a tirar o sorriso irônico do rosto do empreiteiro.

A primeira lição viria numa tarde fria de sábado. Os presos estavam encolhidos nos cubículos, agasalhados e debaixo das cobertas, quando ouviram o barulho metálico da porta de ferro se abrindo dando acesso ao pavilhão. O delegado Igor Romário de Paula, comandante da operação, vinha na frente, e Newton Ishii e os outros agentes logo atrás. "Todo mundo para fora da cela porque vai haver revista", disse o delegado. Os presos olharam uns para os outros com cara de espanto. Revista num final de semana? "Todo mundo no fundo da cela, de costas para a grade", ordenou Ishii. Eles obedeceram. Foram então levados até o pátio do banho de sol. "O que aconteceu?", perguntou Marcelo Odebrecht. "Chegou a denúncia de que vocês têm um celular na cela. Acho bom não ter nada, senão vai complicar", ameaçou Ishii. "Não tem nada", respondeu o empreiteiro.

O Japonês da Federal e seus colegas reviraram os três cubículos de ponta-cabeça. Vasculharam entre as folhas de documentos, olharam dentro de copos e recipientes do material de higiene pessoal. Desdobraram cada camiseta, calça e short que encontraram, olharam nos bolsos, desenrolaram pares de meia, enfiaram a mão dentro dos sapatos. Os lençóis foram retirados e os colchões suspendidos para que pudessem examinar se havia algo embaixo.

Depois da revista, os agentes mandaram os presos de volta para os cubículos. Estava tudo fora do lugar, inclusive as páginas dos documentos que Marcelo examinava e organizava com disciplina. O recado estava dado: os executivos da Odebrecht e, sobretudo, o herdeiro da companhia eram presos comuns e seriam tratados como tais. Assim que voltaram às celas, começou a rearrumação.

Poucos dias depois, outra hostilidade. Dessa vez, durante a noite e mais violenta. Os presos já haviam pegado no sono quando uma nuvem tóxica vinda da sala dos agentes entrou pelas grades. Um dos policiais disparara uma rajada de gás de pimenta na direção da ala onde estavam confinados. O gás que os agentes usaram é preparado para fazer efeito em lugares abertos e afetar várias pessoas. Jogado num ambiente fechado como o da carceragem, mesmo uma pequena borrifada, causa estrago. Em poucos segundos, todos começaram a tossir compulsivamente. A sensação de ardência nos olhos e de arranhão na garganta é desesperadora. Curiosamente, o spray foi disparado no corredor onde estavam os presos da Odebrecht e da Andrade Gutierrez, não atingindo a ala onde estava Alberto Youssef.

Os intoxicados foram encaminhados para o pátio para tomar ar. Aos efeitos do gás somou-se então o frio, já que a temperatura naquela noite havia despencado. Os agentes deixaram que eles lavassem o rosto com água, mas as dores demoravam a passar. O efeito da química durou cerca de trinta minutos. Segundo os carcereiros, foi apenas um acidente. Algo parecido já havia acontecido logo após a primeira prisão dos empreiteiros, no final de 2014. Os homens da OAS, Camargo Côrrea e Mendes Júnior também foram surpreendidos pelo gás tóxico numa tarde de final de semana. A justificativa nos dois casos foi a mesma: um dos carcereiros manuseava um tubo de spray lacrimogêneo quando borrifou sem querer o nocivo conteúdo justamente na direção dos empreiteiros. Nenhum dos presos acreditou na versão dada pelos agentes, mas não havia o que fazer.

NOVA CASA

Após 36 dias confinados na carceragem da PF, os presos da Odebrecht e da Andrade Gutierrez foram transferidos para o Complexo Médico Penal. Iriam morar na sexta galeria junto aos outros encarcerados da Lava Jato. Os executivos da OAS haviam ido embora (embora Léo Pinheiro não demorasse a ser preso novamente, em setembro de 2016), graças a uma decisão do Supremo, assim como Mário Góes. Ficaram Duque e Zelada, da Petrobras, os lobistas Fernando Baiano e Adir Assad, e o braço político pego na operação, os ex-deputados Luiz Argôlo e André Vargas, além do tesoureiro petista João Vaccari.

Os novos presos foram colocados nas celas 603, 604 e 607. Na 603 ficaram Alexandrino e Márcio Faria; na 604 Marcelo, César e Rogério; e na cela 607 foram alocados os presos da Andrade Gutierrez. Os advogados já haviam avisado o grupo de que no Complexo teriam maior liberdade. Circular pelo corredor durante o dia e ter acesso a um pátio maior e menos sombrio já significava muito. Otávio Azevedo, presidente da Andrade, por exemplo, percebeu que no espaço do banho de sol se podia improvisar um jogo de futebol. Seria algo a mais na rotina dele que, na Polícia Federal, usava o tempo para ler e fazer orações.

Numa das primeiras noites no CMP, os mandatários da Odebrecht e da Andrade tomaram um susto daqueles. Já estava tudo escuro quando um barulho de pancadas no metal das portas foi crescendo do fundo para a entrada da sexta galeria. Além do som das bordoadas, havia os gritos dos presos, que chamavam os carcereiros e diziam coisas incompreensíveis para os novatos. Ninguém disse palavra alguma nem levantou do lugar ou acendeu a luminária. Na cabeça dos empreiteiros, talvez tenham passado imagens das rebeliões dos presídios paranaenses. Quando os berros começaram a ser repetidos pelos vizinhos de frente dos "lavajatos" é que enfim foi possível entender que o recado dos detentos era de que havia um preso passando mal numa cela do fundo da galeria.

Não houve motivo para alívio. Persistia a dúvida se aquilo seria um plano para que um criminoso fizesse um carcereiro refém e tomasse o pavilhão. Em minutos chegou um agente penitenciário, que foi falar com o preso doente. Os detentos da Lava Jato não foram informados de nada, continuaram trancados no cubículo. Fez-se silêncio no pavilhão. Eles passaram a longa noite em claro. Só na manhã seguinte tiveram certeza de que não haviam corrido risco algum.

Meses depois, novo susto. Dessa vez havia sim uma rebelião, não no Complexo Médico Penal, mas na Penitenciária Estadual de Londrina, a PEL 2. Presos da galeria 21 renderam um carcereiro que acompanhava um preso que recebia atendimento médico. A cadeia foi tomada pelos amotinados, integrantes do PCC. Os rebelados deixaram que os agentes penitenciários fugissem, preferiram tomar como reféns rivais de outras facções criminosas, que foram levados até o telhado do presídio. Tudo começou por volta das dez e meia da manhã.[1]

Naquele momento, os presos da Lava Jato haviam tomado café e estavam fora das celas quando carcereiros apressados entraram no pavilhão e deram a ordem para que todos se recolhessem rapidamente em seus cubículos. Informaram aos detentos que havia um motim em Londrina e o procedimento de trancar todo mundo nas celas era uma medida de segurança adotada para evitar o risco de que a rebelião se espalhasse para outras unidades do sistema penitenciário.

Os internos do CMP, sobretudo os da Lava Jato, ficaram apreensivos e passaram a acompanhar os desdobramentos do motim pelos telejornais locais. O noticiário do meio-dia da RPC, afiliada da TV Globo no Paraná, mostrou, ao vivo, imagens de prédios em chamas e detentos encapuzados armados de pedaços de madeira e facas improvisadas ameaçando reféns no telhado do presídio. O repórter informou que os detentos que tinham punhais apontados contra o corpo eram internos do seguro, como é chamado o espaço onde ficam aqueles jurados de morte pelos outros presos, como estupradores e inadimplentes com o tráfico. A situação, segundo o jornalista, estava em "total descontrole".

Alguns ex-policiais da sexta galeria já tinham experimentado o dissabor de uma rebelião antes de serem transferidos para o CMP. Policiais ou qualquer um que tenha trabalhado para as forças de segurança são alvos preferenciais dos líderes de rebeliões. Dias antes, os "lavajatos" ouviram de um ex-PM que durante uma rebelião ele e seus colegas de farda colocaram os estupradores logo na entrada do seguro para que fossem esses as vítimas dos amotinados. Ficou implícito que, em caso de risco, os ex-policiais não hesitariam em usá-los como escudo. Os empreiteiros tinham motivos para não desgrudar os olhos da TV.

A situação no presídio de Londrina foi piorando durante as horas seguintes. Um juiz da vara de execuções penais e policiais tentava um acordo com os amotinados, mas sem sucesso. Os presos queriam melhoria na qualidade da alimentação, benfeitorias na estrutura da unidade, mais dias de visitas e a transferência do diretor da PEL 2, Emerson Chagas. Cobravam também que fossem verificados os processos de presos que já haviam cumprido sua pena ou tinham direito à progressão de regime. No presídio havia 1250 presos num lugar com capacidade para 928.[2]

Sem acordo, o número de reféns subiu de cinco para onze. O detento Eder Henrique Lopes da Silva, conhecido como Capetinha, foi amarrado pelos pulsos e tornozelos e arremessado do alto de um pavilhão. Foi socorrido por uma ambulância, mas morreu no hospital. Outros 24 presos seriam mais tarde hospitalizados por causa das agressões. No CMP ouviam-se presos gritando em outra galeria que "Londrina virou". A tensão aumentava.

A rebelião só acabou na manhã do dia seguinte. A PEL 2, maior presídio do interior do Paraná, ficou destruída. Um dia após o fim da rebelião, onze presos fugiram da unidade. Na sexta galeria do Complexo Médico Penal a rotina voltou ao normal, mas o episódio serviu para que os presos da Lava Jato percebessem que o pavilhão onde moravam era uma espécie de exceção num sistema penitenciário em ebulição, dominado por facções criminosas e sofrendo com falta de estrutura e superlotação. Havia motivos para preocupação.

A MONARQUIA E A DEMOCRACIA

Marcelo Odebrecht foi catalogado como o detento número 118 065 do sistema penitenciário paranaense. Apesar do discurso de que ali ele era um preso como outro qualquer, havia um esquema especial preparado para vigiá-lo. Dias antes da transferência, o diretor Marcos Muller reuniu seus subordinados e determinou que a atenção fosse redobrada. Não era para dar moleza ao príncipe dos empreiteiros; qualquer privilégio poderia dar munição a um escândalo. Mas o principal era não descuidar da sua segurança. Afinal, se os presos da Lava Jato podiam ser potenciais bilhetes premiados para os criminosos comuns, o herdeiro da Odebrecht era o tíquete que valia a maior aposta. Qualquer incidente com o detento mais rico do país teria consequências trágicas para os administradores do presídio e o governo.

De início, a direção do CMP avaliou que a presença de ex--policiais logo na entrada do pavilhão, vizinhos de frente dos executivos da Odebrecht, poderia inibir qualquer iniciativa mais atrevida de algum detento. Entre os crimes mais usuais da força policial estão os de corrupção passiva, concussão, associação ao tráfico de drogas e homicídio. E havia os que eram temidos dentro do CMP por chefiarem quadrilhas extremamente armadas e violentas. Mais tarde, verificou-se que essa proximidade entre bandidos que haviam usado farda e empreiteiros corruptos não era boa ideia.

Durante todo o tempo em que ficou no CMP, Marcelo Odebrecht foi acompanhado de perto pelos agentes penitenciários. Estava constantemente sob a mira de um carcereiro quando circulava pelo corredor da galeria, praticava exercícios físicos, ia para o pátio ou até o chuveiro. A precaução aumentava quando o empreiteiro circulava fora do bloco onde fica a sexta galeria. Ele era conduzido diariamente para o parlatório do presídio e, nessas horas, sua escolta contava com até quatro agentes penitenciários. As constantes saídas do empreiteiro deram margem para que os outros presos caçoassem dos carcereiros, dizendo que eles tinham sido promovidos a seguranças do dono da Odebrecht.

Também foi intensificado o monitoramento dos presos comuns. Os agentes passaram a conversar com mais frequência com seus informantes, aqueles detentos que abastecem de informações o setor de inteligência do presídio. Era necessário saber se havia algum plano envolvendo o bilionário.

Marcelo tocava a vida aparentemente indiferente a isso tudo. O empreiteiro conseguiu um pedaço de tábua numa oficina de pequenos reparos mantida no prédio da sexta galeria e improvisou uma mesa. Assim como na PF, ele não gastava tempo cultivando boas relações com os colegas. Fernando Baiano foi um dos que tentaram quebrar o gelo. O lobista tinha em comum com Marcelo o gosto pelo condicionamento físico e, durante o tempo no

CMP, desenvolveu uma série de exercícios aproveitando o local, inspirado nos treinamentos funcionais que consistem em produzir esforço usando os movimentos naturais do corpo, como pular, correr, puxar, agachar, girar e empurrar. Para esse tipo de treino não há a necessidade de aparelhos, o que é perfeito para quem está num lugar como o CMP. Baiano também havia improvisado halteres enchendo garrafas pet com água e se propôs, com sucesso, a fazer o papel de personal trainer do empresário.

A propósito, Fernando Baiano era craque em ciceronear os empresários que entravam na cadeia. Alguns ele já conhecia, como Otávio Azevedo, de quem tinha comprado uma lancha quando ambos ainda não se preocupavam com a Polícia Federal. Mas foi só na cadeia que Baiano percebeu que Azevedo era um católico fervoroso. Pôs-se então a falar com ele sobre os planos divinos para a vida de cada um. Mas o lobista não acendia vela para um só santo. Frequentou cultos evangélicos na tentativa de angariar simpatia de presos comuns com ascendência sobre o resto do Complexo. Para não deixar dúvidas sobre a sua fé, distribuiu Bíblias aos colegas de cadeia.

Assim como Marcelo Odebrecht, Baiano tinha a fama de ser fanático por limpeza. Vez ou outra limpava celas que nem eram dele, uma gentileza apreciada pelos mais preguiçosos. Mostrava-se preocupado com a saúde dos mais velhos e doentes — políticos e empresários, claro — e os lembrava dos horários em que tinham que tomar seus remédios. Em dias de visita, passava de mesa em mesa para fazer a social com a família dos colegas de pavilhão e ganhou a simpatia de suas esposas e filhos.

Baiano, que na verdade é alagoano, percebeu que os ex-policiais eram os que tinham o verdadeiro controle no pavilhão e passou também a assediá-los. E, claro, fez a mesma política de aproximação com os carcereiros. Convidou alguns para passar o

Carnaval na sua casa, no Rio de Janeiro. Um agente penitenciário lembra que o lobista costumava contar histórias bem-humoradas. Em uma delas, estava com a esposa, Fátima, em uma loja de roupas na Quinta Avenida, em Nova York, um dos endereços mais caros do mundo. A mulher olhava as peças expostas, procurava o tamanho nas etiquetas e nada de uma vendedora se mexer para atendê-la. Baiano percebeu que elas haviam avaliado que eles não tinham cacife para comprar numa loja sofisticada como aquela. Usou então uma estratégia: sacou do bolso um cartão de crédito preto e dourado, uma versão sem limites e só acessível para gente muito rica, e o entregou a Fátima de modo que todos vissem. Fátima imediatamente passou a ser bajulada.

Se tirava de letra os relacionamentos na prisão, Baiano ficava atormentado em não saber como andavam as coisas do lado de fora. Conversou com a direção da cadeia sobre a possibilidade de receber visita íntima da mulher, mas no Complexo Médico Penal isso é proibido. Abrir uma exceção para um corrupto da Lava Jato seria criar uma polêmica. Baiano acabou desistindo.

Enquanto Marcelo Odebrecht lamentava que a prisão o impedia de nadar até ficar extenuado, Alexandrino Alencar tinha saudade dos drinques à beira da piscina em dias ensolarados. O diretor de relações institucionais é o oposto do herdeiro da empreiteira. Com sua chegada, as rodas de conversas ganharam animação extra na sexta galeria. Alexandrino reunia ouvintes ao seu redor com facilidade. No começo, os interlocutores eram seus colegas empreiteiros, depois os presos comuns foram chegando e então os agentes penitenciários se integraram ao grupo.

No dia em que a Lava Jato prendeu a cúpula da Odebrecht e Alexandrino foi encaminhado para a Superintendência da

Polícia Federal, em São Paulo, os policiais acharam por bem confinar os empreiteiros num auditório no térreo do prédio antes de levá-los para o aeroporto com destino a Curitiba. Uma pequena multidão de fotógrafos, cinegrafistas e repórteres se acotovelava nas ruas do bairro paulistano da Lapa atrás de uma imagem ou informação.

Soterrada pela demanda de pedidos dos jornalistas, a delegada Patrícia Zucca, diretora de Comunicação da Polícia Federal paulista, aproximou-se de uma roda em que policiais conversavam descontraídos dentro do auditório. Suspirou e deixou escapar um desabafo: "Gente, isto aqui está uma loucura! Não vejo a hora de o dia acabar". Ouviu de volta que a culpa era da própria polícia. Olhou espantada para um senhor baixo, careca e com a barba branca por fazer. "Quem mandou prender a gente? Não precisava disso", completou o homem, com ar irônico. Ela então descobriu que aquele que falava para um grupo atento de policiais era Alexandrino Alencar, e não um colega de corporação, como ela supunha.

As características antagônicas entre Alexandrino e Marcelo e o que elas imprimiam no ambiente fez com que as celas 603 e 604 fossem apelidadas de Democracia e Monarquia. Na primeira, Alexandrino e Márcio Faria entravam em acordo sobre qualquer questão, como o canal da televisão ou o espaço onde ficariam as coisas de cada um. Na empresa, um não era subordinado ao outro, e, no xadrez, as coisas permaneceram assim. E os dois já se davam bem antes mesmo da prisão, o que facilitou a convivência. Os outros presos viviam entrando lá para bater papo.

Já na cela 604 existia uma hierarquia explícita. Rogério Araújo e César Rocha sabiam que deviam se dobrar às manias de Marcelo Odebrecht, mesmo que isso nunca tenha sido dito de forma explícita. A alcunha Monarquia era uma referência aos apelidos que Marcelo ostentava. A imprensa o chamava de "príncipe dos empreiteiros". Já no CMP, os colegas de cárcere o chamavam pelas costas de "reizinho". O regime que vigorava no cubículo, porém, não lembrava o de um palácio, mas sim o da caserna, influência do histórico militar do herdeiro da Odebrecht. Aos dezoito anos, Marcelo serviu ao Exército como soldado do Tiro de Guerra 06-007, em Itabuna, cidade interiorana na Bahia. Lá reforçou os traços de disciplina espartana que já tinha. Saiu do Exército, mas levou consigo muita coisa.

Marcelo não é dado a afetações, e muitos dos seus subordinados o classificam como um homem que carece de sofisticação. Causou surpresa nos presos da Lava Jato saber que ele havia ido a audiências com o juiz Sergio Moro vestindo um terno que custava pouco mais de 3 mil reais, uma extravagância às avessas para alguém que pode comprar o que há de melhor. Quando alguém o provocava sobre a qualidade das suas roupas, ele rebatia dizendo que se recusava a pagar fortunas por um calçado ou um terno. "Para mim, um sapato tem que custar no máximo quatrocentos reais. Passou disso, é exagero", dizia. Um dos executivos da Odebrecht mais próximos de Marcelo, um dos poucos a visitá-lo com frequência na cadeia, contou que certa vez o viu comprando roupas de ginástica no saldo da loja da Track & Field. Perguntado se havia descoberto a promoção por acaso, o bilionário disse que já sabia que naquela época do ano o preço caía.

Na Monarquia instalada na carceragem, Marcelo tinha um vice-rei, César Rocha, que cuidava de tarefas corriqueiras da arrumação e informava ao empreiteiro o que ocorria no entorno. Marcelo pouco conversava com os outros presos. Adir Assad costuma dizer que ele não levava uma conversa adiante se visse que ela não chegaria a lugar nenhum. Como cadeia é um lugar onde se joga muita conversa fora, esse critério deixava Marcelo apartado da maioria das rodas de bate-papo. Cabia, então, a César Rocha fazer o leva e traz para o chefe.

Alexandrino Alencar é um voraz leitor de notícias e não se satisfazia apenas com as conversas com seus advogados e o noticiário da TV aberta. Pediu então ao seu genro, que é advogado, que colocasse no meio dos documentos que trazia as edições de uma revista semanal. Assim, sempre após a conversa com o defensor, ele voltava com folhas de documentos do seu processo e, entre elas, uma edição da *Veja*. Entre as páginas da ação judicial costumava encontrar também saquinhos de milho de pipoca, item que não constava da lista dos alimentos permitidos no CMP. Quando retornava para a cela, Alexandrino botava o óleo para ferver e logo começavam os estampidos do grão estourando na panela. César tratou de dedurar o colega de firma. "O Alexandrino está estourando pipoca, Marcelo. Isso é proibido aqui. Pode dar merda."

Marcelo então foi até Alexandrino: "Alexandrino, esse negócio não é permitido aqui. Você vai prejudicar todo mundo. E tudo o que a gente não precisa é de mais problemas". Alexandrino, amigo de longa data do pai de Marcelo, ouviu a reprimenda com cara de poucos amigos. Assim que o empreiteiro terminou a advertência, rebateu: "Deixa comigo, Marcelo. Cuida das suas coisas e, se alguém encher o saco, eu me responsabilizo. Pega uma pipoca aqui, vai". Marcelo não pegou, contrariado. Seus poderes imperiais não funcionavam com Alexandrino, o democrata.

FAMÍLIA ODEBRECHT

Logo que a Lava Jato atingiu seus executivos, a Odebrecht montou um esquema profissional para atender as demandas dos seus presos. Funcionários do departamento de PO (Pessoas e

Organização) foram deslocados para Curitiba para elaborar e executar uma estrutura de apoio e logística. A primeira providência foi alugar um escritório na avenida João Gualberto, no bairro do Alto da Glória, região central de Curitiba. Dois Corolla cinza com motoristas foram deixados à disposição de familiares e amigos que fossem visitar os prisioneiros. A Odebrecht também providenciava estadia no hotel e alimentação aos que precisavam pernoitar na cidade. Uma secretária foi contratada para organizar o fornecimento de alimentos, roupas, material de higiene, limpeza e tudo o mais que os presos necessitassem.

Dois advogados internos da empreiteira foram transferidos para Curitiba. Valdeck Borges saiu de Angola e Juliana Azevedo do Rio de Janeiro. Era necessário que ficassem à disposição porque apenas advogados podem visitar seus clientes diariamente — familiares e amigos só têm permissão uma vez por semana, em dia e horário predefinidos. Valdeck e Juliana foram incumbidos de falar diariamente com Marcelo e outros executivos para verificar como estavam e tinham a missão de atualizá-los sobre os processos e o que acontecia no mundo lá fora. Uma tarefa cotidiana era pegar as cartas que Marcelo e outros escreviam e mandar para o escritório. Lá, a secretária digitalizava tudo e mandava por e-mail para os destinatários. Na mão inversa, a funcionária recebia os e-mails de familiares e amigos, imprimia e entregava a Valdeck e Juliana.

Assim que os executivos da companhia foram transferidos para o Complexo Médico Penal, a estrutura teve que se adaptar. O presídio fica numa área pouco habitada da cidade de Pinhais e as visitas acontecem às sextas-feiras — na PF eram sempre às quartas. A Odebrecht então passou a estacionar uma van no gramado em frente ao CMP para servir como base de apoio. Ali havia lanches, refrigerantes e água comprados numa delicatéssen de Curitiba, pois os parentes saíam com fome, já que evitavam comer durante a visita para que o preso pudesse levar o que sobrasse para a cela.

No início, esse esquema atendia aos familiares dos presos da Odebrecht, mas depois as famílias de outros detidos passaram a aproveitar a estrutura. O irmão de Fernando Baiano e o filho de Renato Duque criaram o hábito de ir para a van lanchar com a mulher de Marcelo e as filhas de Alexandrino.

Além dos alimentos, uma das filhas de Alexandrino entrava toda semana com dois pacotes de gelo. O pai sentia falta de beber algo gelado. Já Márcia, irmã de Marcelo, levava um bolo de banana e aveia feito por ela mesma. A arquiteta morava em São Paulo e o visitava de vez em quando. O irmão Maurício ia com menos frequência, já que cuidava da fazenda da família no interior da Bahia. Mônica, sua irmã, era a mais assídua, junto com a mãe, Regina. Já o pai, Emílio, foi visitá-lo apenas duas vezes. A primeira delas em setembro de 2015, três meses após a prisão. Nessa ocasião, Emílio teve uma conversa reservada com o filho e depois foi confraternizar com os outros presos da empreiteira, sobretudo Alexandrino Alencar, de quem é amigo, e Márcio Faria.

De acordo com o que apurei, a relação de Marcelo com o pai começou a se deteriorar ali. O empreiteiro teria sentido que o pai não demonstrara muita preocupação e solidariedade com ele. Emílio só voltaria a visitar Marcelo em maio de 2017. O longo tempo até a segunda visita deve ter consolidado a percepção de abandono. Outro motivo de estremecimento entre os dois veio mais tarde, por causa de discordâncias em relação ao acordo de colaboração entre os funcionários e acionistas da empresa com o Ministério Público Federal. Marcelo avaliou que houve executivos que foram poupados do dissabor da delação, como o ex-presidente Newton de Souza e o vice-presidente Jurídico, Maurício Ferro, seu cunhado. Estes teriam sido protegidos a mando de Emílio. O herdeiro da Odebrecht pagou uma conta que, a seu ver, deveria ser dividida com outros.

(Em 2019, Maurício Ferro foi preso pela Lava Jato, acusado de pagar propina para a aprovação de uma medida provisória de interesse da Braskem, empresa petroquímica do grupo baiano. Depoimentos de Marcelo Odebrecht ajudaram os investigadores a incriminar seu cunhado.)

Marcelo rejeitava qualquer tentativa de apaziguar o conflito com o pai, e quem mais se dedicava a buscar uma trégua era d. Regina, sua mãe. Senhora de idade avançada, passou a frequentar o presídio. Visitá-lo significava enfrentar a invasiva visita íntima, e observar calada um funcionário da cadeia revirar seus pertences e a comida que levava. Era o preço para ver o filho. Mas a desconfiança de Marcelo sobre o pai acabou contaminando a relação com a mãe. Chegou o dia em que ele pediu a d. Regina que parasse de visitá-lo. Ela acatou o pedido, passou a ir menos para Curitiba e pediu a ajuda de Isabela e de amigos para tentar um armistício entre pai e filho. Mas Marcelo se mantinha irredutível.

Na mão contrária, o período no cárcere fortaleceu os laços de Marcelo com Isabela. Bela, como é conhecida, visitou o marido semanalmente nos dois anos e meio de pena, sem faltar um dia sequer. Tanto na Polícia Federal como no Complexo Médico Penal, ela estava sempre entre as primeiras a chegar. A rotina de mulher de presidiário impôs mudanças em sua rotina. Bela sabia que não passaria despercebida, mas deixou de lado as roupas e acessórios de grife que poderiam soar como provocação. Era preciso ter cuidado com os detalhes, pois algo poderia ser mal interpretado, causar antipatia e, no limite, um problema para o preso.

Isabela já tinha se adaptado à rotina das visitas na Polícia Federal, às quartas. Chegava bem cedo e pegava uma senha. Ia então para a sala de espera do passaporte, um auditório no térreo, do lado da recepção. Ficava quieta, evitando os repórteres que virava e mexia passavam por ali. Quando a funcionária chamava seu número, ia rápido encontrar o marido.

No CMP ela seguiu a mesma rotina. Saía de São Paulo na quinta-feira e voltava logo após a visita, no dia seguinte. Viajava sempre em voos de carreira, acompanhada de um funcionário da empresa. Vez ou outra embarcava junto das mulheres e filhos dos outros executivos da Odebrecht e da Andrade Gutierrez. Bela tinha medo de voar, mas isso nunca a impediu de entrar no avião. Certa vez, ela e as outras mulheres de empreiteiros presos encontraram com Sergio Moro no voo de São Paulo para Curitiba. O juiz foi aplaudido pelos passageiros. Márcia, a mulher de César Rocha, estava sentada justamente na poltrona do lado da de Moro, que nunca tinha visto nenhuma delas. Ela não se conteve e chorou baixinho durante os quarenta minutos de voo. Moro, se reparou, não esboçou reação.

Da primeira vez que foi ao CMP, Isabela pediu a um funcionário que pegasse as senhas dela e dos familiares dos outros presos da Odebrecht. Enquanto esperava na van com a filha de Alexandrino e as esposas de César, Márcio e Rogério, foi abordada por duas mulheres, uma morena e outra loira. "Escuta, é a primeira vez sua aqui, né?" Isabela respondeu que sim. "Então saiba que não importa a ordem de chegada, as duas primeiras senhas são nossas." Eram as duas primeiras-damas da cadeia, as esposas do ex-soldado Rodes e do ex-guarda municipal Batata, presos muito influentes na cadeia e sobre os quais ainda falarei mais. Não havia o que contestar. Dali em diante, o funcionário da Odebrecht passou a pegar duas senhas a mais.

Isabela e as outras mulheres não gostaram de ter que se dobrar às mulheres dos bandidos, mas era consenso entre elas que a melhor saída era buscar uma convivência harmônica com todos ali. E essa foi só mais uma das concessões que teriam que fazer.

Alexandrino Alencar saiu da cadeia após quatro meses. Depois saíram Márcio, Rogério, César, todos os outros presos da Odebrecht. Marcelo foi ficando. A van deixou de ser necessária. Isabela trocou a companhia das outras esposas pela do funcionário da Odebrecht. As mulheres de Rodes e de Batata deixaram de ser desconhecidas hostis. Isabela já batia papo com elas na entrada e não demorou a receber queixas sobre a falta de condições financeiras que as afligia. Isabela passou a sacar dinheiro vivo e ajudar a mulher de Rodes para que pagasse a mensalidade de um cursinho preparatório para a OAB. Ela nunca verificou se o dinheiro que dava para a mulher do assaltante de bancos financiava realmente os estudos ou se ela era realmente formada em direito.

No estacionamento gramado do Complexo Médico Penal, a mulher do nono homem mais rico do país estava se adaptando ao convívio com mulheres e parentes de assaltantes, assassinos, falsários, agressores e violadores sexuais de mulheres. Isabela Odebrecht certamente nunca imaginou que um dia frequentaria a porta de uma cadeia.

Marcelo e Isabela começaram a namorar em 1989, em Salvador, ela com quinze anos e ele com 21. Marcelo era um rapaz rico e impopular. Bela, de família de classe média, era cheia de amigos. Ela começou a dar aulas logo após terminar o curso de pedagogia. Já Marcelo construía uma carreira espelhando-se no avô Norberto, fundador da construtora Norberto Odebrecht, origem do conglomerado empresarial da família. O avô tinha servido no Exército logo que terminou a adolescência. Marcelo fez o mesmo. Norberto cursou engenharia na Escola Politécnica da Bahia, mesmos curso e faculdade escolhidos pelo neto.

Em 1995, Marcelo e Isabela se casaram. Ambos levaram ao pé da letra as promessas feitas no altar. Isabela não abandonaria o marido nas horas de tristeza. Marcelo seria devotado ao lar. Numa roda de conversas na sexta galeria, os presos ricos se gabavam das estripulias sexuais que teriam feito na companhia de mulheres famosas, lindas e bem pagas. Até que um deles tocou no nome do empreiteiro. "O Marcelo não trepa fora do casamento. Não sabe o que está perdendo", disse, provocando gargalhadas dos colegas.

Da união com Isabela nasceram três meninas. Assim que a Polícia Federal chegou a sua mansão para prendê-lo, a primeira preocupação de Marcelo foi com as filhas. As meninas cobravam da mãe que queriam visitar o pai. Isabela discutiu o pedido com o marido e decidiram que a prisão dele não deveria alterar muito a rotina delas, sobretudo com os estudos. Duas das filhas já tinham completado a maioridade, mas uma ainda não. A regra no Complexo Médico Penal diz que filhos menores de dezoito anos só podem visitar os pais uma vez por mês. Marcelo e Isabela então instituíram uma regra. Uma filha só visitaria o pai quando as outras duas estivessem juntas.

A única coisa que parecia desestabilizar Marcelo era a saudade das filhas. Depois de três meses preso, já tendo conquistado a fama de durão, ele surpreendeu os colegas ao sair da cela cabisbaixo, com os olhos marejados numa manhã de setembro. O motivo, souberam depois, era que sua caçula completara quinze anos naquele dia.

Assim como Marcelo e Bela, as meninas também se adaptaram à nova realidade. Elas concluíram que, se aparecessem desanimadas ou melancólicas na frente do pai, isso iria entristecê-lo. Passaram então a planejar surpresas para animá-lo. A filha do meio teve a ideia de criar pequenos cartazes com mensagens motivacionais. Editava no computador um quadro com uma paisagem bonita e nela escrevia uma frase encorajadora garimpada durante a semana. Imprimia as folhas em formato A4 e no dia da visita entregava ao pai. Marcelo colava uma por uma na parede da cela.

As irmãs também passaram a preparar bolos, tortas e brigadeiros. Entregavam o doce e esperavam ansiosas a primeira mordida dele. O elogio era garantido. Marcelo também separava um tempo para perguntar como cada uma estava indo nos estudos. Era duro com elas se percebia qualquer descuido com as notas.

Em fevereiro de 2016, depois da Operação Acarajé, Marcelo voltou para a carceragem da Polícia Federal para ficar à disposição dos delegados da Lava Jato, que haviam farejado o departamento de operações estruturadas, na prática um setor feito para operacionalizar o pagamento de propina e caixa dois da empreiteira. A prisão da secretária Maria Lúcia Tavares nessa fase da Lava Jato e sua colaboração com a investigação empurraram Marcelo e outras 77 pessoas vinculadas à Odebrecht a assinar o acordo de delação premiada. Daí em diante, sua vida mudaria novamente dentro da carceragem.

Em março daquele ano, o empreiteiro concordou em confessar seus crimes. Como já vinha acontecendo com outros réus, Marcelo foi transferido para a "ala VIP" da Lava Jato. A preparação dos termos da delação passou a ser feita em uma sala dos agentes federais que cuidavam da carceragem. Marcelo reunia-se lá com seus advogados, entre eles a irmã Mônica e o cunhado Maurício Ferro. As conversas eram sempre tensas.

Conforme os esqueletos da Odebrecht iam saindo do armário, o herdeiro foi descobrindo que nem todo dinheiro que saía da empresa para pagamento de propina ia realmente para os agentes públicos e políticos corruptos. Uma parte sumia no caminho, graças a manobras de gente de dentro da Odebrecht. Marcelo se enfureceu ao saber que executivos do setor de operações estruturadas ficavam com um naco da propina paga por facilidades em contratos públicos. Num desses dias de fúria, em que socou a mesa e gritou com o advogado, soube também que a filha do meio havia sido aprovada no vestibular de uma das principais escolas de marketing do país. O tempo desanuviou e Marcelo deu um sorriso que não exibia havia tempos.

Mas, para ir embora para casa, teria que fechar um bom acordo com o Ministério Público Federal. A essa altura, já tinha completado um ano preso. As conversas sobre delação vinham sendo capitaneadas por Adriano Maia, Maurício Ferro e a irmã Mônica, do corpo jurídico da Odebrecht, e pelo advogado Theodomiro Dias Neto, conhecido como Théo Dias, filho do ex-ministro da Justiça José Carlos Dias. Marcelo trabalhava incessantemente trazendo informações escavadas do passado da companhia e recebeu de Maia e Ferro a previsão de que sairia da prisão no final do ano.

Mas na reunião com os procuradores Roberson Henrique Pozzobon e Júlio Noronha, da Força-Tarefa da Lava Jato, o empreiteiro achou que era hora de parar um pouco de falar sobre os crimes que iria revelar e tratar dos benefícios. Foi quando soube que a situação não era bem aquela que seus advogados haviam dito. Mônica perguntou sobre a saída de Marcelo da prisão e ouviu dos procuradores que não havia nada garantido. Marcelo não seria passado na frente da fila das delações e não era prudente alimentar expectativas de que fosse sair no final do ano.

Marcelo interrompeu a conversa. Disse aos procuradores o que ouvira de seus defensores e questionou o porquê de mentirem para ele. Adriano Maia rebateu em tom igualmente agressivo. Perguntou se Marcelo o estava chamando de mentiroso e ouviu novamente a pergunta: se havia mentido sobre a saída da prisão no final do ano. Adriano desconversou, disse que Marcelo não poderia falar com ele naquele tom, e a reunião foi interrompida. Todos saíram e Marcelo ficou na sala apenas com a irmã. Então perguntou: "Você está do meu lado ou do lado do Adriano Maia?". "Fui eu quem trouxe o Adriano para a mesa de negociações, Marcelo", disse Mônica.

Marcelo se levantou e pediu que o carcereiro o levasse de volta para a cela. A relação entre os irmãos nunca mais foi a mesma.

IV

Relações em cadeia

A MÃE DOS PRESOS

Dois reféns estavam pendurados pelos tornozelos rentes à parede externa do pavilhão em chamas, na Penitenciária Estadual de Piraquara, conhecida como PEP 2. Do lado de fora, a polícia se preparava para invadir o local. Os amotinados andavam de um lado para o outro nos pavilhões, carregando punhais feitos artesanalmente com pedaços de ferro, madeira e plástico. As camisetas enroladas no rosto como máscara serviam tanto para esconder a identidade quanto para proteger os pulmões da fumaça tóxica que preenchia o ambiente. "Se entrar, vai ter morte", gritavam. Algumas já tinham acontecido das maneiras mais cruéis. Corria o ano de 2014, um dos mais violentos da história do sistema penitenciário paranaense.

Em meio à fumaça escura e à barulheira que tomavam conta do local irrompeu uma senhora baixa, de cabelos castanho-claros cuidadosamente penteados para o lado, vestindo um casaquinho de lã. A septuagenária andou em passinhos curtos até a fronteira onde policiais e detentos negociavam. "Me deixa entrar para falar com eles", pediu Isabel Kugler Mendes, com a voz mansa. Os policiais negaram o acesso. "Não temos como garantir sua segurança, dra. Isabel", disse um homem com autoridade militar. Ouviu-se então uma voz vinda do motim: "Nós garantimos a segurança da doutora".

Como nem agentes penitenciários nem policiais morrem de amores pela militante de direitos humanos, ela reforçou o pedido: queria entrar. A autorização foi dada. Isabel cruzou os portões de ferro e os policiais comentaram: "Ela vai se foder no meio daquele bando de vagabundos". Mas minutos depois ela voltou, intacta, e com a receita do fim da rebelião. Os reféns, dois ex-policiais, foram içados para cima. O motim terminava ali.

Isabel Kugler Mendes, a presidente do Conselho da Comunidade de Curitiba, órgão da Vara de Execução Penal responsável por fiscalizar os presídios da região metropolitana da capital paranaense, é chamada de "mãe" pelos presos comuns. Já os carcereiros se referem a ela, pelas costas, como "a velha". Os da Lava Jato preferem tratá-la por dra. Isabel.

Ela segue um critério próprio ao se dirigir aos presos. Ao falar com os miseráveis do sistema penitenciário usa a expressão "meus filhos". Os detentos do tratamento psiquiátrico são chamados carinhosamente de "louquinhos". Com os carcereiros ela opta pela formalidade, não dispensando os pronomes de tratamento "senhor" ou "senhora" antes do nome de cada um. E quando pisa na sexta galeria resgata o tratamento que os políticos, empresários e burocratas recebiam quando a prisão era algo muito improvável. José Dirceu era tratado por ministro. André Vargas e Luiz Argôlo, por deputado. Para falar com os empresários, ela coloca o doutor antes do nome. "Para mim não faz diferença se a pessoa está dentro ou fora da cadeia", é a explicação dela.

Quando Isabel encontrou o empresário Mário Góes melancólico e com ideias suicidas, o primeiro dos "lavajatos" com quem teve contato, a desgraça da cadeia não era novidade para ela havia décadas. Inédito era existir uma ala com tantos presos ricos. Houve quem espalhasse que Isabel privilegiava os magnatas ao tratá-los com cordialidade. Esses críticos não levaram em consideração que, por mais de quatro décadas, ela foi acusada de ser boa demais com os presos pobres e com gente que causa repulsa em grande parte da sociedade.

Isabel entrou pela primeira vez numa cadeia pela porta da cozinha. Seu ex-marido era muito respeitado no sistema de segurança paranaense. José Justiniano Dias Paredes, o Zeca Paredes, era major com carreira exemplar na Polícia Militar e, por isso, havia sido escolhido para dirigir a Colônia Penal Agrícola do Paraná. Sabia-se que, com Zeca Paredes, preso nenhum se meteria a besta. A confiança na disciplina era tanta que condenados iam para a cozinha e empunhavam facas para cortar legumes ou apanhavam enxadas para cavoucar o chão da horta sem que houvesse nenhum esquema especial de segurança. Ele não admitia insubordinação.

O diretor do presídio tinha a convicção de que a melhor maneira de recuperar um preso era ocupando-o com trabalho para que não tivesse tempo de pensar besteira. Na prisão dirigida por Paredes, um grupo de internos produzia carteiras para escolas, outro arrumava o pátio, havia os criadores de animais, como porcos, galos e galinhas, e havia quem preparasse pães que abasteciam outras unidades do sistema carcerário. Era esse lado do diretor que encantava Isabel. O policial era rígido, mas acreditava na recuperação penal.

Paredes controlava os duzentos presos da Colônia, mas não conseguiu fazer frente ao pedido da esposa, que já vinha se mordendo de curiosidade havia tempos para conhecer o outro lado do muro. O casal morava numa casa contígua ao presídio. Isabel, então com 37 anos e quatro filhos pequenos, tinha a rotina de uma dona de casa comum naquela época. Colocava o jantar na mesa e perguntava ao esposo como havia sido seu dia. Zeca Paredes sentava-se à cabeceira e falava de amenidades, de coisas corriqueiras. Mas Isabel não queria saber sobre o sapato que ele havia mandado para o conserto ou fofocas sobre os amigos policiais, ela se interessava pela vida dos detentos. O coronel desviava o assunto, dizia que cadeia não era conversa para se ter com a mulher. Mas Isabel continuava com as perguntas e não desistia da ideia de conhecer a prisão por dentro.

Em dezembro de 1973, Zeca Paredes cedeu e permitiu que a esposa organizasse uma refeição especial para os detentos nos dias que antecediam o Natal. "Coloquei os presos para me ajudar a fazer bolos", diz ela. E lá foi a mulher do temido diretor Paredes passar o dia numa cozinha ao lado de condenados que ralavam cenouras, picavam vegetais e cuidavam da água fervendo em grandes panelas. Se ela tinha medo? "Eu não tinha por que ter medo. Eles não eram os bichos que todo mundo pintava", diz ela.

Cozinheira de mão-cheia, Isabel soube guiar a equipe de detentos para que os confeitos ficassem saborosos. Uma semana antes do 25 de dezembro, ela e seus ajudantes entregaram bolos e doces a todos os internos da Colônia. Paredes imaginou que aquela experiência fosse matar a curiosidade da mulher, que voltaria feliz para a vida de dona de casa. Mas ela nunca mais deixaria de visitar as cadeias do Paraná.

Isabel entrou na Faculdade de Direito de Curitiba em 1971, onde se formou em 1976. Procurou logo uma função que lhe garantisse o acesso aos presos e lhe desse a possibilidade de fazer denúncias contra abusos e maus-tratos. Integrou a Comissão de

Direitos Humanos da OAB (Ordem dos Advogados do Brasil) do Paraná e assumiu mais tarde o Conselho da Comunidade.

Depois de trinta anos, o casamento com Zeca Paredes terminou. Ela já não cabia mais na sombra do marido. E, de certa forma, a separação foi benéfica para os dois. Não fazia bem para a imagem de um diretor de presídio ter como companheira uma militante de direitos humanos que vivia denunciando episódios de violência e as más condições dos detentos em unidades prisionais comandadas por seus colegas de ofício. E, para ela, também passou a ser um dilema lutar para mudar a situação carcerária, que ela julgava cruel e ineficiente, sem conseguir convencer por completo o homem com quem dividia a vida.

Apesar da separação, Isabel e Zeca Paredes mantiveram o bom relacionamento. A advogada lembra com carinho que o policial durão que conheceu por meio do irmão foi quem lhe estendeu a mão quando foi abandonada pelo primeiro marido com quatro filhos pequenos no colo. "É bom homem e bom pai, para todos de maneira igual", diz Isabel. Ela teve mais dois filhos com Zeca e adotou outros três. E brinca que, como nove ainda era pouco, resolveu cuidar de outros milhares de filhos no sistema penal paranaense.

Depois que conversou com a dra. Isabel, o empresário Mário Frederico de Mendonça Góes voltou para a sexta galeria um tanto melhor. Os colegas notaram que o empresário não estava mais com o queixo afundado no peito e os olhos mirando os próprios pés. A espinha ereta de Góes foi um belo cartão de visitas da presidente do Conselho da Comunidade. Nas semanas seguintes ela continuou visitando o CMP para se certificar da situação do empresário e foi conhecendo os outros detentos da Lava Jato.

Assim como havia acontecido no Natal de 1973, em 2015 ela preparou kits natalinos para os detentos do sistema penal paranaense. As lembranças seriam distribuídas inclusive no CMP, agora também casa de empreiteiros e políticos. A advogada foi entregando as guloseimas, de ala em ala, a presidiários e agentes. Por um código interno informal, os carcereiros evitavam carregar pacotes trazidos por ela; afinal, agente penitenciário não serve preso. Sobrava então para a própria dra. Isabel e seus colegas de Conselho carregarem as caixas de doces.

A última entrega foi na sexta galeria do CMP. Exausta após percorrer todos os pavilhões, a dra. Isabel venceu com seus passos curtinhos a rampa de acesso. Assim que entrou pelo portão, um voluntário tirou o peso dos braços da advogada. "É para distribuir entre vocês", disse ela a Marcelo Odebrecht. O empreiteiro acatou a ordem e foi até as celas mais ao fundo para começar a entrega. Metódico, pode-se imaginar que tenha rapidamente calculado que a logística seria mais eficiente se entregasse os pacotes do fundo para a entrada da galeria, terminando a distribuição na vizinhança de sua cela. Mas a advogada entendeu que ele privilegiava os mais velhos e pobres do pavilhão, que ficavam nos cubículos mais afastados da entrada.

A dra. Isabel foi costurando relações com os empreiteiros. O religioso Otávio Marques de Azevedo, presidente da holding da Andrade Gutierrez, usava o contato com a advogada como uma sessão de terapia, em que desabafava sobre as privações da cadeia e refletia acerca dos erros que havia cometido. Fernando Baiano evocava Deus para se mostrar amável, mas sabia que uma aproximação com ela seria importante para levar as demandas do grupo à direção do presídio e, sobretudo, à chefia do Depen, o Departamento Penitenciário paranaense. A dra. Isabel também não era boba. Logo percebeu que, após a chegada dos "lavajatos", vários presos pobres passaram a ostentar roupas de marcas de luxo. O jacarezinho, símbolo da grife francesa Lacoste, havia virado emblema da sexta galeria.

A presidente do Conselho da Comunidade então passou a contar para os empresários sobre as necessidades nos outros pavilhões do CMP. A tarefa de persuadi-los parecia fácil; afinal, os presos ricos precisavam dela para conseguir benefícios. Marcelo Odebrecht e Otávio Azevedo, da Andrade Gutierrez, foram os primeiros a botar a mão no bolso. Eles foram capturados pela Polícia Federal em pleno inverno e, ao chegar ao CMP, sensibilizaram-se ao saber que boa parte dos detentos dos outros pavilhões só calçava chinelos e se cobria com finas mantas.

A dra. Isabel diz que não teve que convencer ninguém sobre a necessidade de ajudar os colegas de prisão. Apenas relatava as condições fora da sexta galeria. "Marcelo era muito sensível, eu conversava com ele e os outros. Eu nunca pedi, eles que pediam (coisas) pra mim. Era inverno. Comentei que estava frio, falei que eles tinham coberta e que os outros não tinham. O Otávio (Azevedo) foi o primeiro a doar. Ele mandou setecentos cobertores para o Conselho. Um dia me ligaram e falaram: 'Onde posso entregar?'."

Marcelo Odebrecht mandou um lote de calçados para os doentes psiquiátricos. "Na mesma época [Marcelo] doou alpargatas, umas trezentas, todas para os 'medidas de segurança' [presos condenados a tratamento psiquiátrico]. Só para os mais pobres da unidade. Bem depois, já era verão, ele doou dez geladeiras, inclusive para os agentes. Para todos do CMP, quase setecentos, poderem guardar a comida que sobrava no pátio de visita. Nós nunca pedimos, mas eles sempre se colocaram à disposição quando conheceram o trabalho do Conselho."

A mulher de Marcelo Odebrecht, Isabela, doou meias de lã e roupas para o Conselho da Comunidade. A empreiteira patrocinou eventos da instituição, como um encontro estadual para discutir o sistema penitenciário do Paraná e as entregas de kits dos natais de 2016, 2017 e 2018. O empreiteiro ajudava, mas não saía gastando a rodo. O evento natalino do Conselho da Comunidade distribuía todo ano salgados e doces para cerca de 11 mil presos e agentes das penitenciárias paranaenses. Na média, o Conselho gastava com o evento cerca de 45 mil reais. O empreiteiro colaborava, por meio de seu advogado, com 5 mil reais. Em 2018, já solto, diminuiu o valor da doação para 4 mil.

Houve compras que beneficiaram tanto os "lavajatos" quanto outros presos. Foi o caso das dez geladeiras. Uma delas, claro, ficou na sala dos agentes servindo à sexta galeria. As outras foram instaladas em diversas áreas do presídio, como enfermaria, hospital e ala das mulheres. Isabel Kugler diz que o dinheiro doado pela Odebrecht ia para o caixa comum do Conselho e virava benfeitorias para todos os presídios.

A solidariedade também foi justificativa para instalar chuveiros novos na ala. O Conselho comprou oito duchas e doou para o espaço para banho da galeria 6, que foi reformado. Tudo com o dinheiro do empreiteiro baiano. Segundo a advogada, a ideia fora dele. "O Marcelo se interessou pelos chuveiros quando os antigos quebraram. Foi quando trocaram os policiais pelos velhinhos [os ex-policiais foram para a quinta galeria e os idosos ocuparam as celas na sexta]. Ele tinha muito dó dos velhinhos."

Mas se havia um preso por quem a dra. Isabel nutria um sentimento especial era o ex-deputado federal baiano Luiz Argôlo. O parlamentar foi preso em 2015, quando tinha 35 anos. No início do seu período na prisão, ele só chorava. Ficava na cela lamentando a má sorte de ter sido gravado em conversas telefônicas com o doleiro Alberto Youssef falando de ilegalidades. Assim como seus colegas, ele imaginava que logo sairia dali, mas o tempo foi passando. Quando ele conheceu Isabel Kugler, viu nela a imagem de sua avó materna, Otília, com quem tanto conviveu desde a infância. A cada encontro com a dra. Isabel, Argôlo a abraçava e beijava. A advogada sempre dedicava um tempo maior a ele, que lhe contava sobre o cotidiano na cadeia e falava sobre o passado feliz na cidade de Entre Rios, na Bahia.

No domingo do dia 27 de agosto de 2017, Isabel almoçava com a família quando o telefone tocou. Era a irmã de Argôlo, para contar que d. Otília havia acabado de morrer, na Bahia. Aos prantos, ela perguntou se havia alguma chance de o irmão se despedir da matriarca. A dra. Isabel disse que sim, é um direito garantido na lei de execução penal que o preso possa sair da cadeia para o velório e enterro de um parente próximo.

Isabel largou a comida no prato e correu atrás da liberação do ex-deputado. Ligou para o juiz corregedor dos presídios estaduais, Ronaldo Sansone Guerra, que naquele momento também almoçava com a família, num restaurante de Curitiba. O magistrado orientou: "Doutora, redija um pedido formal com os dados do preso e informando o óbito e eu passo aí na sua casa para assinar a liberação". Assim foi feito. O juiz Guerra autorizou a ida de Argôlo ao velório, além de conceder seis dias para ele visitar a família. Exigiu, porém, que o detento fosse escoltado por policiais o tempo todo.

Com a liberação na mão, Isabel e sua filha Bel, que também participa dos trabalhos do Conselho da Comunidade, foram até o Complexo Médico Penal e informaram a direção do presídio sobre a liberação. Mas a saída ainda não estava resolvida. O chefe dos policiais que fazem escolta dos presos no estado, chamado Benigno, demorou a designar uma dupla para ir até a Bahia com Argôlo. Já era meio da tarde quando ele comunicou o nome dos dois policiais escolhidos. Enquanto isso, na Bahia, a irmã do ex-

-deputado enfim conseguiu comprar as três passagens aéreas com destino a Salvador no voo das 21 horas.

Mas com a demora na seleção da escolta, Argôlo e os policiais não conseguiram vencer a tempo os 33 quilômetros que separam o Complexo Médico Penal do aeroporto Afonso Pena, em São José dos Pinhais. Chegaram dez minutos após a aeronave partir. A dra. Isabel não desistiu. Pediu a Benigno, o chefe da escolta, a garantia de que aquela equipe iria para a Bahia. Ele mal havia concordado e Bel já vinha com as três passagens compradas. Ela pagou 2600 reais do próprio bolso (depois a irmã de Argôlo a reembolsou) por três lugares no voo para Salvador das cinco da manhã. Na tarde da segunda-feira, dia 28, Argôlo enfim chegou a Entre Rios, no interior da Bahia, a tempo de olhar pela última vez o rosto da avó materna.

Em 2007, Isabel Kugler Mendes se cadastrou na portaria do presídio como tantas outras mães que se enfileiravam em frente ao portão de entrada da Penitenciária de Piraquara, cidade nos arredores de Curitiba. Ela também trazia consigo comida e dois litros de refrigerante. Depois de entrar, ela despia-se e agachava três vezes sobre um espelho fixado no chão. Ela já tinha ganhado a fama de mãe dos presos, mas dessa vez entrava num presídio para visitar o filho de 37 anos.

José Augusto Mendes Paredes nasceu num lar ordenado e levava a vida confortável que um oficial militar e uma advogada podiam proporcionar a ele e seus oito irmãos. Ele não se enquadrou, porém, às regras marciais impostas pelo pai dentro de casa, e não demorou muito para Zeca Paredes descobrir que o filho era indomável. Desde cedo Guto aprontava, andando com companhias cujo comportamento os pais desaprovavam, e surgiu então a desconfiança sobre o uso de drogas.

Zeca Paredes e Isabel acharam que um bom emprego seria a tábua de salvação de Guto, até que um dia ele entrou feliz pela porta da sala anunciando que havia passado em um concurso público. "Vou ser investigador de polícia", disse, sorridente. A notícia não agradou.

O pai carregava com ele a rixa entre policiais militares e civis, e a mãe temia que o filho fosse convencido por um policial corrupto a entrar em algum esquema ilegal. Isabel começou a ver com desgosto Guto ser chamado até o portão da casa para conversar com dois delegados de fama ruim. Perguntava sempre: "O que eles tanto conversam com você que não podem falar numa delegacia?". E ele, evasivo, respondia: "Nada não, mãe. Assunto nosso". A mãe alertava: "Abre o olho, Guto". Aconteceu então o que Zeca e Isabel temiam.

Em 21 de dezembro de 2006, José Augusto foi preso acusado de tráfico de drogas e extorsão. Segundo os policiais que o prenderam, ele e os comparsas monitoravam traficantes que transportavam um carregamento de maconha e cocaína. Acompanharam todo o trajeto dos criminosos com a droga, que passou por uma propriedade numa área rural até uma padaria em Curitiba. Então, deram o bote nos bandidos, anunciando a prisão, mas daí para a frente se comprovaram as suspeitas dos investigadores de que cobravam suborno pela soltura dos traficantes e vendiam a carga apreendida para outra quadrilha.

Guto ficou preso por cinco anos. Durante todo esse tempo, Isabel foi visitá-lo no presídio. Levava junto consigo a neta, de dois anos, que não entendia direito onde o pai morava. Para a netinha não se abalar com a revista íntima, Isabel levava junto com ela uma roupinha de princesa. Quando a agente penitenciária obrigava a criança a se despir, a avó tratava de dizer que ela estava nua porque precisava vestir-se de princesa para ver o papai na festa em que ele estava. A menininha entrava na dança. Isso durou até o final, quando Guto conseguiu progredir de regime e cumprir em casa o restante da pena, com a condição de que se apresentasse à Justiça periodicamente.

Mas, em 2016, Guto voltou a ser preso depois de faltar a uma das apresentações obrigatórias à Justiça. Dessa vez, ele foi parar no Complexo Médico Penal, na quinta galeria, o pavilhão abaixo da ala onde vivem os presos da Lava Jato. Lá, não foram os presos de classe alta que o recepcionaram bem. Foram os detentos das galerias 3 e 4 e até mesmo um grupo de doentes psiquiátricos que se mobilizaram para dar as boas-vindas ao filho da "mãe dos presos". Eles fizeram um rateio para juntar material de higiene, roupas e alimentos. Não que Guto precisasse dessa ajuda, mas o gesto era para demonstrar gratidão à dra. Isabel. Guto era irmão dos presos.

FREI BONIFÁCIO

Frei Bonifácio está sentado numa cadeira e se curva para a frente com os ombros encolhidos, os olhos fechados bem apertados e a cabeça inclinada. Tem na mão direita um crucifixo prateado e um pequeno recipiente de vidro com água benta. "Sente aqui na minha frente, meu filho", ordena ele com a voz rouca. Balança o corpo para a frente e para trás e então a passa a recitar uma oração com frases rimadas. Sua língua desponta às vezes para fora da boca murcha, que está em formato de bico, fazendo parecer a boca de um desdentado. Quem está a sua frente assiste calado. O frei então, sem abrir os olhos um instante sequer, abre o vidrinho com o líquido amarelado, derrama um pouco nos dedos e depois passa a poção nos pulsos e na testa de quem o observa. A sessão termina quando o interlocutor ouve a bênção que concede proteção divina no seu caminho.

Ao acabar o ato, o líder espiritual tem um espasmo como quem leva um choque. Seus ombros relaxam. Ele abre os olhos e mira ao redor como se tentasse reconhecer o lugar. A voz não está mais rouca, mas ele passa a ter pigarros em sequência, como quem tenta limpar a garganta. Frei Bonifácio havia ido embora.

Nassib Abdo Abage Filho, homem que diz encarnar Frei Bonifácio, é dono de um tradicional antiquário no centro de Curitiba. Fez fama na cidade por causa dos atendimentos mediúnicos. Os contatos com o espírito do religioso começaram aos treze anos de idade. "Imagine, meu filho, apareceu na minha frente a imagem do Frei Bonifácio de mãos juntas. Eu só via da cintura para cima. Eu não falei nada para meu pai. Tinha medo. Imagina o sofrimento?", pergunta. O espírito, segundo ele, disse que o motivo da visita era que em outras encarnações os dois haviam se cruzado e agora, nesta vida, Nassib seria o instrumento das mensagens do religioso.

As almas de Nassib e Frei Bonifácio se encontraram com as dos presos da Lava Jato no segundo semestre de 2015. Isabel Kugler, preocupada com a saúde espiritual de Renato Duque, pediu ajuda ao médium. O ex-diretor da Petrobras, que chegou à cadeia dizendo que não ficaria muito tempo ali, já tinha percebido que não sairia tão cedo e foi tomado por profundo abatimento. A melancolia do burocrata preocupou a advogada, que temia que ele desse cabo da própria vida. A dra. Isabel avaliou que estava fora do mundo terreno a ajuda a Duque.

Na sua caminhada espiritual, Nassib já havia frequentado presídios, mas tinha desistido das visitas depois que quatro jovens atendidos por ele escaparam de um centro de ressocialização, roubaram um carro com um idoso ao volante e depois assassinaram a vítima a sangue-frio. O episódio abalou sua convicção de que todas as almas mereciam ajuda, ou melhor, o auxílio do Frei Bonifácio. O médium voltou a atender criminosos, mas dessa vez os de colarinho-branco. A direção da cadeia providenciou uma cela vazia na sexta galeria para que Nassib fizesse sua consulta espiritual aos detentos. O primeiro, claro, foi Renato Duque. Os outros também pediram para receber o conforto vindo do espírito que ele diz incorporar.

Nassib chegou à carceragem levando trezentos pequenos crucifixos prateados para distribuir entre os presos. Também deu alguns livros de oração aos detentos da Lava Jato. Certa vez, chegou ao presídio no dia em que Otávio Azevedo, católico fervoroso, fazia aniversário. O empreiteiro, presidente da holding da Andrade Gutierrez, se ajoelhou chorando em frente ao espírita. Falou sobre o sentimento de vergonha que tinha perante os irmãos e o resto da família e que estava tentando entender a razão de Deus tê-lo colocado ali. Recebeu palavras de conforto de Nassib e uma bênção de Frei Bonifácio.

Antes dos atendimentos, Nassib fazia uma roda em que os presos da ala rezavam juntos. Um dos detentos, sem ligação com a Lava Jato, acompanhava as preces tocando violão. Nassib não lembra o nome dele. Já os detentos da Lava Jato que ele atendeu estão listados num papel em seu escritório no antiquário, que é também o casarão onde mora. A relação mostra que ele deu apoio a Renato Duque, Fernando Baiano, Otávio Azevedo e outros tantos. O ex-deputado baiano Luiz Argôlo era um dos mais crentes. Chegou a montar um altar dentro da cela. O espírita também conta que José Dirceu, Marcelo Odebrecht e João Vaccari Neto não se encontraram com Frei Bonifácio. Os petistas e o engenheiro, segundo ele, não acreditam na existência de um Deus ou na possibilidade de vida após a morte.

Nassib tem outro guia além de Frei Bonifácio: o presidente sírio Bashar al-Assad, que comanda com braço de ferro a terra dos antepassados do espírita. Fotos do autocrata estampam as paredes do antiquário, onde até o dia do nosso encontro funcionava também o Consulado da Síria em Curitiba. Havia planos para mudança de lugar. "Ele [Bashar Al-assad] é meu ídolo. Conheci pessoalmente. É uma pessoa maravilhosa." Uma semana antes da nossa conversa, em abril de 2018, um ataque com armas químicas vitimou crianças sírias e Assad foi acusado pelos Estados Unidos de ser o responsável, junto com a Rússia. Nassib tem convicção de que o líder oficial de seu país é inocente. "Isso é coisa dos Estados Unidos, filho. Foram eles que fizeram aquilo."

O conflito na Síria fez com que um primo distante aparecesse em Curitiba pedindo refúgio. Kaysar Dadour, um rapaz de 28 anos, saiu de Alepo, na Síria, procurando um pouco mais de paz em Odessa, no sul da Ucrânia. A tranquilidade, porém, não chegou. Voltando do trabalho topou com uma gangue nacionalista que reconheceu traços árabes em seu rosto e implicou com o crucifixo no pescoço. O bando espancou Kaysar até quebrar sua perna direita em quatro partes e o braço esquerdo em três. Ele teve então a ideia de emigrar para o Brasil, um lugar ainda mais distante e com fama de pacífico. Ligou para os pais em Alepo e pediu o contato do tio Nassib, que além de antiquário e médium acumulava também o cargo de cônsul honorário da Síria no país. Tio Nassib então comunicou à Embaixada brasileira na Ucrânia a situação do sobrinho, que foi liberado para viajar para Curitiba.

Kaysar passou a morar num dos quartos da casa do espírita. Para retribuir a guarida, trabalhava como atendente na loja de antiguidades. Mais tarde, passou a fazer bico de garçom num hotel. Em janeiro de 2018, o rapaz foi escolhido para participar do *Big Brother Brasil*, da TV Globo.

Foi então que Nassib largou os presos da Lava Jato para acompanhar o parente candidato a famoso. Foi integrante da torcida uniformizada em todo "paredão" — a fase eliminatória do reality show —, deu entrevistas a programas de fofoca e funcionava como um representante do sobrinho confinado no estúdio da Globo. Kaysar acabou em segundo lugar na competição e levou um prêmio de 150 mil reais, mais dois carros que ganhou em provas durante o programa — a vencedora levou 1,5 milhão de reais para casa.

Nassib parecia se divertir com a notoriedade repentina. Mostrava entrevistas que deu, sempre sorrindo, a jornalistas que se ocupam da vida de subcelebridades. Fez elogios à TV Globo, mas não esqueceu de também elogiar os presos da Lava Jato. Todos muito cordiais, segundo ele. Nassib disse que sua relação fraterna com os presos era por causa da espiritualidade que o ensinou a amar a todas as pessoas, mesmo os criminosos. "É esse o ensinamento de Deus", disse.

Mas um suvenir no seu escritório sugere que no coração dele há espaço também para uma antipatia. Acima da sua mesa de trabalho há um bonequinho vestido de presidiário confinado numa jaula de dez centímetros de altura. O médium ainda trancou a pequena portinha gradeada com um cadeado de tamanho real e colocou um papel colado com durex indicando o nome do boneco: Lulinha. Perguntado sobre a razão daquela referência ao ex-presidente da República, que naquela semana havia sido preso pela Operação Lava Jato e enviado para a PF de Curitiba, ele respondeu, desconfiado: "Você não é petista não, né?".

CARCEREIROS

O agente penitenciário Toninho escolheu Marcelo Odebrecht para sua primeira conversa com o advogado depois da transferência para o Complexo Médico Penal. Até então, preso e carcereiro não tinham trocado uma palavra sequer. Quando se preparava para levar Marcelo de volta para a cela, Toninho percebeu que o empreiteiro trazia no braço um reluzente relógio de ponteiros. "Que relógio é esse aí?", perguntou.

Marcelo Odebrecht contou que havia conversado com o advogado sobre a possibilidade de ter um relógio de pulso dentro do presídio e ouviu que, ao contrário do que acontecia na PF, ali no CMP era, sim, permitido usar o acessório. O defensor, para agradar o cliente, retirou o próprio relógio do pulso e entregou ao empreiteiro. Toninho fechou a cara e perguntou: "Você quer se foder aqui dentro? Se foder só, não. Se foder, me foder e foder todo mundo, né?". O empresário, sem entender nada, perguntou a razão daquilo e ouviu o óbvio: "Olha aqui, se eu deixo você entrar na cadeia com um relógio que vale um carro, vai ter fila de vagabundo para arrancar seu braço fora. Você pode entrar com um relógio porcaria, desses que não valem nada e só servem pra marcar a hora, que é o que interessa. Esse aí de jeito nenhum. Você vai me arrumar um puta problema", disse. Toninho mal terminara de falar e Marcelo já havia retirado o relógio do pulso, que foi devolvido ao advogado.

Toninho tem mais de 25 anos no sistema penal paranaense, fez graduação em serviço social, é considerado um dos agentes mais experientes e capacitados do estado. Mas não havia como estar preparado para o ineditismo de receber um grupo de presos como aquele. A cada semana chegavam novos detentos com gorda conta bancária e credenciais importantes. Se os carcereiros nunca tinham lidado com um grupo de presos assim, os detentos novatos também não sabiam como se comportar no ambiente da cadeia. Além disso, era impossível prever como os criminosos comuns iriam tratar os "lavajatos".

Toninho, atento, percebeu que criminosos perigosos estavam excessivamente receptivos aos novos colegas. Era preciso aplicar uma vacina de cautela nos empreiteiros. Chamou Léo Pinheiro de lado e perguntou o que tinha achado do preso com quem havia acabado de conversar. O ex-presidente da OAS foi só elogios ao colega de pavilhão. "Pois é, mas já matou oito. Aqui não tem ninguém bonzinho", disse Toninho em tom de alerta. E aos poucos foi chegando a cada um pessoalmente para deixar claro quem eram seus colegas de presídio. Sintetizou para um dos empresários: "Aqui parece calmo, mas tem de tudo. Aqui dentro tem preso maluco, preso doente, preso faccionado, preso estuprador, preso de seguro e ainda resolveram colocar aqui os magnatas da Lava Jato. Isto aqui foi feito pra dar merda", resumiu.

Como os presos da Lava Jato não tinham potencial violento, não representavam risco de fuga e tinham educação muito acima da média dos outros internos, os agentes penitenciários acabaram relaxando no trato com eles. A cordialidade e atenção dispensadas aos internos da sexta galeria não se repetiam em outras alas. Não era raro que os funcionários participassem de rodas de conversa com eles e às vezes até aceitassem provar porções de alimentos trazidos pelos familiares.

Toninho observou que os presos da Lava Jato estavam divididos em blocos. Os empreiteiros da OAS ficavam fechados entre eles, assim como os da Odebrecht. Duque, Zelada e outros ex-funcionários da Petrobras formaram um grupo. O braço político tinha os ex-deputados José Dirceu, Luiz Argôlo, André Vargas e o ex-tesoureiro petista João Vaccari Neto. Ele ficou pensando em como furar essas bolhas. A solução estava nos dois ocupantes da cela 607.

Os lobistas Adir Assad e Fernando Baiano circulavam muito bem por todas as turmas, habilidade natural de quem faz lobby.

Toninho resolveu então chamar, em separado, cada um deles para uma conversa. "Adir, é o seguinte. Eu preciso de você. Não posso ser surpreendido aqui dentro. Não vai ser bom nem para mim nem para vocês que alguma coisa aconteça nas minhas costas. Mas não adianta eu conversar com todo mundo. Eu quero ficar sabendo das coisas por você. Se acontecer alguma coisa fora da caminhada normal, quero que você me conte." "Claro, Toninho, aqui é você quem manda. Por mim é trato fechado", respondeu Adir.

Baiano também topou desempenhar o papel de leva e traz. Não era muito diferente do que já fazia como lobista, amarrando fios soltos e juntando interesses. Em contrapartida, Adir e Baiano se tornaram os interlocutores do grupo da Lava Jato com os agentes penitenciários e a direção do presídio. Diferentemente do que acontece com os presos comuns, que são mortos caso se descubra que são informantes, os outros "lavajatos" levaram o fato numa boa e até usavam os dois "oficialmente" como canal para fazer chegar aos funcionários as ocorrências do pavilhão.

A ascendência de Baiano sobre os outros presos se impunha por sua habilidade em enxergar soluções para problemas que atormentavam a todos. Como na carreira de lobista, seu trunfo era ser a ponte entre quem tinha dinheiro e quem tinha poder e, assim, montou uma engrenagem para que obras e benfeitorias na ala não ficassem travadas por problemas burocráticos.

A fama de desentortador de pepinos não demorou a se espalhar. Em abril de 2015, um mês após a primeira leva de presos da Lava Jato chegar ao CMP, um problema numa das caldeiras fez com que o fornecimento de água quente na sexta galeria fosse interrompido. Os detentos da Lava Jato chiaram assim que a primeira gota de água fria caiu do chuveiro, mas a direção do presídio não deu um prognóstico de quando o problema seria solucionado. As obras, eles foram avisados, seguiriam o ritmo da administração pública. Portanto, a perspectiva não era boa. O inverno estava se aproximando e os presos da Lava Jato se mexeram. Sérgio Cunha Mendes, dono da Mendes Júnior, havia se colocado à disposição para patrocinar o conserto, mas descobriu que as empreiteiras não poderiam custear oficialmente obras no presídio. Foi então que Fernando Baiano descobriu uma alternativa.

Passou a assediar a advogada Isabel Kugler Mendes, presidente do Conselho da Comunidade, justamente a instituição com a prerrogativa de acompanhar a execução penal e fiscalizar as condições de vida dentro do sistema prisional da região metropolitana de Curitiba. Como dito anteriormente, foi Baiano quem montou com sucesso a operação "banho quente": a Mendes Júnior, por meio de um advogado, doou o dinheiro da reforma para o Conselho da Comunidade, que, por sua vez, patrocinou o conserto da caldeira no CMP. O banho quente voltou, para a alegria dos presos.

Adir e Baiano pensavam seriamente em fazer delação premiada e temiam estar sendo monitorados no parlatório ou até em outras áreas do presídio. Ambos desconfiavam de que os diálogos que tinham no CMP estavam vazando para os investigadores da Lava Jato. Levaram a dúvida para Toninho, que os tranquilizou: "Vocês precisam se cuidar. Não tem grampo, mas vocês têm que tomar cuidado na conversa entre vocês. Não são só vocês dois que pensam em delação, né? Deve ter mais gente. E pra salvar a própria pele uma pessoa pode usar as informações que sabe de vocês".

Baiano não se mostrava preocupado em trair antigos aliados, mas Adir, sim. Sabia que delatar significava colocar outras pessoas na cadeia. Toninho disse que o tempo corria contra o delator. "Quem chega primeiro toma água limpa, Adir. Quem decide é você, mas a situação é cada vez mais complicada. Quem delata primeiro pode fazer acordos melhores", completou. A conta do agente penitenciário estava correta e tanto Adir quanto Baiano optaram pela delação.

Adir, inclusive, tomou coragem e contou em seu acordo com o Ministério Público Federal que, durante sua estada no Complexo Médico Federal, recebera proposta de suborno de Otávio Azevedo e Flávio Barra, respectivamente presidente e diretor da Andrade Gutierrez, no valor de 10 milhões de dólares para que não falasse sobre a lavagem de dinheiro na CCR, concessionária de rodovias que tinha a Andrade como sócia. E como sua testemunha dessa tentativa de suborno apontou justamente o amigo Fernando Baiano.

Há entre os funcionários da segurança pública uma aversão aos políticos do PT, tradicionalmente ligados a causas de defesa dos direitos humanos, vistas como um jeito de favorecer bandidos. Mesmo com esse tipo de indisposição, nenhum agente fez algo concreto contra os políticos do partido presos no complexo, como João Vaccari Neto e José Dirceu. E houve o curioso caso de um político que foi recebido com deferência pelos funcionários do CMP. O ex-senador Gim Argello, preso na fase Vitória de Pirro da Lava Jato, contou com a gratidão dos carcereiros, porque fora o relator do projeto de lei que permitiu o porte de arma a agentes penitenciários. Depois de dois anos de vaivém no Parlamento e no Palácio do Planalto, em 2014, enfim, a presidente Dilma Rousseff sancionou a lei federal que define que os agentes penitenciários podem carregar uma arma de fogo fora do ambiente de trabalho. Essa era uma antiga reivindicação da categoria. Os carcereiros reconheciam o esforço de Gim Argello na aprovação do projeto e o tratavam o tempo todo por senador. Argello tinha seus pedidos sempre atendidos, sua cela raramente era revistada e os agentes faziam vista grossa para a quantidade de mantimentos que a família dele levava. Também eram menos invasivos na revista íntima de seus familiares e mais generosos no tempo concedido com parentes e advogados.

Os carcereiros são a parte mais importante do sistema carcerário. Desarmados, esses homens e mulheres encaram criminosos que se amontoam em celas insuficientes e sem estrutura. Se acontece um problema, como uma tentativa de fuga ou rebelião, o que lhes resta é acionar o rádio para que sejam socorridos por colegas igualmente desarmados. Em casos extremos, chamam reforço policial ou o SOE (Seção de Operações Especiais), um grupo formado pelo Departamento Penitenciário do Paraná especializado em intervenções em presídios. Mas quando chega a esse ponto é porque o pior já aconteceu.

A principal ferramenta de trabalho do carcereiro é o diálogo. Não por acaso, com o tempo ganham uma sagacidade incomum. Para sobreviver no ambiente hostil da cadeia é preciso antever os problemas e saber como contorná-los. É como se deparar com uma bomba-relógio. Depois de saber onde está, é preciso cuidado para desativá-la sem acionar o mecanismo que a faz explodir.

Um pavilhão excessivamente barulhento ou silencioso demais é sinal de que há algo sendo planejado — uma fuga, um assassinato, uma rebelião. E a atenção dos funcionários não se limita aos presos, mas também aos visitantes. E aí novamente a Lava Jato apresentou situações muito singulares. Nas primeiras visitas de seus familiares, Toninho percebeu um excesso de decotes e transparências nas roupas de uma das esposas e achou por bem alertar o marido. "Peça para sua mulher que se vista com mais discrição. Não é bom chamar a atenção dentro de uma cadeia." Na semana seguinte, ela apareceu com o corpo todo coberto.

A quantidade de carros pretos blindados chegando ao estacionamento do CMP também foi alvo de crítica do carcereiro, que reuniu o grupo e deu uma orientação. "Olha, gente, pelo bem de vocês e da família de vocês, quanto menos atenção seus parentes despertarem na porta da cadeia, melhor. Vocês estão vacilando, deixando as mulheres e filhos de vocês virem para cá com carrões pretos, insulfilmados. Porra, nem precisa ser um vagabundo muito esperto pra saber que ali dentro tem um bilhete de loteria premiado. Vocês deveriam falar para as suas senhoras virem para cá em carros normais, discretos. Vocês já estão muito expostos. Não precisam levantar ainda mais bandeira, concordam?" Todos concordaram. Foi o fim dos carros pretos com vidros escurecidos lotando o estacionamento.

Toninho notou também que os familiares saíam muito deprimidos do encontro. Propôs uma roda de oração no momento da despedida. A reza ajudava os parentes a irem embora mais otimistas. Ele acompanhava as mulheres e os filhos visivelmente mais abatidos até a saída. Fazia questão de salientar que seus maridos estavam vivendo com dignidade e que a segurança ali dentro era absoluta. Muitas ficavam mais aliviadas depois da conversa com o "seu Toninho".

No Complexo Médico Penal são, ao todo, 110 agentes penitenciários responsáveis pela custódia de mais de 1200 presos. Eles são divididos em três plantões e, em alguns casos, ficam apenas treze agentes durante o dia e seis durante a noite para vigiar detentos das seis alas masculinas e da galeria feminina. O Conselho Nacional de Política Criminal e Penitenciária, órgão do Ministério da Justiça, aponta que a proporção ideal é de, no máximo, cinco presos por agente. Mas no Complexo Médico Penal não é raro um agente se responsabilizar por uma ala com mais de duzentos detentos. Funcionários também relatam que há falta de material, como algemas, e que a quantidade insuficiente de agentes faz com que procedimentos de segurança sejam ignorados. Muitas vezes um carcereiro deixa a ala sozinha para levar um preso ao médico, por exemplo.

A variedade de perfis dos detentos do CMP faz com que os agentes desempenhem funções que em outras cadeias não desempenhariam. Os carcereiros ajudam enfermeiros e médicos em tarefas como carregar, lavar e medicar doentes e feridos. Há internos que precisam ser amarrados na cama por causa de surtos psicóticos. Nas enfermarias há pacientes com tuberculose, aids, muitos que desenvolvem escaras nas costas, coxas e nádegas por permanecerem sentados ou deitados por longos períodos. A movimentação de presos entrando e saindo é muito alta, acima da de qualquer outro presídio.

Apesar de as condições não serem as ideais, houve poucas ocorrências graves no CMP após a chegada dos alvos do Petrolão. Em 2016, aconteceu um motim na ala feminina, mas sem maiores consequências. Uma presa grávida chamada Luzinete se descontrolou durante uma discussão, empurrou uma agente para dentro da cela e a trancou lá. O inusitado é que a refém ficou dentro do xadrez e as detentas amotinadas do lado de fora, sem acesso à sua subjugada, pois a chave do cadeado sumira. A polícia chegou e acabou com a rebelião na base da negociação. A soltura da agente, porém, demorou um pouco mais porque ninguém encontrava a tal chave.

No entanto, esse caso não reflete os riscos de se trabalhar numa prisão. O carcereiro Toninho sabe bem o que significa virar refém em uma rebelião. Em janeiro de 2010 ele foi rendido por detentos da Penitenciária Central do Estado (PCE), em Piraquara. O motim foi registrado pela imprensa como um dos mais violentos da história do Paraná. Toninho e outros dois agentes foram dominados por detentos furiosos com a transferência de estupradores e assassinos de crianças para o local. As imagens feitas pela afiliada paranaense da TV Bandeirantes mostraram Toninho, atônito, sendo libertado por dois presos com a condição de que levasse à polícia as reivindicações dos amotinados. A revolta terminou com cinco presos mortos, uns carbonizados, outros perfurados por estoques (facas improvisadas) e um deles degolado, cuja cabeça foi exibida numa bandeja pelos líderes da rebelião.

A exposição diária de episódios de violência e sofrimento e a percepção de ameaça têm um custo alto na saúde dos funcionários. Uma pesquisa feita em 2016, encomendada pelo Sindarspen (Sindicato dos Agentes Penitenciários do Paraná), revelou que 66,4% dos agentes penitenciários do estado afirmam ter algum problema de saúde e 46,2% já foram realmente diagnosticados com alguma doença decorrente da atividade profissional, como hipertensão, dor de cabeça, insônia e depressão, estresse, ansiedade e obesidade. O estudo mostrou também que 96% estão insatisfeitos com os equipamentos de segurança e de proteção individual e coletiva disponibilizados, e 89% se dizem descontentes com a capacitação oferecida pelo estado. Quase 80% dos carcereiros consideram que a sociedade tem uma imagem inadequada sobre o seu trabalho. Num quadro tão adverso, muitos acabam se entregando ao consumo excessivo de bebidas alcoólicas.

Em setembro de 2017, o Ministério Público do Trabalho visitou as 33 unidades penais do Paraná, reunindo fotos e documentos sobre a situação do ambiente laboral dos agentes penitenciários. Com as provas da insalubridade, os procuradores ajuizaram uma ação civil pública que resultou num acordo entre o Departamento Penitenciário do Paraná e a Justiça do Trabalho, em que o Depen se compromete a cumprir dezenove itens de melhorias nos locais de trabalho, sob pena de multa de 10 milhões de reais em caso de descumprimento.[1]

O salário inicial de um agente penitenciário no Paraná é de cerca de 4 mil reais e no final da carreira pode chegar a 10 mil. Não é baixo, levando em conta o custo de vida em Curitiba e sua região metropolitana, mais barato do que nas capitais do Sudeste, mas, ainda assim, boa parte faz bico como segurança para complementar a renda.

Os empreiteiros presos da Lava Jato sabiam que lidar com gente muito rica era algo completamente fora do comum para os que trabalham no sistema penitenciário e tentavam seduzi-los colocando-se à disposição para "ajudá-los". Léo Pinheiro, acionista da OAS, e Sérgio Mendes, dono da Mendes Júnior, não perdiam oportunidade de dizer aos funcionários do CMP que poderiam "fazer o possível" caso precisassem de algo. Era uma tentação, sobretudo quando as pessoas sentiam o efeito de uma enorme crise econômica.

O diretor Marcos Muller estava atravessando um momento difícil na família quando os presos da Lava Jato chegaram ao presídio. Seu irmão, engenheiro de formação, havia sido demitido e a ruína financeira fez com que se hospedasse na casa do diretor. Muller saía de casa para o trabalho cedinho, junto com o irmão que, incansavelmente, procurava uma vaga de emprego. No final do dia, o diretor encontrava-o decepcionado com mais uma rodada de tentativas frustradas. Enquanto isso, ouvia dos empreiteiros que, caso precisasse de algo, poderia contar com eles.

Muller chegou a ponderar se haveria algo errado em comentar com algum deles que o irmão era engenheiro, que era dedicado e qualificado e estava de currículo na mão tentando um lugar no mercado de trabalho. Certamente qualquer um dos empreiteiros haveria de encontrar uma vaga no departamento de engenharia de sua construtora. Mas o diretor do Complexo Médico Penal resistiu e nunca falou sobre o drama familiar dentro da cadeia.

Aos carcereiros que estavam diretamente em contato com os presos o assédio era mais direto. Fernando Baiano usava uma tática para oferecer um agrado aos agentes. Primeiro falava das maravilhas do Rio de Janeiro, depois comentava sobre a animação da cidade durante o Carnaval para, em seguida, convidar o carcereiro a passar férias em sua mansão na capital fluminense. Não se sabe se algum deles alguma vez aceitou o insistente convite de Baiano.

Na sexta-feira do dia 16 de outubro de 2015, Alexandrino Alencar, o diretor da Odebrecht que era o elo com o ex-presidente Lula, foi avisado de que sairia da prisão graças a uma decisão liminar do ministro Teori Zavascki, do Supremo Tribunal Federal. Alexandrino nem se preocupou em fazer um pacote para levar suas coisas, deixou tudo. Conversou um pouco com Marcelo Odebrecht e outros executivos do grupo que ficariam na cadeia por mais tempo, disse algumas palavras de apoio e prometeu tranquilizar suas famílias, dizendo que a situação no CMP não era das piores e que estavam em segurança. Depois, despediu-se dos outros detentos da Lava Jato e demais colegas de pavilhão. Foi aplaudido pelos que ficaram, um costume em grande parte das cadeias. Já havia cruzado o portão em direção à liberdade quando percebeu que havia se esquecido de se despedir de Toninho. Deu meia-volta. O aperto de mão entre Alexandrino e Toninho estampou a capa do jornal *O Estado de S. Paulo* do dia 17 de outubro de 2015.

O diálogo entre agentes e presos foi sempre estimulado por Marcos Muller, que repetia aos seus comandados que uma boa conversa podia evitar dores de cabeça, ao contrário da truculência, que só tinha potencial para gerar problemas. "O agente não pode ser um pamonha com o preso, mas ele também não ganha respeito chegando na ignorância. A conversa é sempre o melhor caminho", diz Muller.

As gestões de Marcos Marcelo Muller e de seu sucessor, Roberto da Cunha Saraiva, foram parecidas no aspecto do bom diálogo com os presos da Lava Jato e seus familiares. Mas no final de 2016, quando Saraiva foi substituído por Jeferson Domingues Walkiu, esse tratamento mudou.

Assim que assumiu, Walkiu revogou algumas medidas que atendiam a reivindicações banais dos parentes dos presos. Um exemplo foi o cancelamento da permissão para que os alimentos levados para os detentos pela família fossem divididos em potes individuais, separando arroz, feijão e carne, por exemplo. Mulheres e filhos reclamavam que acondicionar tudo junto dava um aspecto ruim à comida. A direção anterior não viu problema em atender o pedido, mas Walkiu fez questão de que a regra voltasse ao que era anteriormente. Com ela, o molho do feijão iria se misturar ao resto da comida.

Houve também a troca do chefe de segurança. Assumiu Manoel, que não era chegado a conversa. O novo comandante dos carcereiros andava invocado pelos pavilhões, fungando, equilibrando uma imensa barriga que avançava pelo colete preto de agente penitenciário. Manoel é um negro largo e forte, mas que passa a impressão de ser incapaz de correr atrás de alguém. A careca lustrosa e o bigode acinzentado renderam a ele o apelido de B.A., referência ao personagem B.A. Baracus, do seriado americano *Esquadrão Classe A*, sucesso no Brasil na década de 1980. O mau humor também ajudava a compor o personagem.

Manoel torcia para que o ex-presidente Lula fosse em algum momento seu custodiado no CMP. "Ele tem que ser tratado como um preso comum. Não tem nada de cela especial para ele, não. Tem que colocar esse cara junto com os outros", disse durante uma visita que fiz à sexta galeria, em abril de 2018. Na ocasião, as duas salas dos agentes penitenciários que ficam logo após o portão de entrada estavam sendo reformadas para virar uma sala de Estado-Maior, adequada para receber um ex-chefe de Estado. O então diretor-geral do Depen, Luiz Alberto Cartaxo Moura, vinha fazendo de tudo para convencer Sergio Moro de que o lugar ideal para Lula era o Complexo Médico Penal. Em entrevista à *Folha de S.Paulo*, ele garantiu que havia condições para receber o petista no presídio em Pinhais. "O espaço para ele está pronto. Isso existe. E ele terá prerrogativa de ex-presidente", disse Cartaxo. "Na Polícia Federal ele não tem possibilidade de estudar, possibilidade de trabalhar, possibilidade de ter remissão pela leitura [abatimento de dias de pena a cada livro lido]. A área em que ele ficaria seria absolutamente segura."[2]

Ficar responsável pela custódia do ex-presidente significaria uma visibilidade com a qual o diretor do Depen sonhava. Já a maior parte dos funcionários do CMP entendia que junto com Lula viria uma quantidade razoável de problemas, entre eles a presença de manifestantes acampando nos arredores do Complexo, um número grande de autoridades e pessoas famosas que viriam visitá-lo e a cobertura diária da imprensa.

Mas não era prudente contrariar a vontade de Cartaxo. Roberto da Cunha Saraiva, o antecessor de Walkiu, havia perdido o cargo justamente por resistir à ideia de receber Lula no CMP. Walkiu, quando perguntado sobre o assunto, recusava-se a responder. Não que os holofotes fossem algo novo para ele. Walkiu tinha status de celebridade no meio prisional paranaense por ter protagonizado o documentário *A gente*, último filme da trilogia do cineasta Aly Muritiba, um ex-agente penitenciário que retratou com brilhantismo o tempo em uma cadeia — a série começa com os curtas-metragens *O pátio* e *A fábrica*. *A gente* mostra o cotidiano de Walkiu quando era chefe de segurança de presídio e sua dupla jornada como pastor de uma igreja evangélica.

O CMP abriga os presos da Lava Jato desde 2015 e, até hoje, houve três trocas no comando no presídio. Foram diretores-gerais do CMP Marcos Marcelo Muller, Roberto Saraiva, Jeferson Walkiu e o atual, Samuel Moreira. Muller saiu do cargo em 2015, após processo administrativo em que foi acusado de privilegiar presos da Lava Jato.[3]

PARCEIROS DA PRISÃO

No Complexo Médico Penal é permitido um aparelho de TV em cada cela e, de certa forma, a televisão serve para acalmar o presídio. Para quem está confinado, é uma forma de contato com o mundo exterior. Jogo de futebol, programas religiosos e novelas são os preferidos dos presos comuns, mas para os detentos da Lava Jato o campeão de audiência é o *Jornal Nacional*. Dia sim e outro também um dos internos da sexta galeria protagonizava o noticiário da TV Globo. Já tinha virado piada. "Hoje eu apareci mais que você", diziam uns para os outros com ar de chacota. O problema é que a televisão dentro do CMP pegava muito mal, sobretudo a Globo.

Os aparelhos de TV comprados pelas empreiteiras eram de primeira linha, pois os televisores permitidos podiam ter até vinte polegadas e não havia restrições a marcas. Os presos do Petrolão receberam TVs com processadores modernos, imagem em HD e entrada USB, que possibilitava a reprodução do conteúdo de pendrives — estes, sim, proibidos pela direção, mas contrabandeados para dentro das celas. O problema é que pouco adiantava tanta modernidade com a captação do sinal sendo feita de maneira improvisada. As antenas consistiam em fios enroscados em cabos de vassoura equilibrados de maneira que despontavam pelas janelas das celas. O resultado eram imagens com sombra, telas distorcidas, programas que saíam do ar repentinamente e toda sorte de chiados e interferências.

A situação parecia insolúvel até que o lobista Fernando Soares, mais conhecido como Baiano, entrou na jogada. Ele sabia que na sexta galeria havia um preso que podia dar um jeito naquilo. Marlon Balem Janke havia trabalhado na empresa Centronic Segurança e Vigilância, da área de segurança privada. Além de atuar como vigilante, Marlon também fazia a instalação de câmeras e aparelhos de monitoramento. Baiano combinou com o ex-vigia que conseguiria o material necessário se ele topasse fazer a instalação, mas o trabalho não seria pequeno. "Não dá pra ser só pra nós. Tem que ser para todo mundo." Baiano iria negociar o benefício para todo o bloco, ou seja, para as 64 celas das galerias 5 e 6. Marlon topou. Sua única exigência foi ter a ajuda de outro preso da oficina da cadeia durante os trabalhos. Negócio fechado.

Quando fez acordo com Fernando Baiano, em 2015, Marlon já havia completado oito anos preso por torturar e matar o estudante Bruno Strobel Coelho Santos, caso que chocou o Paraná. Bruno, então com dezenove anos, desaparecera no dia 2 de outubro de 2007 na região do bairro Alto da Glória, em Curitiba. O desespero do pai, o cronista esportivo Vinícius Coelho, repercutiu na imprensa local. Não demorou para que a polícia chegasse até Marlon. O delegado Jairo Estorílio, responsável pelo caso, descobriu que no dia e local em que Bruno sumiu o alarme de uma clínica médica havia soado. O estabelecimento era protegido pela Centronic Segurança e Vigilância.

Marlon e outro vigilante confessaram o crime. Disseram que capturaram Bruno após ele ter pichado a parede da clínica, o que fez soar o alarme. Eles colocaram o rapaz num carro da empresa e o levaram até a sede da Centronic. Lá, jogaram tinta no rapaz, amordaçaram-no e enfiaram um saco plástico em sua cabeça para sufocá-lo. Marlon reproduziu as cenas de tortura do filme *Tropa de elite*, que ele tinha assistido oito vezes. Segundo o assassino, o rapaz foi morto com um tiro na nuca porque cada vez que terminava uma sessão de tortura o garoto prometia denunciar seus carrascos. Apesar do crime hediondo, na cadeia Marlon apresentava bom comportamento e se relacionava bem com os presos, inclusive os da Lava Jato, e, sobretudo, Fernando Baiano.

Marlon passou a lista do material que precisaria para instalar a antena e os televisores. Elencou fios, conectores, uma antena grande para captar o sinal e um aparelho repetidor, que receberia o sinal da antena, aumentaria sua potência para distribuí-lo para as 64 TVs das duas alas. Baiano, com a lista em mãos, foi falar com Toninho. "Vocês sabem que não pode entrar dinheiro de vocês aqui", disse o agente penitenciário. Mas Baiano sabia qual caminho percorrer.

Na mesma semana ele marcou uma reunião com a advogada Isabel Kugler Mendes. A conversa foi boa. Baiano entregou a lista para ela e o material chegou com rapidez. Nem ela nem Fernando Baiano me explicaram quem pagou pelos equipamentos. Com tudo na mão, um dos presos da oficina foi designado para ajudar Marlon. Além de melhorar o sinal com as novas antenas, eles também fixaram as TVs na parede da cela, no espaço entre a porta e o teto. Sem fios pendurados, trabalho de primeira.

Fernando Baiano aumentou seu prestígio dentro da cadeia. Em 18 de novembro de 2015, os presos da sexta galeria assistiram no *Jornal Nacional* à notícia de que Fernando Baiano havia sido solto. O sinal estava perfeito.

Em 6 de março de 2008, o soldado Emerson Rodes Marques e quatro comparsas fortemente armados, vestidos com coletes balísticos, invadiram uma metalúrgica com o intuito de pilhar seu caixa, mas abortaram a missão ao ouvir no rádio sintonizado na frequência da polícia que viaturas se dirigiam ao local. A quadrilha fugiu em três carros, entre eles um Volkswagen Santana roubado de um funcionário da metalúrgica. Rodes já era frequentador da crônica policial paranaense, apontado como chefe de uma quadrilha especializada em roubos a caixas eletrônicos. Após ser reconhecido por uma das vítimas, teve seu mandado de prisão decretado e cumprido.[4]

Antes de ser preso, Emerson Rodes foi soldado da Rone (Rondas Ostensivas de Natureza Especial), que, para fins de comparação, é o equivalente paranaense da Rota (Rondas Ostensivas Tobias Aguiar), uma tropa da Polícia Militar de São Paulo que ficou célebre por ações violentas. Passou mais tarde para serviços administrativos na polícia, até que foi preso em 2006 após participar de um assalto a uma agência do Banco do Brasil em Pitanga, no interior do Paraná. Ele e mais quatro pessoas levaram 60 mil reais do banco.

Em 2015, Rodes morava na 632, a primeira cela do lado esquerdo de quem entra na sexta galeria. Os presos da Lava Jato que começaram a chegar a partir de março daquele ano passaram a ocupar os sete primeiros cubículos do lado oposto do corredor, que eram numerados do 601 ao 607. Viraram vizinhos de porta do ex-policial militar.

Não demorou para que o grupo de criminosos do colarinho-branco percebesse que naquele pavilhão havia um mandachuva. Moreno, de físico atarracado e braços fortes, Rodes tinha cara de poucos amigos e fazia questão de ressaltar sua experiência no crime. A um antipático Renato Duque aconselhou que evitasse que os colegas o chamassem pelo sobrenome dentro da prisão. "Na cadeia, 'Duque' é apelido para estuprador. Não é bom ser conhecido por esse nome aqui dentro. Acho melhor você evitar alguma desinteligência. A gente sabe o que fazem com esse tipo de lixo aqui na cadeia, né?" Renato Duque ouviu petrificado. Realmente, os presos acusados de crimes sexuais são chamados de "duque treze", em referência ao artigo 213 do Código Penal, que tipifica esse delito.

A ascendência sobre os outros presos do pavilhão rendeu ao ex-policial o apelido de Presidente. Rodes gostava de ser chamado assim, achava que isso fazia com que ninguém tivesse dúvidas sobre a sua autoridade. Aos colegas de cadeia dizia que no Complexo Médico tinha um príncipe (Marcelo Odebrecht), um ministro (José Dirceu), deputados e o diretor da cadeia, mas quem mandava mesmo era ele, eleito pelos presos. No governo de Rodes havia espaço para um vice-presidente, que também apresentava um robusto currículo criminal. Kleverson Ávila Maia, o Batata, é um ex-guarda municipal da cidade de Castro, no interior paranaense, preso em 2013 por extorquir contrabandistas de cigarros, pequenos agricultores e modestos comerciantes. Segundo acusação do Ministério Público do Paraná, Batata e seus comparsas invadiam casas e mercearias da área rural da cidade à procura de muamba. Encontrar uma simples carteira de cigarros do Paraguai já dava início a uma barbaridade que só teria fim se a vítima topasse pagar pelo sossego. Kleverson era colega de cela de Rodes.

Os "lavajatos" sabiam que para haver paz na galeria era importante a boa convivência com o staff presidencial. E não eram apenas o presidente Rodes e o vice Batata que eram tratados com reverência de chefe de ala, mas suas esposas também tinham privilégios de primeiras-damas. As duas primeiras mesas do pátio das visitas, que ficavam na sombra, eram reservadas para elas. No início, a carteirada enfurecia as mulheres e filhos dos "lavajatos", que engoliam a seco a raiva por medo de que o parente preso sofresse as consequências de um bate-boca na porta do presídio. Com o tempo, a convivência entre eles melhorou, e, como dito anteriormente, as companheiras de Rodes e Batata passaram a lanchar com os parentes dos empreiteiros após as visitas.

Apesar de despertar temor em seus colegas de prisão, Rodes não tinha ocorrências em sua ficha e era considerado um detento de bom comportamento. Por isso conseguiu ser matriculado na função de faxina, que na cadeia significa prestígio. O faxina pode circular entre os pavilhões, acaba tendo contato com presos de outras alas e desfruta da confiança dos agentes. É também uma função essencial para a comunicação entre presos e quadrilhas e para o contrabando de materiais ilícitos. "O faxina faz o leva e traz da cadeia", me disse um dos carcereiros do CMP. "O poder dos presos da Lava Jato é relativo. É o poder do dinheiro, mas na cadeia a lei da força fala mais alto em muitos casos; o código numa prisão é outro. Não sei como eles (presos da Lava Jato) conseguiram que o Rodes trabalhasse com eles, mas o fato é que ele virou uma segurança para a sexta galeria." Ou pelo menos isso foi o que se imaginou durante um tempo.

O regime presidencialista da sexta galeria pressupunha uma norma que era seguida à risca: nenhuma demanda importante era levada adiante sem a anuência de Rodes e Batata. A primeira coisa a se fazer era convencer Rodes da conveniência da causa. Fernando Baiano, sempre ele, estreitou laços com o policial. Foi Rodes quem autorizou Baiano a negociar com a direção do presídio o patrocínio do conserto da caldeira que levava água quente para a galeria. Também teve seu aval a instalação de componentes e suportes que fizeram com que as TVs das duas últimas alas do presídio tivessem melhor sintonia.

Por mais que parecesse descabido deixar um dos presos mais perigosos do CMP morando justamente em frente às celas dos presos da Lava Jato, havia motivos razoáveis para isso, na visão do então diretor do presídio, Marcos Marcelo Muller. Uma das razões era que a cela 632 pode ser observada até mesmo quando os agentes penitenciários estão descansando na sala que fica logo após o portão de entrada da galeria. No presídio funciona uma regra que determina que os presos mais perigosos devem ser mantidos próximos, se possível ao alcance dos olhos. Outro raciocínio é que Rodes, por ter acumulado experiência durante os anos na prisão, perceberia muito antes que qualquer outro preso uma movimentação hostil de desafetos, como uma tentativa de invasão. E, por fim, a simples presença do detento mais temido do presídio logo na entrada do pavilhão inibiria uma ação mais audaciosa de outro criminoso; afinal, a fama do ex-policial não se limitava à sexta galeria nem só ao Complexo Médico Penal. Quando ocorreu o episódio da falta de marmitas na quinta galeria, que causou um princípio de revolta, foi a Rodes que os "lavajatos" procuraram para se certificar de que estariam protegidos em caso de rebelião. Renato Duque foi até a porta da cela do ex-policial e perguntou: "Estamos juntos, né, Rodes?". Recebeu de volta o sinal de positivo.

Mesmo Rodes estando confinado num presídio, as polícias paranaenses o mantinham sob vigilância. Em épocas de saída temporária, como Dia das Mães ou festas de final de ano, policiais dos setores de inteligência das polícias civil e militar paranaense ligavam para os agentes penitenciários da inteligência do sistema prisional para saber se Rodes estaria entre os beneficiados. Caso o ex-policial tivesse o direito de sair, policiais monitorariam seus passos, já que havia a avaliação de que ele não cortara os laços com o crime.

Não faltaram demonstrações do poder de Rodes sobre os presos. Certa manhã, um detento chamado Guilherme, ao terminar de tomar banho, sentiu falta dos óculos que havia deixado numa mureta na entrada do banheiro. Procurou por toda parte e não encontrou. Comentou com Adir Assad: "Porra, Adir, pegaram meus óculos. Foda ficar sem óculos aqui". O operador financeiro disse que a solução seria falar com Rodes. "Rodes, é o seguinte, alguém pegou os óculos do Guilherme, coitado. O cara está cego sem ele. Você consegue ajudar a gente a achar?"

O ex-policial bateu no ombro de Adir: deixa comigo. Foi até o meio da ala e berrou: "Olha aqui, vou dar um salve. Sumiram os óculos do Guilherme. A hora de aparecer é agora. Se eu tiver que procurar, vai ser pior". Fez-se um silêncio sepulcral na galeria. Depois de um tempo, já com um vaivém nos corredores, Guilherme voltou ao banheiro e seus óculos estavam lá.

Adir foi o único a peitar o ex-policial. No dia de uma visita, viu Rodes sendo estúpido com a mulher. Ele gritou e humilhou a companheira na frente dos outros visitantes. A cena foi constrangedora. Assim que Rodes voltou para a galeria, Adir foi lá para passar um sabão no Presidente: "Deixa de ser filho da puta, caralho! Como você trata ela assim? Você está errado de fazer isso, que coisa feia". Rodes arregalou os olhos e foi pra cima de Adir. "Você está louco? Eu te mato, cara. Eu sou bandido. Perdeu a noção do perigo?" Adir então percebeu o risco que corria. "Vai me matar? Porra, eu sou seu amigo. E você está errado."

Rodes pegou Adir pelo braço e o levou para dentro da cela. Os presos todos olharam aquilo apreensivos. "Olha aqui, Adir! Você nunca mais vai fazer isso. Eu gosto de você, mas você não pode falar comigo assim na frente de todo mundo."

"Mas o que eu faço então quando você fizer cagada?"

"Pode me dar bronca, mas só entre nós."

Rodes ficou amigo de Adir e se tornou alvo de suas piadas. Um dia, no pátio de banho de sol, o operador provocou o ex-policial para que contasse a aventura que foi escapar vivo de uma rebelião em que os amotinados o caçaram junto com o amigo Batata.

"Foi foda, Adir, a cadeia virou e os vagabundos foram atrás dos polícia e dos duque (estupradores). A gente jogou os duque pros caras e saímos correndo. Eu e Batata tivemos que sair feito cavalo louco pelos pavilhões, pular colchão queimando e sair no braço com uns caras pra salvar a pele. Depois nós nos misturamos com uns presos no pátio até conseguir escapar."

Foi então que Adir completou a história.

"Vocês dois foram machos pra caralho."

Virou-se para a plateia que ouvia e completou a história.

"Rodes e Batata foram encurralados numa cela por dez caras armados. Os caras disseram: 'Vocês vão dar o cu pra gente senão vão morrer. Cada um vai ter que dar o cu pra cada um de nós'. Aí o Rodes disse: 'Porra, aí não, o PCC acabou com o estupro na cadeia, rapaziada'. Foi aí que o Batata falou: 'Cala a boca, Rodes. Você não entende nada de rebelião. Vamos organizar esse negócio aí.'"

Os presos da Lava Jato caíram na gargalhada. Batata e Rodes também.

Em outro momento, Rodes teve que passar um sabão em Adir por desrespeitar uma das regras mais sagradas da cadeia, o contato com familiares de outros presos. No dia das visitas, Adir saía abraçando e beijando no rosto os parentes alheios, inclusive as esposas. Rodes chamou o operador num canto: "Adir, você está numa cadeia. Aqui não é seus showzinhos no Rio de Janeiro. Não pode beijar mulher dos outros, porra. Isso dá morte. Viu a mulher do outro, olha pro chão".

Adir não se abalou. "O que é que tem cumprimentar com beijinho? A minha mulher está ali na mesa. Vai lá e dá um beijo nela."

Rodes desistiu de enquadrar o comportamento de Adir Assad. Não havia bandido que desse jeito nele.

Um grupo de carcereiros entrou apressado no corredor da sexta galeria em direção aos detentos que conversavam em frente à cela 632. "Juntem suas coisas porque vocês vão mudar de lugar." A ordem era para o ex-policial militar Emerson Rodes Marques e seu companheiro de cubículo, Kleverson de Avila Maia, o Batata. Os dois ex-policiais seriam transferidos e, junto com eles, iriam todos os policiais, bombeiros e agentes de segurança.

"Vamos pra onde?", quis saber Rodes. "Vocês vão lá pra baixo", foi a resposta. Lá para baixo significava passar a morar na quinta galeria, o pavilhão no piso inferior do prédio de dois andares, mas que não tinha ligação direta com a sexta ala, dos presos da Lava Jato. "Ordens do diretor", disse outro agente. "Tem alguém de patifaria com a gente. Não tem, não, seu funcionário?", perguntou Rodes. Ninguém respondeu.

Os presos recolheram os pertences e desceram a rampa resmungando. Mais tarde, os prisioneiros da Lava Jato procuraram saber o motivo da mudança, mas receberam a mesma resposta: "Ordens do diretor". Era um mistério.

Dias antes, os presos da sexta galeria foram para o banho de sol da parte da manhã. Fazia frio naqueles dias de junho e, como de costume, os agentes escoltaram os detentos pela rampa e montaram guarda em frente ao acesso que leva de volta ao conjunto de celas. Naquele instante, porém, um agente penitenciário entrou sorrateiramente na cela 632, de Rodes e Batata, em busca de um papel com anotações. Depois de revirar o cubículo, tomando cuidado para deixar tudo exatamente no lugar, o agente encontrou uma folha com alguns traços e rabiscos que pareciam um mapa. Havia encontrado o que procurava.

Enquanto os presos tomavam sol, o então diretor Roberto Saraiva analisava o rascunho encontrado na cela. Saraiva e o diretor do Departamento Penitenciário, Luiz Cartaxo, sabiam que não podiam descuidar do entorno dos empreiteiros e políticos e haviam determinado atenção máxima aos setores de inteligência do sistema de segurança e penal paranaenses. Chegara até eles a informação de que um funcionário poderia facilitar a entrada de uma pistola no presídio e que isso poderia significar uma tentativa de atentado contra um dos ex-diretores da Petrobras. Não dava para arriscar monitorar o agente para pegá-lo em flagrante. Uma falha na investigação poderia ser fatal. Saraiva achou melhor transferir o agente. A atenção redobrou. Foi quando a inteligência informou ao diretor que Rodes e Batata tinham um plano.

O papel encontrado na cela era um rascunho de um mapa em que um carro desenhado saía do aeroporto Afonso Pena, em São José dos Pinhais, em direção ao Complexo Médico Penal. O veículo seguiria pela rodovia até entrar numa pequena estrada de terra que dava acesso ao presídio. No meio do caminho, uma árvore impediria que ele prosseguisse, e esse seria o momento do sequestro. A opção, mais uma vez, foi a de não arriscar um flagrante e transferir Rodes, Batata e os outros presos policiais para longe dos prisioneiros da Lava Jato. A transferência provavelmente fez com que os criminosos abortassem o plano.

Numa sexta-feira, a mulher de Marcelo Odebrecht vinha no carro da empresa com o motorista e um assessor quando teve que parar justamente por causa de galhos fechando a pista. Os funcionários da empreiteira desceram e limparam o local. Acharam tudo muito estranho, mas seguiram viagem sem maiores problemas. O plano de sequestro da mulher de um dos homens mais ricos do país havia sido frustrado.

A PODÓLOGA

O ex-diretor da Odebrecht Márcio Faria entrou na sala de psiquiatria do Complexo Médico Penal vestindo moletom e calçando chinelos. Sentou-se em uma cadeira e esticou o pé em direção ao colo da podóloga Andresa Regina Hilgenberg Cavalheri Diogo, que o examinou com cuidado. Calçando uma luva cirúrgica, ela apalpou o dedão inchado e avermelhado de Faria. A podóloga, então, deu o diagnóstico: onicocriptose no hálux. Em linguagem popular: dedão do pé inflamado por causa de uma unha encravada.

Andresa retirou da maletinha que trazia consigo um pequeno alicate com ponta fina e afiada e, cuidadosamente, iniciou o trabalho de remoção do caco de unha cravado na carne do dedo. O serviço durou por volta de uma hora e custou 250 reais, pagos por um advogado da empreiteira.

Havia uma fila esperando por Andresa. Alexandrino Alencar, também da Odebrecht, foi o seguinte. Renato Duque, da Petrobras, veio depois. Os dois receberam nas unhas uma loção antifúngica para tratar de onicomicose, uma infecção causada por um tipo de fungo. Otávio Azevedo, ex-presidente da Andrade Gutierrez, usava meias de compressão por causa de uma trombose e recebeu cuidados básicos: unha aparada e uma camada de loção no pé.

Nos sábados dos dias 15 e 22 de setembro de 2015, a podóloga deu expediente tratando os presos da galeria 6 do CMP. Andresa gostou de conhecer os presos da Lava Jato. Na primeira sessão, entrou apenas com os apetrechos profissionais. Na segunda, levou bíblias para presentear os detentos-celebridade. Ao todo, atendeu oito presos e ganhou 2 mil reais em dois finais de semana.

A presença dela no presídio havia sido autorizada pelo então diretor Marcos Marcelo Muller, com a finalidade de cuidar do ex-deputado federal diabético Pedro Corrêa. A justificativa para o tratamento de Corrêa era de que um ferimento ao cortar as unhas, por exemplo, poderia desencadear uma série de problemas com consequências graves, como uma amputação de membro. Mas, uma vez lá dentro, Andresa aproveitou para aumentar a clientela.

A presença da podóloga nas dependências do presídio para atender justamente aos presos da Lava Jato foi um prato cheio para os agentes penitenciários que vinham elencando suas regalias. Eles haviam preparado uma lista para ser mandada para a corregedoria do Departamento Penitenciário do Paraná, o Depen. Era um tiro com endereço certo. Queriam derrubar o diretor-geral, Marcos Muller.

A lista preparada pelos carcereiros, que se mantiveram anônimos, tinha dez itens e acusava desde recebimento de alimentos proibidos até uma suposta rotina de relações sexuais de presos com agentes penitenciárias femininas.

O primeiro deles tratava justamente da alimentação diferenciada. Ao contrário dos presos comuns, os da Lava Jato podiam consumir castanhas, nozes, frutas cristalizadas, chocolates suíços, frutas exóticas, e por aí vai. A direção da unidade podia armazenar os produtos de quem precisava de alimentação especial, mas esse não era o caso da maioria e a "desorganização ou má-fé no recebimento e armazenamento dos referidos produtos" não permitia saber a quem eram de fato destinados, de modo que todos usufruíam do privilégio.

O recebimento de medicamentos além dos prescritos pelos médicos, a utilização de tablets e smartphones, visitas de familiares e advogados a qualquer dia e hora e o fato de não utilizarem os uniformes do sistema penitenciário, mas sim suas próprias roupas, também foram pontos de discussão. O atendimento da podóloga aos presos que não possuíam condições especiais constava como um item à parte.

Mais graves são as denúncias de recebimento de presentes de familiares de presos da Lava Jato pela direção da unidade e a acusação de que agentes penitenciárias femininas estariam praticando sexo oral nos detentos da Lava Jato. A direção do CMP também estaria obrigando os médicos da unidade a prescreverem uma dieta especial a eles para justificar o recebimento de alimentos diferenciados. E, finalmente, o chefe de segurança Enoque Neves de Oliveira e o diretor Marcos Marcelo Muller teriam recebido propina para transferir o preso José Dirceu da Polícia Federal para o CMP.[5]

O Depen abriu uma sindicância para apurar as denúncias. A maior parte das irregularidades apontadas não foi confirmada. Os investigadores não conseguiram indícios de que funcionárias tivessem feito sexo oral nos detentos da Lava Jato. Como os acusadores permaneceram anônimos, eles não puderam ser confrontados sobre a veracidade dessas informações nem apresentar uma versão mais detalhada da denúncia. A acusação não dizia os nomes nem das mulheres nem dos detentos.

Já agentes da sexta galeria e presos da Lava Jato ouvidos por mim separadamente contaram uma versão semelhante. Disseram-me que em setembro de 2015 duas agentes femininas realmente entraram na ala da Lava Jato para conhecer o lugar. Foram acompanhadas de colegas carcereiros. As duas passaram minutos no local e tiveram breves conversas com os detentos do Petrolão.

Uma era loira, a outra, morena, e chamavam a atenção pela beleza. A notícia de sua presença no pavilhão se espalhou e com isso nasceu o boato sobre o sexo oral. Depois dessa visita e o consequente burburinho, a direção determinou que houvesse um livro para registrar todo mundo que entrava e saía das galerias 5 e 6.

Os investigadores também não encontraram celulares ou tablets nas celas dos empreiteiros e políticos. Não se comprovaram também as acusações de que os dirigentes do CMP recebiam propinas ou presentes de familiares de prisioneiros, nem que houvesse livre acesso dos parentes ao presídio. Mas a presença de uma podóloga dando expediente na cadeia resultou num processo administrativo contra os diretores do Complexo.

Andresa foi chamada a depor e deu detalhes das consultas. Disse que sua entrada foi autorizada por Marcos Marcelo Muller, atendendo a um pedido da advogada de Pedro Corrêa, que, diabético, necessita de cuidados especiais. A podóloga contou que a advogada de Pedro Corrêa foi quem pagou pelo serviço prestado, e a Odebrecht pagou a parte referente a Alexandrino Alencar e Márcio Faria. A Andrade Gutierrez teria sido mais generosa, arcando com as despesas de seu ex-presidente Otávio Azevedo, do ex-diretor da Petrobras Renato Duque e de outros três detentos que não foram identificados no depoimento. Ela também admitiu que presenteou os presos com bíblias no último dia de atendimento. Andresa não quis falar comigo sobre o episódio.

A fiscalização também comprovou outras regalias. Na revista às celas da Lava Jato, os investigadores encontraram a alimentação diferenciada dos demais presos da unidade. Também foi encontrado vestuário diferente do uniforme do presídio. Roupas "paisanas" são proibidas porque podem facilitar fugas.

Marcos Marcelo Muller e seu vice-diretor, Sergio Padilha, foram afastados do cargo por não terem formalizado a entrada da podóloga nem comprovado a necessidade para atendimento de oito presos da Lava Jato nos dias 15 e 22 de setembro. Valdir Calegari, o agente que chefiava a segurança, foi punido por ter permitido entre março e setembro de 2015 a entrada de produtos não autorizados e não previstos pelas normas do departamento penitenciário, e por ter sido negligente na revista das celas da sexta galeria.

Ao final do processo administrativo, Muller, Padilha e Calegari foram absolvidos "por não restar comprovada a existência dos fatos que lhes foram atribuídos no protocolo acima mencionado". Eles, porém, não voltaram ao CMP. Muller foi transferido para dirigir uma penitenciária feminina e seu substituto foi Roberto da Cunha Saraiva, homem de confiança do diretor do Depen, Luiz Alberto Cartaxo Moura.

A "SURDA"

Na terceira semana de maio de 2018, eu e minha colega Bruna Narcizo, também repórter da *Folha de S.Paulo*, soubemos que a Defensoria Pública do Paraná havia recebido uma denúncia de que um preso fora espancado por funcionários do Complexo Médico Penal. A agressão não tinha a ver com os detidos por Sergio Moro; teria acontecido numa cela das primeiras alas do CMP.

O interno, que teria apanhado dos carcereiros, cumpria pena na Penitenciária Estadual de Piraquara, a PEP 1, e foi levado ao hospital do CMP para tratar problemas respiratórios. Saiu do Complexo, segundo a Defensoria, com graves danos psiquiátricos. O caso teria acontecido no começo de fevereiro de 2018, quando a direção do Complexo estava a cargo de Jeferson Walkiu.

O documento da Defensoria — encaminhado ao Departamento Penitenciário com pedido de explicações — apontava também a existência de um cubículo onde aconteceriam sessões de tortura. A cela tinha o apelido de "surda", já que ali o som dos gritos de quem apanhava não escapava pelas portas de ferro vedadas.

Bruna e eu confirmamos a existência da "surda" com funcionários do próprio CMP. Carcereiros nos disseram que a tal cela é localizada entre a primeira e a segunda galerias, longe da sexta ala. Nas duas primeiras galerias estão presos com problemas psiquiátricos e comuns. Os funcionários do CMP que admitiram a existência da "surda" disseram que o local é usado para aplicação de medidas disciplinares, mas negaram que lá houvesse espancamentos. Segundo eles, a única punição imposta era o isolamento. Os carcereiros contaram que os detentos permaneciam isolados ali por até trinta dias, dependendo da infração que haviam praticado. Nesse período, ficavam impedidos de ir ao banho de sol e não recebiam visitas.

A história contada por dois detentos aos defensores públicos, porém, é bem diferente. Os internos Alysson Fernando Mattos e Edno Pereira de Azevedo relataram as agressões ao defensor público Alexandre Gonçalves Kassama. Alysson teria sido vítima de maus-tratos e Edno, sua testemunha. Segundo o documento da Defensoria, Alysson era transferido com frequência da PEP 1 para o CMP por causa de um tratamento contra a asma. No dia 15 de fevereiro, segundo a Defensoria, ele teria sido espancado e, desde então, apresentado transtornos psiquiátricos, tendo que ser medicado para controlar as crises relacionadas a esses problemas.

As agressões, segundo o defensor público, teriam acontecido após um desentendimento entre Alysson e um dos carcereiros. O detento teria protestado ao saber que seria alojado na primeira galeria do CMP. Antes, costumava ficar na terceira galeria. O argumento de Alysson para não querer ficar na primeira galeria era de que ali havia presos de facções criminosas que poderiam atentar contra ele. Ao se recusar a entrar na cela, um carcereiro deu-lhe um soco no rosto. Alysson teria sido colocado à força para dentro.

No dia seguinte, o preso teria reclamado da demora no atendimento na enfermagem, e isso teria despertado a ira de um funcionário chamado "seu Gláucio". Segundo o relato da Defensoria, seu Gláucio o teria segurado pelo pescoço e batido com sua cabeça na parede. Para finalizar, teria dado dois socos em Alysson. O preso diz ter reagido, empurrando o carcereiro, e a confusão aumentou. Três outros agentes penitenciários o teriam algemado e espancado com chutes enquanto permanecia caído no chão. Levado de volta à galeria, ainda algemado, os agentes teriam aplicado em seu braço várias injeções, sem a prescrição de um médico, ainda segundo a Defensoria. A partir de então, passou a ter alucinações.

Além de "seu Gláucio", o preso reconheceu outro funcionário que o teria agredido, conhecido como "seu Bonfim". Após as agressões, dizem Alysson e Edno, ele foi encaminhado à "surda" e ficou ali até os hematomas desaparecerem do seu corpo.

O defensor Kassama encaminhou a denúncia do espancamento para a corregedoria do Depen e disse que relatos de tortura na unidade não eram uma raridade. Segundo ele, denúncias semelhantes já vinham sendo feitas por outros detentos e só não havia ainda uma ação formal da Defensoria por não haver provas das agressões. Nunca se soube de notícia de agressões de carcereiros contra os presos da Lava Jato no Complexo Médico Penal.

Em 14 de dezembro de 2018, o caso da suposta agressão a Alysson Fernando Mattos foi arquivado por "não vislumbrar indícios de ato irregular". A publicação de reportagens apontando falhas na segurança do CMP provocou mudanças em sua direção. Em 16 de maio de 2018, a coluna da jornalista Mônica Bergamo, também da *Folha de S.Paulo*, publicou a informação de que três dias antes seis presos fugiram do Complexo Médico Penal. Eles abriram um buraco no teto da terceira galeria, se arrastaram pelo telhado até conseguir escapar. A fuga motivou a troca na chefia de segurança do CMP. No dia 18 daquele mesmo mês, a *Folha* noticiou sobre a denúncia do espancamento de Alysson, que, apesar de ter acontecido em fevereiro, era mantido em segredo. Logo depois de a reportagem ser publicada, o diretor Jeferson Medeiros Walkiu e sua equipe foram substituídos no cargo. No seu lugar assumiu Samuel José da Silva Moreira, que antes foi diretor da Casa de Custódia de Curitiba. Foi o quarto diretor do CMP após a chegada dos presos da Lava Jato, em 2015. Ele permanecia no cargo até o fechamento deste livro, em 2019.

CORREIO DA LU

No dia 20 de setembro de 2015, Luciana e João Henriques foram à missa dominical da igreja de Nossa Senhora de Lourdes, em Araras, um bairro da cidade serrana de Petrópolis, no Rio de Janeiro. Naquela manhã o padre fez um sermão que parecia na medida para os dias difíceis que o casal enfrentaria em breve. "Você não pode fugir do seu sofrimento. A sua cruz você tem que carregar inteira. Um condenado cortou um pedaço do pé da sua cruz para que ela ficasse mais leve durante o calvário. Subiu até o alto do monte e lá se deparou com um abismo. O espaço entre uma beirada e outra do precipício era do tamanho da cruz, que serviria como ponte para que ele atravessasse do outro lado. Mas, como o pé foi cortado, não havia como seguir em frente", disse o padre. "Portanto, é preciso carregar a sua cruz inteira. Sem cortar nenhum pedacinho."

Luciana virou-se para o marido e disse que havia no sermão um recado. "João, essa homilia foi pra você." "Eu estou preparado, Lu", respondeu ele. "Então eu estou preparada com você", ela disse. No dia seguinte, João Augusto Henriques Rezende foi preso pela Operação Lava Jato.

Quando a Lava Jato avançou em direção a executivos da Petrobras, em 2014, João Henriques entendeu que não demoraria a ser capturado. Um ano antes, quando a investigação ainda não era conhecida, ele havia sido alvo de uma reportagem da revista *Época* que revelara que ele intermediava contratos da diretoria internacional da estatal com a finalidade de desviar um percentual para políticos e partidos.[6] Em um dos negócios, segundo a revista, foi feito um arranjo para que a Odebrecht conseguisse um contrato e pagasse 8 milhões de dólares à campanha de Dilma Rousseff, no segundo turno de 2010.

O documento foi assinado cinco dias antes das eleições. "Todo mundo recebeu", disse João Henriques, segundo a reportagem assinada pelo repórter Diego Escosteguy. "Todo mundo" incluía Jorge Zelada, então diretor da área internacional da Petrobras, e parlamentares do PMDB. Mais tarde, em 2015, Henriques e Zelada acabaram presos por ordem de Sergio Moro.

Luciana Tavares Pinto Rezende Henriques, a Lu, é advogada com especialização em direito do trabalho. Havia atuado com relações de consumo e por um tempo integrou o departamento jurídico da companhia elétrica Light. Ela se casou com Henriques quando tinha trinta anos e ele, cinquenta. Lu chama a atenção pela beleza. Sua pele escura contrasta com os olhos cor de mel. A diferença de idade motivou boatos de que ela se interessara pelo engenheiro porque via nele atributos financeiros. Doze anos depois da união, ela ainda está casada com o marido preso e asfixiado economicamente pela Lava Jato. Lu deixou o luxuoso apartamento em que vivia, de quatrocentos metros quadrados, em São Gonçalo, no Rio, e se mudou para uma quitinete no centro de Curitiba. Henriques assinou uma procuração para que a mulher atuasse como sua advogada na execução da pena. Era uma maneira de os dois se encontrarem diariamente.

De segunda a quinta e aos finais de semana ela conversa com Henriques por detrás do vidro do parlatório. Falam-se pelo interfone parafusado na parede da cabine de concreto. Às sextas-feiras, deixa o figurino formal para visitar o marido como tantas outras mulheres com maridos e filhos presos, e passa pela revista íntima, como todas as visitantes. Certa vez, uma agente a fez repetir, sem roupa, sessões de agachamento em cima de um espelho colado ao chão, enquanto ouvia que ali ela era só mais uma mulher de bandido. Ela afirma não se abalar. "Isso não tirava minha felicidade de abraçar meu marido." A convivência do dia das visitas fez com que Lu se enturmasse com outras parentes de presos, que invejavam sua condição de poder ver todos os dias seu prisioneiro.

Durante as consultas, ela via Zelada na cabine ao lado. O marido e o ex-diretor da Petrobras eram muito próximos antes da Lava Jato e a cadeia estreitou ainda mais a relação. Lu cumprimentava Zelada e trocava algumas poucas palavras com ele no parlatório, até que um dia Henriques contou que o colega estava triste pela ausência de notícias de Beatriz. "Ele sofre por não saber como a namorada está." "Eu posso procurá-la e trazer notícias para o Jorge, o que você acha?", perguntou Lu. O marido gostou da ideia. Na semana seguinte, Luciana chegou sorridente ao parlatório do CMP. "João, eu encontrei a Beatriz, falei com ela. Estou com uma carta para o Jorge."

O vidro do parlatório que separava advogado de detento tinha pequenos furos redondos na parte superior e, na parte de baixo, um vão por onde era possível passar folhas de papel. Por ali advogados escorregavam páginas de processos para seus clientes, o que é permitido. Mas Lu usou a brecha para entregar ao marido a carta de amor enviada pela namorada do colega de prisão.

Zelada ficou radiante. Comemorou tanto que os colegas ficaram sabendo que Luciana havia colocado aquela carta para dentro. Aos detentos é permitido o recebimento de cartas, mas o processo é burocrático, lento e invasivo. Além do período necessário para que a carta chegasse até o destinatário, ainda havia a censura do presídio. Um funcionário lia o recado antes para detectar se havia algo indevido. Lu passou a ser uma opção mais ágil e discreta para famílias e presos. "No tempo normal, são vinte dias para receber a carta. Tem o tempo do correio, tem a censura do presídio. Imagina ter todo dia notícia da pessoa que você gosta, sem se expor. Eu não leio as cartas", diz ela. Lu então se animou com o papel de carteira das famílias. Recebia diariamente as correspondências, várias delas por e-mails ou mensagens de WhatsApp. Imprimia e colocava as cartas em meio a documentos do processo do marido.

"O vão embaixo do vidro por onde se podia passar calhamaços de papel só existia nos parlatórios internos, os parlatórios externos sempre foram lacrados. Aí um dia, um preso que não lembro mais quem foi levado para atendimento no parlatório externo e reclamou, disse que não queria porque lá não dava para passar documentos. Aí a nova direção, no mesmo dia, foi lá e lacrou a fresta que havia na parte de baixo do vidro", conta Luciana. Como ainda ficaram os furinhos, Lu enrolava o papel como um canudinho e enfiava pelos buraquinhos do vidro. "Eu levava as cartas junto com os meus documentos, dentro da pasta. O encontro era só visual e pelo telefone, sem contato físico. Os presos da Lava Jato e de outras operações de crimes de corrupção são diferentes, sempre estão com papéis e caneta. Quase todos na época tinham pastas de plástico tipo polionda, transparentes, em que levavam os documentos."

O procedimento era trabalhoso. Lu recebia as mensagens por e-mail ou WhatsApp, passava para o papel com o nome do destinatário, dobrava e entregava a João. Ele fazia a entrega final. "Era quase como receber um cartão-postal. Eu nunca li as cartas. Acho muito importante preservar o sigilo da correspondência. O único compromisso que eu tinha com eles é que fossem sempre cartas de amor, não códigos ou recados", disse Lu. A coisa cresceu tanto que ela levava cerca de vinte cartas por dia. "Quando o João chegava ao X (apelido dado à cela), era aquele enxame, todo mundo procurando saber se tinha carta." E Lu sempre avisava às mulheres quando não poderia ir até a custódia.

"O João desenrolava as cartinhas depois que eu as passava pelos buraquinhos e as colocava dentro da pasta, dentro de um caderno, junto com os outros papéis. Os agentes sabiam, mas fingiam que não viam, até que um dia resolveram pegar o João. Todo mundo recebia correspondência dessa forma (pelos advogados), mas só nós fazíamos o trabalho dos correios para terceiros", diz ela. "O João entregava as cartas chegando à galeria. Lá eles ficam com a porta aberta durante o dia e o agente não fica na ala o tempo todo. Às vezes alguns passavam na porta do parlatório e já perguntavam: tem cartinha para mim?"

Luciana conta que foi criado um grupo de WhatsApp para melhorar a comunicação entre ela e os familiares. "O grupo ainda existe. Chama Curitiba e tem como símbolo a imagem de Nossa Senhora", conta ela. É composto de esposas, filhas, mães, irmãs, só mulheres, e Luciana acredita que tenha quase quarenta pessoas, porque mesmo quem já tinha um parente em liberdade ou cumprindo pena em outro lugar não deixava o grupo. "Além de ser um lugar de avisos, é um lugar de apoio, onde encontramos pessoas que estão passando pelas mesmas angústias e expectativas que nós. É onde desabafamos, apoiamos umas às outras e, sobretudo, encontramos forças para seguir de pé. O grupo significa: eu não estou sozinha, se tem outras resistindo, eu também vou conseguir", diz Luciana.

Ela diz nunca ter cobrado pelo serviço. "O João respondeu a um processo administrativo e pegou vinte dias de punição isolado numa cela, sem TV, sem rádio, sem visita, perdeu o direito a ser atendido no parlatório interno, foi desimplantado (retirado dos trabalhos) e perdeu oito meses de remição (algumas atividades, como leitura e trabalho, rendem redução de dias de pena). Foi muito ruim, muito humilhante e muito vergonhoso para nós dois. Ele de castigo e eu com a tarja vermelha na testa de 'advogada que leva coisas proibidas'. Porém, nós sabíamos dos riscos. É verdade que não achamos que seríamos pegos, mas assumimos o risco e nunca nos arrependemos. Valeu muito cada sorriso que ajudamos a proporcionar. Aliás, no meio do processo administrativo, tudo ruim, tudo nebuloso, a gente sem saber como isso afetaria o processo de execução dele, estávamos nós dois no parlatório e, simultaneamente, concordamos que tinha valido a pena. Aí seguimos em paz para enfrentar mais uma batalha, o castigo."

Luciana foi sócia do marido na empresa Trend Empreendimentos, que recebeu pelo menos 20,2 milhões de reais de empresas do cartel que pagava propina a agentes públicos em troca de obras da Petrobras. Ela tinha 0,10% do capital social da empresa e o marido era o dono dos 99,90% restantes. Eles também foram sócios da empresa JHL Participações Consultoria Assessoria Empresarial. Henriques tinha 60% e ela, 40%.

Ela não chegou a ser oficialmente alvo da Lava Jato, mas, em 2016, foi intimada a depor para os procuradores da força-tarefa do Ministério Público Federal. Fotos dela e reprodução do seu passaporte, e-mails trocados com o marido e informações sobre o carro que ela possuía foram colocados em relatórios da investigação.

Luciana diz que, de certa forma, ser a mensageira dos presos da Lava Jato realizou um desejo antigo. "Quando eu conheci o João, nós nos encontrávamos numa rua onde tinha uma agência dos Correios. Eu falava para ele: eu queria tanto ter uma agência dos Correios. Eu sempre escrevi cartas, gostei de cartas. Quando eu cheguei aqui e essa coisa toda começou a acontecer, eu batizei de o Correio da Lu."

O Correio da Lu funcionou de maio de 2016 até julho de 2017. Com o fim das correspondências, João Henriques se ocupou em alfabetizar dois presos que eram seus vizinhos de cela na sexta galeria. Mais uma vez, contou com a ajuda da esposa, que comprou livros didáticos em sebos de Curitiba. Em pouco tempo, eles já estavam familiarizados com as letras. O curso foi dado como concluído quando os dois redigiram as primeiras cartas para as famílias. Dessa vez, não foi a Lu quem fez o leva e traz. As cartas seguiram os trâmites normais da cadeia.

Mais tarde, Henriques e Zelada se voluntariaram para dar aulas em um cursinho para presos do Complexo Médico Penal. Os alunos eram preparados para fazer as provas do Enem (Exame Nacional do Ensino Médio). A ideia de criar uma escolinha dentro do CMP foi de Márcio Ferreira, ex-executivo da Petrobras preso em maio de 2017. Ele juntou um grupo e foi até a chefia da segurança da cadeia para pedir um espaço para ensinar os presos pobres. A ideia foi bem recebida pelos carcereiros, que forneceram uma sala na entrada da quinta galeria que servia para o descanso dos agentes penitenciários. Os presos da Lava Jato montaram, então, uma grade curricular e se dividiram como professores, respeitando a formação de cada um.

Henriques, engenheiro formado pela Universidade Federal do Rio de Janeiro, ministrava aulas de física para uma dezena de alunos. Zelada dava aulas de língua portuguesa. O ex-presidente da Petrobras Aldemir Bendine ficou com redação. Durante um tempo, Zelada também organizou uma oficina cultural. Pegou emprestado um violão de um detento evangélico e juntos faziam apresentações de música popular brasileira para os colegas. Ensinou uns acordes aos interessados. O grupo acabou por implicância de um dos agentes, que achou que música era regalia demais para presos.

V
Novos e antigos detentos

PRIMEIRA CLASSE

Vários dos alvos de Sergio Moro que passaram pela Polícia Federal e foram posteriormente encaminhados para o Complexo Médico Penal, ao decidirem pela delação, voltaram à carceragem da PF. A quantidade cada vez maior de colaborações premiadas foi mudando o perfil do local. Depois de 2014, a galeria onde estão os cubículos 1, 2 e 3 ficou praticamente tomada. A solução encontrada pelos federais foi alojar nas três primeiras celas (que tinham uma cama cada) os que permaneceriam um bom tempo ali. Ficariam nas três últimas (maiores e com beliche) os presos da triagem, ou seja, aqueles que cumpririam um curto período no local antes de serem soltos ou encaminhados para o sistema prisional.

Os presos das três primeiras celas — muitos deles já condenados — tinham privilégios que fizeram com que a galeria ganhasse o apelido de *first class* (primeira classe), ou "ala VIP". A rotina do lugar ficou diferente da do pavilhão oposto, com mais liberdade para os presos e maior permissividade com a entrada de alimentos e objetos.

O tempo de casa fez de Youssef uma espécie de síndico da carceragem. Aos poucos, outros presos do Petrolão foram transferidos para perto do doleiro: o lobista Fernando Baiano, depois o operador Adir Assad, Nestor Cerveró, Pedro Corrêa e o casal de marqueteiros petistas João Santana e Mônica Moura. Até que do final de 2016 para 2017 já habitava o espaço um grupo formado por Marcelo Odebrecht, Antonio Palocci e Renato Duque.

Geralmente havia mais gente do que lugar para dormir na ala VIP. A solução encontrada pelos policiais foi deixar as celas abertas para que alguns dormissem no corredor e, ainda assim, pudessem ter acesso ao banheiro. Dormir no corredor significava ter que pegar no sono num local onde a luz fica ligada 24 horas. Nas celas, a iluminação se resume à das luminárias levadas pelos parentes dos presos.

A carceragem não foi feita para presos permanentes e, por isso, não havia tomadas no corredor ou nas celas. Moro permitiu a entrada de eletrodomésticos e outros equipamentos eletrônicos, que tiveram que ser ligados em grandes extensões de tomadas que ficavam no corredor. Com o tempo, foram chegando ventilador, depois um forno de micro-ondas, uma panela elétrica, uma sanduicheira, rádios. O cuidado da administração da custódia era que nenhum dos aparelhos tivesse sistema de conexão de internet sem fio. Alguns presos também conseguiram fazer entrar tablets para assistir a filmes. Essa tralha toda não cabia na pequena cela e foi acomodada no corredor da ala.

A televisão de Youssef ficava o dia todo ligada e era o principal passatempo dos encarcerados. O aparelho só recebia sinal da TV aberta e ficava quase sempre sintonizado na Globo, mesmo quando não havia ninguém assistindo. Para o desespero dos que dormiam cedo, sempre havia alguém em frente à tela durante a madrugada. Os presos se habituaram a acompanhar os telejornais da Record pela manhã e o da Band à noite. O noticiário frequentemente era motivo de piadas. Quando o *Jornal Nacional*, outro favorito na custódia, informou que o ex-diretor da Petrobras Jorge Zelada fora acusado de ter embolsado 20 milhões de dólares em propina, Alberto Youssef provocou o colega de cela: "Se o Zelada pegou vinte, imagino o quanto você não pegou, hein, Cerveró?". Todo mundo riu, só Cerveró não achou graça.

Depois dos telejornais, o campeão de audiência era o programa *Masterchef*, da Band, uma disputa entre aspirantes a chefs de cozinha. Renato Duque, considerado um bom cozinheiro pelos colegas, ficava cheio de ideias depois do programa. As possibilidades para invenções culinárias, porém, não eram grandes. Os presos VIP podiam receber até três tupperwares de alimento cozido (com algumas exceções, como peixe) e alguns alimentos industrializados, tudo em quantidades controladas. Produtos in natura eram proibidos, com exceção do arroz e do macarrão. Sem ingredientes para um prato mais elaborado, restava aos detentos usar as panelas para aquecer a refeição trazida pelas famílias ou fazer o "recorte da marmita", que é como eles chamam o reaproveitamento dos alimentos da quentinha do almoço para o jantar e que, basicamente, consistia em separar algumas partes da marmita e juntar com outros ingredientes para preparar algo diferente ou mais encorpado.

Uma geladeira foi colocada pelos policiais numa área entre as duas alas e era usada pelos VIPs para guardar os alimentos trazidos pela família. O ex-deputado Pedro Corrêa contou em entrevista à repórter Bela Megale, d'*O Globo*, que Marcelo Odebrecht se preocupava com a organização da geladeira. "Eu o chamava de 'Intendente', porque ele tinha um TOC [transtorno obsessivo-compulsivo] com a geladeira. Ele arrumava a geladeira todo dia e eu ia lá e desarrumava [gargalha]. 'Pô, Intendente, a geladeira tá desarrumada', dizia. Ele ficava louco. Intendente é o cara do Exército que toma conta da comida, das coisas todas. Ele era metódico, mas é uma pessoa simples."[1]

Os detentos da ala oposta só podiam armazenar algo na geladeira em casos excepcionais, como um alimento de uma dieta indicada por um médico, ou para guardar medicamentos. Em datas festivas, como Natal e Ano-Novo, os carcereiros abriam uma exceção e deixavam que houvesse integração entre todos os presos e a divisão dos alimentos trazidos pelos familiares dos VIPs.

Se no presídio estadual os presos ricos davam comida aos presos comuns para que limpassem o lugar para eles, na ala VIP da carceragem da PF quase não havia quem precisasse pegar no pesado em troca de alimento. O trabalho era dividido. Marcelo Odebrecht organizava as tarefas de limpeza. João Genu, o carregador de malas de propinas do Partido Progressista, se enfezou com uma de suas ordens e partiu para cima do empreiteiro. A turma do "deixa disso" chegou a tempo de evitar que os dois rolassem pelo chão. Mas, fora esse episódio, o rodízio funcionava e cada um fazia um pouco.

Na maioria das vezes, porém, a faxina ficava por conta de Nelma Kodama, a doleira e ex-amante de Alberto Youssef. Não por imposição dos que estavam ali. É que ela tinha obsessão por limpeza. Assim que acordava, ia direto ao armário pegar o material. Munida de balde, panos de chão, rodo e vassoura, logo começava a limpeza. Primeiro lavava o corredor e depois ia de cela em cela varrendo, passando pano. Não importava se alguém ainda estivesse deitado ou sentado, Nelma mandava a pessoa levantar ou erguer os pés para que ela pudesse alcançar a poeira escondida embaixo da cama. Ninguém reclamava. E ela justificava: "Não suporto lugar sujo. Não é porque estamos presos que precisamos viver como porcos".

Depois da faxina, a doleira ia para o fundo do pavilhão, onde ficavam os chuveiros. Nessa hora, todos os homens ficavam trancafiados na ala. Porém, um dos empreiteiros tentava diariamente espiar Nelma sem roupa.

Assim como aconteceu no CMP, a presença de presos abonados aumentou em muito a demanda de advogados querendo conversar com seus clientes. O parlatório não dava conta. Na custódia, em geral, os presos conversavam com seus defensores no corredor, mas quando o assunto era acordo de delação premiada, que requeria sigilo, era permitido programar o encontro em uma das duas salas usadas pelos agentes, próximas da carceragem. Outra adaptação foi arrumar um espaço atrás do parlatório para que dentistas pudessem tratar seus clientes. Era comum ver no caminho do parlatório um colega com a boca escancarada, deitado numa cadeira inclinada.

O Japonês da Federal também ajudava a melhorar a vida dos presos e seus parentes. Com o tempo, ele foi estreitando o contato com os familiares e os advogados de grife. Não demorou para que começasse a quebrar galhos para as visitas. Não é difícil encontrar um parente de empreiteiro ou advogado de lobista que tenha o número do aparelho celular do agente. Várias pessoas trocavam mensagens com ele para saber como estava um amigo, cliente ou parente. Se o preso ganhava a simpatia do agente, ele retirava-o da cela e levava para a sala dos carcereiros para que fizesse uma chamada de vídeo do próprio celular de Ishii. Apesar dos riscos que esse tipo de atitude implicava, todos juram que não havia recompensa para tanta gentileza. "O japonês é bonzinho", diziam.

O JAPONÊS BONZINHO

Como os investigados da Lava Jato superlotavam as três celas do segundo pavilhão da Polícia Federal de Curitiba, a cadeia cheia fez com que um contrabandista de cigarros fosse parar na cela onde estava o fumante Ricardo Pessoa, ex-presidente da UTC Engenharia. O empreiteiro, adepto de um bom bate-papo e já entediado com os colegas de cubículo, interessou-se pela história do falante rapaz. Ele contava em tom de heroísmo os sufocos que passara para atravessar a fronteira do Brasil com o Paraguai transportando caixas de muamba.

Ricardo se divertia com a história quando Newton Ishii — ainda sem a fama de Japonês da Federal — interrompeu a conversa para convidá-lo para fumar um cigarro do lado de fora. Quando o contrabandista viu o carcereiro na porta da cela, arregalou os olhos. O Japonês mal tinha virado as costas quando o muambeiro contou que "já tinha cansado de vender cigarro contrabandeado para Ishii" em Foz do Iguaçu. Os empreiteiros primeiro acharam graça na história, depois souberam que Ishii realmente morou em Foz e fazia parte de uma equipe que fiscalizava o vaivém de pessoas que atravessam a Ponte da Amizade, que liga a cidade brasileira com a paraguaia Ciudad del Este.

Descobriram mais tarde que Ishii fora investigado pelos próprios colegas de PF, acusado de integrar um grupo de policiais e fiscais da Receita Federal que agia para facilitar a vida de contrabandistas da região. As provas colhidas na investigação, batizada de Operação Sucuri, fizeram com que Ishii amargasse quatro meses de cadeia, de onde só saiu graças a um habeas corpus que permitiu que se defendesse em liberdade. Em 2009, foi condenado a quatro anos, dois meses e 21 dias de reclusão pelos crimes de corrupção e descaminho.

Seus advogados começaram então uma batalha para convencer os tribunais superiores de que seu cliente era um injustiçado em meio a dezenas de policiais federais, policiais rodoviários federais e auditores da Receita Federal que recebiam suborno para fazer vistas grossas a criminosos que inundavam o país com mercadorias ilegais. Seria um longo caminho.

Enquanto torcia por uma decisão favorável no Superior Tribunal de Justiça, Newton Ishii foi alvejado por outra suspeita. Em 2015, já no posto de celebridade da Lava Jato, seu nome foi citado em diálogos comprometedores entre Bernardo Cerveró, filho do ex-diretor da Petrobras Nestor Cerveró; o senador petista Delcídio do Amaral; seu chefe de gabinete, Diogo Ferreira; e Edson Ribeiro. A conversa foi gravada por Bernardo, que suspeitava que Ribeiro, que era advogado de seu pai, estava fazendo jogo duplo para impedir uma delação.

Os quatro falavam sobre a situação de Cerveró, quando Delcídio disse que André Esteves, dono do Banco BTG, havia conseguido uma cópia da proposta de delação que mencionava o banqueiro. O senador falou então sobre um plano de tirar Cerveró da cadeia por meio de um habeas corpus e depois ajudá-lo a fugir para o Paraguai. Em troca do silêncio do ex-diretor seriam pagos 4 milhões de reais em honorários ao advogado Ribeiro, mais uma mesada de 50 mil reais para a família. Tudo patrocinado pelo dono do BTG.

Especulou-se sobre quem teria vazado os papéis que, em tese, chegaram a Esteves. O advogado não hesitou em apontar o culpado: "É o Japonês. Se for alguém, é o Japonês". O chefe de gabinete de Delcídio concordou: "É o Japonês bonzinho". Edson Ribeiro completou dizendo que Ishii "vende informações para as revistas".

A gravação foi entregue por Bernardo aos procuradores da Lava Jato com o intuito de aliviar a situação do pai. Teori Zavascki, do

Supremo Tribunal Federal, foi informado do caso e mandou prender André Esteves, Delcídio do Amaral, Edson Ribeiro e Diogo Ferreira. O vazamento de uma delação sigilosa para um delatado enfureceu os ministros do STF, e a Polícia Federal mandou abrir uma investigação sobre o caso. O inquérito descartou a possibilidade de que um agente federal pudesse ter contrabandeado a proposta da delação de Cerveró e transferiu a suspeita para os advogados Sérgio Riera e Alessi Brandão, que haviam trabalhado para o ex-diretor da estatal, mas ninguém foi indiciado. Com esse caso o Japonês da Federal não teria mais que se preocupar.

Mas no dia 7 de junho de 2016 o fantasma da Operação Sucuri voltou a assombrar. Newton Ishii foi novamente preso. Os recursos apresentados por seus advogados foram todos rejeitados pelos tribunais superiores e as possibilidades de contestação estavam esgotadas. O agente se entregou aos colegas da Superintendência, que decidiram que ele não iria para a carceragem. Ishii passou a noite na sala em que trabalhava e, no dia seguinte, foi encaminhado para o Centro de Operações Policiais Especiais da Polícia Civil do Paraná. Ficou sozinho numa cela por dois dias.

Para a sorte do condenado, desde então a Polícia Federal e os juízes trataram seu caso com uma complacência que não costumavam dispensar a suspeitos de corrupção. O superintendente Rosalvo Franco, chefe da PF no Paraná, encaminhou uma petição à Justiça sugerindo que seu velho amigo tivesse o benefício de trocar a cadeia por uma tornozeleira eletrônica. E foi além, dizendo que ele tinha ganhado notoriedade ao realizar as escoltas dos presos da Lava Jato e que o equipamento de monitoramento permitiria que ele voltasse ao trabalho e dormisse em sua própria residência. O argumento foi aceito.

Depois de uns dias de descanso, o Japonês da Federal voltou a vigiar os presos da Lava Jato. Nenhum dos investigadores nem

Sergio Moro demonstraram incômodo com a insólita situação de um condenado em um caso de corrupção ser responsável pela custódia de pessoas envolvidas com suborno. Ishii voltava ao cotidiano da carceragem como se nada tivesse acontecido. Os presos também não ousaram tocar no assunto.

Em setembro, o personagem mais folclórico da Polícia Federal voltou aos holofotes conduzindo pelo braço o pecuarista José Carlos Bumlai, amigo de Lula. A calça militar preta, folgada nas pernas, impedia que alguém notasse o aparelho no seu tornozelo. No mês seguinte, já não haveria mais necessidade de esconder as pernas. Em 4 de outubro, o Japonês da Federal acabou de quitar seu débito com a Justiça e tirou de vez a tornozeleira. A Polícia Federal explicou que a rapidez no pagamento da dívida foi porque Newton teve direito a um bom desconto, já que a cada três dias de trabalho na carceragem da PF era abatido um dia de pena.

O carcereiro certamente respirou aliviado com o encerramento de um processo administrativo em que ele era investigado por irregularidades, outra consequência das acusações feitas durante a Operação Sucuri. Outros colegas presos no mesmo caso foram demitidos e perderam o direito à aposentadoria. Mas os policiais que analisaram seu caso discordaram de juízes federais, desembargadores e ministros do STF, considerando que o agente federal mais conhecido do país tinha sido vítima de uma arbitrariedade na investigação sobre o contrabando em Foz do Iguaçu. Ishii poderia se aposentar imediatamente, mas preferiu ficar mais um pouco. Ele ainda tinha uma última missão dentro da custódia.

Sem que seus chefes soubessem, Ishii destrancou as portas da carceragem para que o jornalista Luís Humberto Carrijo, que fora assessor de imprensa da Fenapf (Federação Nacional dos Policiais Federais) e estava preparando sua biografia autorizada, tivesse acesso a sete dos presos mais notórios da Lava Jato: Marcelo Odebrecht, José Dirceu, Eduardo Cunha, Pedro Corrêa, Adir Assad, Renato Duque e Nestor Cerveró. Sob os olhos de Ishii, nenhum dos presos se recusou a falar. Antonio Palocci também seria entrevistado, mas a presença de um jornalista na carceragem foi descoberta por um delegado, que expulsou Carrijo e deu um pito no carcereiro.

Em fevereiro de 2018, enfim, Newton Ishii se aposentou e divulgou que um livro sobre ele estava no forno. Deu entrevistas a jornais, revistas e programas de televisão. Em julho, foi lançado *O carcereiro: O Japonês da Federal e os presos da Lava Jato*, em que emerge um protagonista heroico, descrito pelos próprios presos como destemido, inteligente, cativante, impoluto, divertido e mais uma penca de adjetivos simpáticos. Como não convém a um policial ser conhecido apenas pela doçura e cordialidade, os entrevistados para o livro ressaltaram que o agente era enérgico quando necessário, mas sempre guiado por sólidos princípios éticos e morais, claro.

O Japonês da Federal retribuiu os afagos: o lobista Adir Assad, responsável por transformar milhões de reais de dinheiro público em propina, é classificado como "legal pra caramba" e "gente boa". Ishii também se mostrou compassivo ao sofrimento do ex-diretor da Petrobras Renato Duque, que alegava que seu crime (embolsar milhões em suborno) não passava de uma inconveniência que poderia acontecer com qualquer um. E o homem mais rico da cadeia, Marcelo Odebrecht, conquistara a admiração do agente.

Garantir que seria retratado como um herói da Lava Jato parece ter sido a última missão do Japonês na Polícia Federal. Assim que ela foi cumprida, Newton Ishii se aposentou. Na eleição de 2018 virou garoto-propaganda do Patriota do Paraná, gravando vídeos para promover candidaturas do partido. Foi escolhido para presidir a legenda no estado. Atualmente, apesar de não ser mais dirigente, continua filiado, junto com a filha.

LIBERANDO O ESTRESSE

Depois que Marcelo Odebrecht assinou o acordo de delação premiada, o juiz Sergio Moro o autorizou a receber um equipamento de ginástica chamado air-climber,[2] desses que se anunciam na TV e que simulam subida em escadas, caminhadas e corridas sem que praticamente se saia do lugar. Esse era dos poucos aparelhos que ficavam dentro da cela, acomodado debaixo da cama do empreiteiro.

Há uma pequena academia de ginástica utilizada pelos agentes da PF num espaço próximo à carceragem. Marcelo Odebrecht não podia frequentar o local, mas pelo menos três presos ganharam autorização para correr na esteira duas vezes por semana — o ex-deputado Pedro Corrêa, que sofre de diabetes e de problemas na coluna; Alberto Youssef, que tem problemas cardíacos; e mais tarde o ex-presidente da OAS Léo Pinheiro, que passara por uma cirurgia na coluna. Eles apresentaram laudos médicos que convenceram a direção da PF a liberar o espaço, mas iam para a sala sempre acompanhados de agentes e fisioterapeutas.

Já Palocci, que não é apegado a exercícios físicos, resolveu cuidar do estresse plantando um jardim.[3] A demanda nem chegou a Moro; foi resolvida internamente num acordo verbal. O ex-ministro foi autorizado a receber pequenos vasos, terra adubada e mudas de plantas. Escolheu as espécies que têm alguma propriedade calmante: alecrim, lavanda e erva-doce. Estava para receber mais terra adubada e mudas de maracujá quando o ex-presidente Lula foi preso, em abril de 2018, e a rotina na Superintendência mudou. Os agentes, com medo de que o jardim fosse descoberto e encarado como uma regalia injustificável, suspenderam a entrada dos produtos. Afinal, os olhos do mundo estavam voltados para o prédio do bairro de Santa Cândida. Palocci ficou com as plantas que já tinha. Os vasinhos ficavam durante o dia na área do banho de sol e os outros presos elogiavam o cultivo de Palocci, que "deu vida" ao lugar.

Além de traficantes, contrabandistas e estelionatários presos em flagrante, havia também os presos vindos de operações de combate à pedofilia, fraudes em universidade, desvios em bancos públicos e a Operação Carne Fraca (iniciada em março de 2017), que prendeu acusados de um esquema de pagamento de propina por frigoríficos a políticos e funcionários do Ministério da Agricultura. Em determinados períodos, a custódia da PF, projetada para abrigar nove pessoas, acomodou mais de quarenta.

Houve situações inusitadas de convívio harmonioso entre delatores e delatados. Marcelo Odebrecht dormia a poucos metros de Aldemir Bendine, ex-presidente do Banco do Brasil e da Petrobras, apontado por ele como recebedor de propina da empresa baiana. O empreiteiro mantinha boa relação também com outros que foram denunciados por ele, como Antonio Palocci e João Santana.

Youssef também tirava de letra o convívio com pessoas que traíra, mas uma vez o clima esquentou. O operador João Cláudio Genu, que fora assessor do ex-deputado federal José Janene, um dos líderes do Partido Progressista (PP), morto em 2010, foi preso em 2016 e enviado à custódia da PF. Os federais chegaram a ele graças aos depoimentos de Youssef, que também apresentou uma planilha em que Genu aparecia como responsável pela arrecadação da propina ao PP. O dinheiro vinha de acerto entre empresas com contratos com a Petrobras e a diretoria de Abastecimento da estatal. Genu, claro, ficava com um naco do dinheiro sujo — mais de 4 milhões de reais, segundo os procuradores.

Pouco antes de Alberto Youssef ser preso, Genu cobrava dele uma dívida de repasses atrasados do esquema. Só que o doleiro foi preso, não saldou o que devia e ainda o implicou na Lava Jato. Era demais para Genu. No primeiro banho de sol em que teve acesso a Youssef, o ex-assessor parlamentar dirigiu ao doleiro um rosário de impropérios. Dedo em riste, acusou-o de traidor, de roubar os amigos e mentir para se safar. Classificou-o como o pior tipo de sujeito que existe. O doleiro ouviu calado. Genu parecia estar só esperando uma reação para iniciar a pancadaria. Os gritos chamaram a atenção dos agentes, que se juntaram aos outros delatores na turma do "deixa disso". Genu foi colocado de volta na cela para se acalmar. Youssef, em segundos, parecia refeito.

OS DOUTORES

O pecuarista José Carlos Bumlai, amigo do ex-presidente Lula e preso no final de 2015 pela Lava Jato, procurou o ex-deputado federal Pedro Corrêa logo de manhã para contar sobre uma mancha vermelha que notara na urina: "Eu mijei sangue hoje, Pedro. O que pode ser?". Pedro Corrêa olhou com atenção para o pecuarista e devolveu a pergunta: "Doeu na hora em que você urinou?". "Não, ainda bem que não doeu nada", disse achando que a ausência de desconforto pudesse ser um bom sinal. "Então você deve fazer logo um exame. Diga para seu advogado providenciar isso com urgência."

Diante da resposta, o pecuarista perguntou o que poderia ser. Corrêa não escondeu a gravidade da situação. "Olha, Bumlai, só um exame vai dizer, mas sangue na urina sem dor pode ser tuberculose ou até um tumor." O diagnóstico feito na cela de uma cadeia estava na direção correta. Bumlai fez os exames e foi detectado um câncer de bexiga. E aquela não havia sido a primeira vez que Corrêa atendia Bumlai, porque o pecuarista já havia se acidentado quando preparava um chá. Desajeitado, deixou a água que fervia na resistência improvisada cair no colo e se queimou. Corrêa o socorreu. Ele se firmava como o médico do grupo.

Preso pela segunda vez em abril de 2015 — a primeira foi após condenação no mensalão —, o ex-deputado viu sua carreira política ir para o ralo após as revelações do esquema na Petrobras. Ele sabia que passaria um bom período na cadeia e ficou perdido. No início, ainda na carceragem da PF, passava o dia sem fazer nada, puxando papo com os colegas de cela e agentes. Com os advogados, começava falando dos processos e depois alongava o papo com assuntos banais.

Pedro Corrêa chegou à custódia obeso e com uma coleção de problemas de saúde. Tomava medicamentos para tratar da hipertensão e injeções de insulina por causa da diabetes. Sofria ainda de insuficiência renal e males no pulmão. Os colchões finos da custódia colaboraram para o agravamento de um problema na coluna, que lhe causava fortes dores (em 2017 saiu da cadeia de tornozeleira para fazer uma cirurgia no local). Vários dos presos cuidaram do ex-deputado. O ex-vereador Alexandre "Chambinho" Romano, preso na fase Pixuleco 2 (2015), lembrava-o das horas dos remédios. Youssef o acudiu em um dia em que passou mal e quase desmaiou.

Por causa da fragilidade física, Corrêa era poupado das tarefas cotidianas. Os mais novos, como Romano e Mateus Coutinho, da OAS, se voluntariavam para executar os trabalhos de limpeza das celas no seu lugar. A medicina, então, foi uma maneira de retribuir aos outros detentos.

Corrêa formou-se em medicina pela Universidade Federal de Pernambuco e se especializou em radiologia, mas pouco exerceu a profissão. Em 1978 foi eleito deputado federal pela Arena, partido que deu sustentação à ditadura militar. Dali em diante, deixou o estetoscópio na gaveta. Quando foi atingido pelos dois maiores escândalos de corrupção da história recente do país (Mensalão e Petrolão), era identificado como uma das principais lideranças do Partido Progressista.

Na cadeia, depois que os presos souberam que havia um médico entre eles, passaram a pedir ajuda para tratar de problemas como dores de cabeça, sintomas de gripe e garganta inflamada. Isso aconteceu tanto nos períodos em que esteve na carceragem da Polícia Federal como no Complexo Médico Penal, que dispunha de médicos, enfermeiros e até de um hospital. Corrêa atendia aos detentos em sua cela, com estetoscópio no pescoço e uma pequena caixa com medicamentos. E não foram apenas males menores, pois foi chamado até para atender emergências.

Numa noite, na PF, o ex-diretor da Odebrecht Óleo e Gás Roberto Prisco Ramos, em prisão temporária na fase Xepa (2016), começou a se queixar de fortes dores na cabeça e mal-estar. Os colegas perceberam que ele suava muito. Numa rápida reunião, decidiu-se que era o caso de chamar o agente penitenciário de plantão. O problema é que numa cadeia ninguém tem a chave das portas e o chamado à distância não funcionou. Os detentos berravam, mas o carcereiro não ouvia porque estava na sala de ginástica e corria na esteira com fones de ouvido e a televisão ligada. Era final de semana, quando o regime de plantão na Polícia Federal deixa a equipe de carcereiros reduzida e os prisioneiros ficam confinados nas celas praticamente o tempo todo.

Prisco Ramos sofria, segundo laudos médicos, de "grave hipertensão lábil, reativa a estresse emocional",[4] que é o aumento brusco e acentuado da pressão arterial causado por uma carga de estresse emocional, um quadro que pode levar a um ataque cardíaco ou a um acidente vascular cerebral. Para piorar, ele ainda havia sido diagnosticado com "adenocarcinoma da próstata/neoplasia", o temido câncer de próstata. A prisão evidentemente não melhorou sua condição.

À medida que o tempo passava, o executivo piorava. Quando, enfim, o agente percebeu a gritaria na carceragem, correu para soltar Pedro Corrêa para que pudesse prestar socorro ao homem. O ex-deputado envolveu um esfigmomanômetro no braço do empreiteiro para medir sua pressão arterial. Pressionou repetidas vezes e com rapidez a bombinha que enchia a braçadeira de ar. Os colegas de cela assistiam a tudo em silêncio. Ao final, Corrêa olhou para o ponteiro do medidor do aparelho, virou a cabeça para o agente e disse: 23 por 15. Era uma marca muito acima da considerada ideal, que gira em torno dos 12 por 8. Pedro Corrêa então abriu sua caixa de remédios e pediu água para os agentes. Fez o colega tomar três comprimidos de Isordil para baixar a pressão e uma cápsula de ansiolítico para acalmá-lo. "Chame o Samu, o homem não está bem", disse ao carcereiro. A intervenção do ex-deputado ajudou a estabilizar o quadro até a chegada ao hospital.

Em 2016, de volta à custódia da PF após um período no CMP, Pedro Corrêa ganhou a companhia de um colega de medicina. Antonio Palocci havia sido preso por ordem de Sergio Moro, juntamente com seus assessores Juscelino Dourado e Branislav Kontic, conhecido como Brani. O petista tinha se formado pela USP de Ribeirão Preto e, assim como Corrêa, abandonara a área da saúde para seguir carreira política.

Foi nesse período que Pedro Corrêa enfrentou a situação mais grave. No primeiro dia de outubro daquele ano, um sábado,

Branislav Kontic tentou suicídio por meio de uma overdose de medicamentos. Os presos que dividiam o xadrez com ele perceberam que o assessor de Palocci estava passando mal e Pedro Corrêa foi chamado para socorrê-lo. Brani estava deitado, inerte e pálido. Sua pulsação já estava bem fraca.

Fazia cinco dias que o assessor de Palocci estava detido e já se sabia que ele se tratava de uma depressão. Corrêa então fuçou nas coisas de Brani e notou que a caixa de ansiolíticos que trouxera consigo estava vazia. Com a ajuda de outros presos, colocou Brani sentado na cama e tentou despertá-lo. Um preso trouxe café. A essa altura, os agentes já haviam chamado a ambulância. Brani foi levado para o Hospital Santa Cruz, no bairro do Batel, região central de Curitiba, e submetido a uma lavagem estomacal. Pedro Corrêa orientou os paramédicos da ambulância sobre a intoxicação e forneceu a eles a caixa do ansiolítico usado na tentativa de suicídio, para agilizar a reanimação de Brani.

Palocci também atendia aos colegas de cárcere vez ou outra. O ex-presidente da Câmara Eduardo Cunha, assim que chegou à carceragem da PF, queixou-se de ardência nos olhos. O ex-ministro petista examinou e sugeriu um colírio. Já era noite e não havia como contatar o advogado de Cunha. Palocci então pediu o remédio para Pedro Corrêa, que tinha uma pequena farmácia em sua cela.[5] Cunha também sofreu com dor de dente, e os médicos locais cuidaram dele com analgésicos.

Até questões estéticas foram alvo de consulta. O ex-ministro receitou um medicamento que ajudaria Renato Duque a recuperar os cabelos que haviam caído do topo da sua cabeça. Não deu certo. Duque continuou careca.

No início de 2017, foi Pedro Corrêa quem precisou de cuidados médicos intensivos. Uma hérnia de disco comprimia o canal raquimedular, causando dores que ele descrevia como alucinantes. O ex-deputado já apresentava sérias limitações e quase não andava mais. Em março, deixou a carceragem da PF para fazer uma cirurgia conhecida como artrodese, que imobilizou os discos L4 e L5 da sua coluna. De lá, foi para casa, no Recife, cumprir o resto da pena.

Palocci passou então a ser o único médico no local, e foi ganhando cada vez mais protagonismo. Circulava com desenvoltura pela carceragem; afinal havia fechado uma delação com a própria Polícia Federal. Até então, os delatores da Lava Jato em Curitiba tinham seguido o caminho usual de fechar acordo com o Ministério Público. Palocci também havia tentado essa via, mas os procuradores não quiseram levar adiante suas confissões. Consideraram que as histórias contadas por ele traziam pouca novidade e não vinham acompanhadas de provas. No entanto, para a Polícia Federal, fechar um acordo com um preso estrelado da Lava Jato, que ainda por cima falava de Lula, e ver essa delação ser homologada pela Justiça, mesmo sem a anuência da Procuradoria, tornava Palocci um prisioneiro valioso. O ex-ministro mandava na carceragem, diziam os colegas.

Em 29 de novembro de 2018, o ex-ministro dos governos petistas foi pagar o resto da pena em prisão domiciliar, em São Paulo. Antes de sair, ainda conseguiu ajudar um amigo petista. O publicitário Valdemir Flávio Garreta havia sido preso durante a 56ª fase da Lava Jato, que investigava desvio de dinheiro da Petros, fundo de pensão dos funcionários da Petrobras. Explosivo, viu-se acuado pela prisão e entrou em pânico. O carcereiro de plantão resolveu então chamar Palocci para medicar o publicitário. De estetoscópio no pescoço, Palocci cumprimentou calmamente o ex-correligionário: "Tudo bem, Garreta?". "Não, né?", foi a resposta. Palocci deu um sorriso, pegou o braço dele e posicionou o aparelho de pressão. O ponteiro marcou pressão nas alturas.

Palocci medicou o colega, recomendou calma e se despediu. Foi sua última consulta dentro da carceragem.

A FAMA

A maior parte dos alvos da Lava Jato sofria com a transmissão de suas prisões em rede nacional pela imprensa. Mas houve quem aproveitasse a discutível fama. Quando foi transferido para o CMP, Fernando Baiano distribuiu autógrafos aos parentes dos presos que iam para a visita semanal sem nenhum constrangimento. A mesma coisa entre os colegas do CMP. Parecia gostar da alcunha de "preso da Lava Jato".

Youssef também não parece se incomodar com a notoriedade. Já estava acostumado com o entra e sai das prisões e ostenta uma certa vaidade ao demonstrar suas habilidades de falsário. Numa tarde de 2015, os executivos da Odebrecht ouviram Youssef dar uma aula a estelionatários paraguaios. Os falsários contaram ao doleiro sobre suas trapaças e sobre como foram pegos. Youssef apontou os erros no método utilizado e ensinou o que deveriam fazer para não serem descobertos. Ele nunca esquecia de citar os bilhões que ganhara e que conhecera intimamente gente famosa e pilotara seu próprio avião.

O doleiro tem a pretensão de um dia ser protagonista de uma obra cinematográfica sobre sua trajetória. Ele conta que assistiu várias vezes ao filme *Prenda-me, se for capaz* (*Catch Me If You Can*, no original), uma mistura de drama e aventura dirigido por Steven Spielberg, que conta a história real de Frank Abagnale Jr., um falsário vivido por Leonardo di Caprio.

Abagnale Jr. foi caçado pelo FBI na década de 1960 por ter aplicado vários golpes no sistema bancário dos Estados Unidos.

Começou no estelionato aos dezesseis anos, passou por várias cidades americanas se apresentando como médico, advogado e piloto de avião. Retratado como um gênio do crime, Abagnale Jr. foi capturado por Carl Hanratty, agente do FBI interpretado por Tom Hanks. No final, após ficar cinco anos preso, o criminoso é convidado a ensinar os investigadores a detectar fraudes. Mais tarde, montou consultoria para orientar instituições financeiras a se proteger de falsários.

Quando saiu da cadeia, em novembro de 2016, Youssef imaginava que tinha cumprido a primeira etapa de uma história similar à do personagem de Di Caprio. Aprendeu sozinho a pilotar um avião e cometeu crimes financeiros que movimentaram bilhões de dólares. Foi preso, e a segunda parte do seu filme estava para ser escrita com o epílogo do bandido que vira herói. O problema é que os policiais federais não toparam esse roteiro. Youssef então procurou escritórios de advocacia e empresas se oferecendo como consultor de *compliance* — departamento anticorrupção que virou moda depois da Lava Jato —, mas até agora não houve receptividade.

A doleira Nelma Kodama também não rejeitou o papel de celebridade. Ao depor na CPI da Petrobras, explicou a relação com Alberto Youssef cantando "Amada amante", sucesso de Roberto Carlos. Repetiu o refrão com os braços abertos olhando para os parlamentares como se tivesse uma plateia a sua frente. Em dezembro de 2015, ela recebeu em sua cela duas mulheres que haviam sido flagradas vendendo ingressos falsos para o show do músico David Gilmour, ex-vocalista da banda inglesa Pink Floyd, em Curitiba. O nervosismo inicial das estelionatárias deu lugar à curiosidade quando perceberam que estavam dividindo o xadrez com uma personagem famosa da Lava Jato. Carlene Bezerra Braga e Naiara Maria da Silva começaram a fazer perguntas para

Nelma. Ela conhecia as pessoas da TV? Já tinha dado entrevista para algum jornalista famoso?

Durante a noite, as duas, acostumadas ao calor de São Paulo, começaram a sofrer com o ar gelado da carceragem paranaense. Pedro Corrêa então deu a elas duas camisetas brancas bem grandes, que foram usadas como manta. No dia seguinte, elas ainda não haviam esgotado o arsenal de perguntas para as celebridades do crime do colarinho-branco quando um agente veio informá-las de que seriam libertadas. Nelma prometeu que tentaria ajudá-las a voltar para São Paulo, e Youssef e Pedro Corrêa aconselharam que não dessem mole outra vez, para que não tivessem que voltar a um lugar daqueles.

As duas decidiram que não iriam embora dali sem uma lembrança. Pediram aos famosos que autografassem as camisas doadas por Pedro.

Carlene e Naiara saíram pela portaria do prédio e viram uma equipe da RPC,[6] afiliada da TV Globo no Paraná. A câmera atraiu as duas para perto. Os jornalistas esperavam a saída de Fernando Baiano, que estava prestando depoimento aos delegados da Lava Jato, mas as duas tietes poderiam valer, sim, uma exótica entrevista. Naiara esticou a camisa branca em frente ao corpo — como se fosse um banner — e Carlene contou à repórter como tinha sido sua experiência na ala VIP do sistema prisional. "A gente foi presa e veio pra cá e, de repente, estava lá na cela com eles. Aí o Pedro Corrêa deu uma camiseta para mim e outra pra ela. E, na hora de vir embora, eu pedi para eles autografarem essa camiseta para nós."

O cinegrafista então foca na camiseta branca rabiscada de recados.

Naiara e Baixinha, Deus te abençoe. Lava a Jato, Nelma Kodama. Feliz Natal!

A dedicatória da doleira foi escrita em azul e vermelho, com coraçõezinhos desenhados. Iara Galdino mandou beijos em letras verdes. Elas ainda escreveram uma pequena carta com uma pregação religiosa às estelionatárias. Na assinatura, Nelma assinalou a credencial da atividade criminosa que a levou para a prisão.

Querida Baixinha!
O nosso Deus é o Deus do impossível. Deus é fiel!
Vá para casa. Dê um abraço do tamanho de um mundo na minha cidade preferida.
Logo eu também estarei em São Paulo.
Um beijo,
Nelma Penasso Kodama
Doleira da Lava Jato
e
Iara Galdino

Pedro Corrêa registrou um abraço na camiseta, o local em que estava na hora do autógrafo, e, coerente ao discurso recorrente da cadeia, arrematou com uma frase religiosa.

Superintendência da Polícia Federal
Curitiba – PR
15/12/2015
Deus é fiel!

Youssef, que também se mostrou crente, invocou Deus para abençoar as duas falsárias. Além dos autógrafos, elas ganharam chocolate, calmante e água de Youssef e de Pedro Corrêa. Carlene, a porta-voz da dupla, tentou resumir o que havia acontecido: "Ah, eu achei bem diferente. Eu nem acreditei, na verdade, que estava com pessoas assim, tão poderosas, né? Eles têm uma fama, eles são famosos. Então a gente... eu nem sei como me senti na hora em que vi que eram eles que estavam lá mesmo".

RICHA E CUNHA

Era perto das oito da noite. As TVs das celas da sexta galeria estavam ligadas e o cheiro de comida se espalhava pelo pavilhão. No CMP, a marmita do jantar é entregue às cinco da tarde, mas ninguém se anima a comer tão cedo. A fome começa a bater três horas depois e com ela a necessidade de requentar o alimento.

Como não há fogareiros nos cubículos, os detentos fervem suas marmitas num banho-maria aquecido pelo rabo-quente (o cabo com uma resistência na ponta mergulhado num recipiente com água, ao qual já me referi). O problema é que a cadeia não tem estrutura para um pico de consumo de energia. Naquele dia, depois de um tempo, ouviu-se um estampido seguido de escuridão. O disjuntor na caixa de luz havia desarmado.

Quando o apagão acontecia, o responsável por devolver a luz ao ambiente era o ex-governador do Paraná Beto Richa, do PSDB. Acusado de desviar verbas do estado que comandava, ele ocupava uma cela localizada do lado de fora da sexta galeria, mas bem próxima do portão de entrada da ala. Aquela era a sala de Estado-Maior que havia sido reformada para abrigar o ex-presidente Lula em caso de transferência para o CMP. Richa tinha como companheiro de cela seu braço direito, Ezequias Moreira, que fora titular da Secretaria Especial de Cerimonial e Relações Exteriores, também acusado dos desvios.

Como o problema de queda de energia era frequente, os agentes penitenciários deixaram um mecanismo preparado.

Amarraram um barbante na alavanca do disjuntor e deixaram a ponta pendurada. O quadro de luz ficava bem ao lado da cela de Richa. Assim que a energia caía — e começava a gritaria dos detentos —, Richa abria a "bocuda" (pequena abertura na porta da cela, fechada por uma portinhola) e esticava o braço para o lado de fora. Com o peito colado à porta, dobrava o cotovelo e tentava alcançar o barbante. Sem ver o que estava fazendo, sua mão ficava cavoucando o ar até que ele sentia o fio entre os dedos. Agarrava e puxava com força até ouvir o estalo. Pronto, o disjuntor fora novamente acionado. Era o fim do apagão.

Richa comandou o Paraná por oito anos, de 2011 a 2018. Na sua gestão aconteceram algumas das mais sangrentas rebeliões do estado, muitas delas motivadas pela falta de estrutura dos presídios. Quando a luz caía na sexta galeria, ouvia-se na escuridão: "Essas suas cadeias são uma bosta, Beto". Em pelo menos um ponto, o governador concordava com os protestos. O gosto da comida não era dos melhores. "Não sei como aprovei a licitação desta fornecedora", dizia aos colegas de cadeia, referindo-se à Risotolândia, empresa que entregava as marmitas.

Richa foi preso três vezes entre setembro de 2018 e abril de 2019. Duas delas aconteceram em operações comandadas pelo Ministério Público do Estado do Paraná, que apuraram desvios de verbas em programas de conservação de obras em estradas rurais (Operação Radiopatrulha) e na construção e reforma de escolas públicas (Operação Quadro-Negro). Em outra ocasião, Richa foi detido a pedido dos procuradores da Lava Jato, acusado de obstrução de Justiça no âmbito da fase 55 da Lava Jato — batizada de Integração 2 —, que investigou esquema relacionado à administração das rodovias federais no Paraná. Richa teria pressionado testemunhas que iriam depor no caso. Os procuradores acusaram-no de participar do esquema de desvio de verbas e de ter cometido os crimes de corrupção passiva, lavagem de dinheiro e associação criminosa. Ele concorria ao Senado na época da primeira prisão e não conseguiu se eleger.

Apesar do número de prisões, Richa ficou pouco tempo atrás das grades. Contando as três vezes, ficou detido por 28 dias. Foram quatro dias em 2018, sete dias em janeiro de 2019 e outros dezessete entre março e abril deste mesmo ano. Ele foi libertado da primeira prisão após decisão do ministro Gilmar Mendes, do Supremo. As outras duas couberam ao presidente do STJ (Superior Tribunal de Justiça), ministro João Otávio Noronha, e a uma decisão da 2ª Câmara Criminal do Tribunal de Justiça do Paraná.

Numa noite, Ezequias, colega de cela de Richa, começou a passar mal quando os cubículos já estavam fechados e o ex-governador resolveu que era o caso de chamar socorro. O problema é que o carcereiro de plantão ficava no final da rampa que dá acesso à quinta e à sexta galerias. O único jeito de alertá-lo era fazendo barulho. Richa então passou a gritar, e os outros presos entenderam, engrossaram o coro e reforçaram batendo na lataria da porta do xadrez. Deu certo. O carcereiro ouviu e Ezequias foi socorrido.

No último período preso, Richa conviveu com um velho conhecido das rodas tucanas: o engenheiro Paulo Vieira de Souza, o Paulo Preto. Ex-diretor todo-poderoso da Dersa (Desenvolvimento Rodoviário S.A.), estatal paulista responsável por obras viárias no estado, Paulo Preto é apontado como um dos grandes arrecadadores de dinheiro para campanhas do PSDB e é investigado por procuradores da Lava Jato em São Paulo e Curitiba. Chegou a ser preso duas vezes a pedido do Ministério Público Federal paulista, acusado de desvios em obras da Dersa, mas conseguiu a liberdade graças a decisões do ministro Gilmar Mendes, do STF. Ainda assim, acabou condenado em primeira instância a 145 anos de prisão.

Paulo Preto só permaneceu preso depois que foi alvo dos procuradores paranaenses, acusado de operar com o setor de propinas da Odebrecht. No processo do Paraná, a relatoria não era de Gilmar Mendes, mas sim de Edson Fachin. Dessa vez, não houve concessão de habeas corpus.

Beto Richa e Paulo Preto foram apelidados pelos outros presos de "turma do 45", uma referência ao número do PSDB na urna de votação. Toda manhã, quando as celas eram abertas, Paulo Preto ia até o xadrez de Richa para uma conversa em particular. Depois os dois se separavam. Richa ia conversar com os colegas de ala enquanto Paulo Preto iniciava seu ritual matinal de exercícios físicos, que fazia os carcereiros se lembrarem dos tempos em que Marcelo habitava o local.

"Eles prenderam um *iron man* (homem de ferro)", dizia Paulo Preto e, de costas para a parede do final do corredor, inflava os pulmões e saía em disparada. Corria de um extremo ao outro da ala repetidas vezes. Os outros presos olhavam tudo com espanto. Aos setenta anos, ele parecia realmente feito de um material durável. Depois da corrida, fortalecia os músculos suspendendo pesos feitos com galões de água e garrafas de refrigerante. Explicava aos colegas que fora da cadeia praticava triatlo, uma modalidade esportiva que combina bicicleta, natação e corrida. "Sou um atleta", concluía.

No dia 4 de abril de 2019, Beto Richa foi libertado e Paulo Preto ficou como único representante da "turma do 45". Mas isso não foi um problema. O operador do PSDB é um sujeito falante e engraçado, e os outros presos reuniam-se em volta dele para ouvir suas inconfidências sobre a corte tucana. Falava que não ficaria muito tempo ali. "Meu goleiro vai me salvar", dizia. Os colegas de galeria concluíram que ele se referia ao ministro Gilmar Mendes. Gostava de falar mal do temperamento do senador José Serra, reafirmar sua gratidão pelo ex-ministro Aloysio Nunes Ferreira, seu padrinho no tucanato, e tinha uma definição do ex-governador de São Paulo Geraldo Alckmin que arrancava risos da plateia. "O Alckmin é um padre. Se você colocar um cacete na mão dele, ele agarra com as duas mãos e reza pensando que é uma vela."

Paulo Preto logo percebeu que precisava costurar alianças dentro do presídio. Um dia, chegou de mansinho ao lado de um advogado que recolhia os pertences porque seria colocado em liberdade e lhe fez um pedido. "Posso ficar com o que você deixar para trás?" O advogado estranhou o pedido, mas disse que sim. Ele então justificou. "É que o Eduardo Cunha guarda os colchões dos que foram embora e depois distribui entre os que estão entrando na cadeia. Então o cara já entra devendo favor para ele", disse Paulo Preto, que virou o depositário do colchão, toalhas e jogo de cama do advogado.

Já o ex-presidente da Câmara Eduardo Cunha chefiava uma espécie de "centrão" na cadeia. Sua atuação lá dentro não se diferenciava muito do comportamento que tinha na Câmara. Não era simpático ou engraçado, mas ouvia as demandas dos outros presos e cumpria sempre o que prometia. Na parte da manhã, logo depois que o café era servido, ia até a entrada do pavilhão e se sentava numa das três cadeiras almofadadas do local. Cruzava as pernas, e, com uma caneca azul na mão, tomava seu leite e recebia quem queria conversar com ele. A maioria pedia que ele lesse seus processos. Fazia inclusive pareceres em ações alheias, sendo o ex-senador Gim Argello um dos que o consultavam com frequência sobre o assunto. Ia ao parlatório, conversava com seu advogado, depois na volta consultava Cunha.

Apesar de não ser advogado, os conhecimentos jurídicos do ex-deputado eram reconhecidos até pelos defensores de seus colegas presos. Um advogado que não quis ser identificado me disse que Cunha propôs ao seu cliente uma estratégia de defesa que era realmente muito boa. Por essas coisas, Cunha foi ganhando status de líder lá dentro.

Entretanto, apesar de acessível, Cunha não gostava de contato direto. Numa manhã, logo após ter sido transferido para o CMP, o empresário Eduardo Aparecido de Meira, dono da Construtora Credencial, alvo da trigésima fase da operação, arriscou lhe dar um abraço. Foi afastado com o braço e recebeu um olhar de desaprovação.

Segundo vários presos, Cunha mais ouve do que fala. Ele tem um pouco de estrabismo e sempre mira fixamente o interlocutor. Quando começa a falar as pupilas se mexem de um lado para o outro, hipnotizando quem está ouvindo. Foi por causa dessa característica que ganhou o apelido de "caranguejo" na famosa lista do departamento de propinas da Odebrecht. Um experiente carcereiro que trabalhou na sexta galeria me disse que Cunha certamente foi o preso mais frio que ele viu na Lava Jato. "O cara não demonstra sentimento, não ri, não chora. Ele só sai do normal quando acontece alguma coisa com a mulher."

O fim da tarde de 19 de junho de 2017, uma segunda-feira, foi um desses raros momentos. O ex-deputado havia passado bastante tempo com seus advogados e por volta das cinco horas da tarde voltou para a cela. Minutos depois, já com as portas todas fechadas, um agente foi buscá-lo. Cunha seguiu em direção à sala dos agentes e ao parlatório. Dez minutos mais tarde, voltou com os olhos marejados. Foi uma surpresa para os agentes. Ninguém nunca tinha presenciado algo parecido. O motivo do choro, soube-se depois, era que ele havia recebido uma ligação da mulher, Cláudia Cruz, que completara cinquenta anos naquele dia.

Outro dia em que ele voltou para a cela muito abalado foi quando soube que Cláudia havia caído da bicicleta e quebrado a perna. Segundo contou para amigas, passeava pelo condomínio quando uma vizinha atiçou seu cachorro contra ela por ser casada com Cunha. Na tentativa de fugir do cachorro, acabou caindo. O ex-deputado ficou por dias calado, o semblante fechado.

Cunha passava horas na cela escrevendo e lendo processos. Redigiu peças inteiras para entregar a seus advogados. Muitas vezes, um advogado não sabia o que ele propunha ao outro. Quando costurava seu acordo de delação premiada, manteve toda a negociação restrita ao seu defensor, Délio Lins e Silva. O advogado Rodrigo Sánchez Rios, que o encontrava diariamente em Curitiba, só soube que havia uma tratativa em andamento porque estivera presente numa conversa em que o delegado da Polícia Federal Maurício Moscardi propusera a colaboração premiada como alternativa para o ex-deputado. Foi aí que Cunha respondeu que já havia conversas em andamento com o Ministério Público Federal nesse sentido. Sánchez Rios ficou surpreso e, logo depois, abandonou a defesa de Cunha.

O ex-presidente da Câmara passava boa parte do dia de pijamas, e era desse jeito que ia até o parlatório para falar com seus defensores. Mas quando chegava a sexta-feira, dia de visita, Cunha se arrumava como um namorado à moda antiga. Tomava banho logo cedo, colocava calça e camisa social abotoada no pescoço e punhos, calçava seus sapatos da grife italiana Salvatore Ferragamo e penteava os cabelos para trás modelando os esparsos fios com um gel fixador. Não há visita íntima no Complexo Médico Penal, então Cunha encontrava a mulher no pátio, como todos os outros presos. Ficava o tempo todo só com ela, sem confraternizar com outras famílias.

Quando Cunha percebeu que ser um "faxina" dava poder na cadeia, tratou de se candidatar ao trabalho. E arrumar um ofício também ajudava a ir para casa mais cedo. A cada três dias trabalhados, o detento abate um dia de pena, segundo a Lei de Execução Penal. Cunha foi então designado para cuidar da entrega das marmitas. Levou tão a sério a função que quase saiu aos socos com um preso chamado Leon, que atravessou seu território e entregou as blindadas (apelido das quentinhas) nas celas que eram de sua responsabilidade. Os dois só não se estapearam porque foram contidos pelo carcereiro Jeremias.

A rotina do ex-presidente da Câmara começava às seis horas da manhã, quando ele e outros cinco internos do sexto pavilhão eram liberados de suas celas para receber no portão da galeria um carrinho com porções de pães untados com margarina, café com leite e fruta. O carrinho entrava na ala e Cunha separava as marmitas comuns das preparadas para os presos com restrições alimentares. Uma parte dos internos daquela galeria precisava de comida com pouco sal por causa de problemas de pressão alta. As marmitas eram então colocadas em uma maca improvisada de mesa. Depois Cunha ia de cubículo em cubículo entregando a comida, o que na gíria da cadeia é chamado "pagar boia". Ele passava canecas, pães e frutas pela "bocuda", aquela pequena janela recortada no meio da porta de ferro. Os presos fazem as refeições dentro das celas e depois são soltos para circular pela ala, onde ficam até as cinco e meia da tarde.

Ao meio-dia, a movimentação se repetia. O carrinho com as "blindadas" chegava ao sexto pavilhão e Cunha e seus cinco colegas recebiam as refeições. Mais uma vez o ex-deputado separava as da dieta e fazia as entregas, com a diferença de que, como as portas estavam abertas, as quentinhas não precisavam ser passadas pela pequena janela na porta. Às cinco da tarde, finalmente, o jantar era servido.

O bloco petista, formado pelo ex-ministro José Dirceu e pelo ex-tesoureiro do partido João Vaccari Neto, também trabalhava. Vaccari na limpeza e Dirceu como auxiliar das professoras que lecionavam para os presos. Logo de manhã, Dirceu saía da cela vestindo um colete em que se lia nas costas a palavra "Pedagogia" e seguia em direção à biblioteca. Lá passava horas organizando material didático e catalogando as obras. Aproveitava para ler. Devorou em pouco tempo os três volumes de *Diários da Presidência*, as memórias do ex-presidente Fernando Henrique Cardoso sobre seu período na Presidência.

A prisão na Lava Jato não foi a primeira na vida de Dirceu. Durante a ditadura militar, quando atuava como líder estudantil, ele foi preso pelo aparato repressor do regime durante o 30º Congresso da União Nacional dos Estudantes (UNE), em Ibiúna, no interior de São Paulo. Em setembro de 1969, após um ano na prisão, ele e mais catorze prisioneiros políticos foram deportados do país em troca da libertação do embaixador norte-americano Charles Burke Elbrick, sequestrado numa ação conjunta da Aliança Libertadora Nacional e o MR-8, Movimento Revolucionário 8 de Outubro.

Em 2005 foi acusado de comandar um esquema de compra de apoio parlamentar ao governo do presidente Luiz Inácio Lula da Silva. O escândalo, conhecido como Mensalão, resultou na ação penal 470, julgada em 2012 pelo Supremo. Dirceu foi condenado à pena de sete anos e onze meses de reclusão pelo crime de corrupção ativa em relação a nove deputados federais. Em novembro de 2013, o STF mandou executar a pena e Dirceu foi para a cadeia.

A prisão na Lava Jato aconteceu em 3 de agosto de 2015, quando ele ainda cumpria pena referente ao Mensalão, em regime domiciliar. Com tanto tempo entrando e saindo de cadeias,

Dirceu já sabia que era preciso se comportar para não arrumar problemas. Os agentes penitenciários o descrevem como alguém de bom comportamento. A disciplina, no entanto, não evitou uma punição no Complexo Médico Penal. Durante uma revista nas celas da sexta galeria, em agosto de 2016, os agentes encontraram carregador de celular, pendrives e outros objetos não permitidos pelo regulamento no xadrez de presos do Petrolão. No cubículo dividido por Dirceu e pelo ex-deputado federal Luiz Argôlo, os carcereiros apreenderam quatro pendrives, um carregador de celular modelo Samsung, um carregador de um aparelho portátil de reprodução de música e um cabo com entrada USB. Os carregadores e os pendrives estavam escondidos num saco plástico preto.

Dirceu e Argôlo não assumiram a propriedade do material. Os dois foram punidos pela direção do CMP com vinte dias sem visitas. A posse de um carregador de celular é considerada falta de nível médio, ainda que não tenha sido achado aparelho celular na cela. Na cela do ex-senador Gim Argello também foi achado um pendrive. Outros sete foram encontrados no cubículo dividido entre Luiz Eduardo da Rocha Soares, ex-executivo da Odebrecht, e o operador financeiro Olívio Rodrigues Júnior, presos na 26ª fase da Lava Jato (Operação Xepa).

No total foram achados dezoito pendrives na revista. Dentro dos aparelhinhos havia arquivos de música, filmes e séries de TV. Vale lembrar que televisões e aparelhos de som não portáteis são permitidos pela direção do presídio, mas não o uso de entradas USB.

Mesmo oficialmente fora da política, José Dirceu e Eduardo Cunha continuavam atualizados sobre tudo o que acontecia nas rodas de poder, já que recebiam visitas de políticos dos seus partidos. Também acompanhavam os noticiários e pediam sempre que seus advogados os inteirassem sobre o que se passava nos bastidores de Brasília. Não é por acaso que, mesmo presos, tenham feito análises precisas sobre a conjuntura do país.

José Dirceu se comunicava por cartas com a militância do PT, usando como intermediários políticos importantes do partido, como o deputado federal Paulo Teixeira. De sua cela, assistiu ao processo de impeachment da presidente Dilma e escreveu uma carta em que vaticinava que, com o PT fora do governo e a ascensão de Michel Temer ao Palácio do Planalto, o alvo das atenções da Lava Jato passaria a ser o PMDB. Afirmou também que, em reação, os caciques peemedebistas contra-atacariam com projetos que teriam como objetivo coibir o abuso de autoridade dos investigadores. Dito e feito. A Lava Jato avançou para cima de Temer, Romero Jucá, Renan Calheiros e companhia. E no Congresso nasceram projetos com o intuito de controlar o abuso de autoridade de agentes públicos.

Eduardo Cunha arriscou, por sua vez, uma previsão sobre o desempenho de Jair Bolsonaro na Presidência. A análise saiu de uma conversa, em novembro, com Isabel Kugler e o jornalista Eriksson Denk, assessor de imprensa do Conselho da Comunidade. Isabel estava aflita com os possíveis reflexos da eleição de Bolsonaro nas condições dos presídios e sua declaração de que acabaria com todo tipo de ativismo no país. "Conheço bem o Bolsonaro", disse Cunha. "Ele vai ter muitos problemas. Bolsonaro sempre apostou no confronto, nunca foi da negociação. Mas um presidente precisa negociar com o Congresso. Não se governa sem o Congresso."

Segundo o ex-presidente da Câmara, o temperamento belicoso do presidente da República causaria tantos problemas que, em pouco tempo, se discutiria alguma forma de parlamentarismo.

"Ninguém se sustenta no cargo na base do confronto. O Congresso é essencialmente um espaço de negociação. Bolsonaro cresceu comprando brigas, fazendo inimigos. A figura do presidente ficará desgastada e vai haver a discussão sobre uma forma de governar o país pelo Parlamento", afirmou Cunha um mês antes de Bolsonaro vestir a faixa presidencial. Mais de seis meses depois, Bolsonaro ainda não tinha uma base sólida no Congresso e vinha tendo dificuldades em plenário. Parlamentares comentavam sua incapacidade para governar, e o debate sobre a mudança do sistema de governo do presidencialismo para uma forma próxima do parlamentarismo ressuscitou.

Em maio de 2019, os presos da Lava Jato foram transferidos da sexta galeria para uma ala improvisada no Hospital Penitenciário, que também fica dentro do Complexo Médico Penal. O hospital estava em obras, suspensas antes da hora para abrigar os novos moradores. A portaria publicada no *Diário Oficial do Paraná* no dia 21 daquele mês determinou que o espaço onde ficariam os presos da Lava Jato fosse denominado "sétima galeria". O Departamento Penitenciário do Paraná justificou a troca alegando que nos quatro primeiros meses de 2019 houve um aumento de 3635 presos no sistema paranaense e que novas vagas não foram criadas. A sexta galeria tinha espaço ocioso, com 35 presos e 96 vagas.

Na sétima galeria cada cela abriga sete pessoas. No início não havia cama, e presos como José Dirceu e Eduardo Cunha dormiam em colchões no chão. Dias depois, chegaram as camas de madeira, montadas pelos próprios presos. No primeiro dia, os carcereiros se esqueceram de trancafiar as portas das celas, mas foram avisados do equívoco pelos próprios presos, por medo de que outros pudessem entrar em seus cubículos.

Na sexta galeria, Cunha dormia sozinho na cela 607. Agora dividiria espaço com seis novos colegas. A convivência não foi pacífica. Fanático por consumir informações, acordava por volta das quatro horas da manhã para ligar o rádio. Às cinco, já estava com a televisão sintonizada no noticiário. O sol mal tinha despontado e já eram dois os rádios ligados em programas jornalísticos. Os colegas reclamavam que aquilo perturbava o descanso de quem queria dormir.

O conflito só não foi adiante porque dez dias depois da mudança para a sétima galeria o ex-presidente da Câmara foi transferido para um presídio do Rio de Janeiro para ficar mais perto da família.

VI

Lula

A MAIOR DOR

O agente da Polícia Federal Jorge Chastalo Filho foi para o trabalho no dia 1º de março de 2019 imaginando que voltaria logo para casa. Em sua agenda havia apenas um compromisso: às onze da manhã faria a escolta de cinco traficantes de drogas, transferidos da carceragem da PF para o Complexo Médico Penal. Na volta, passaria na cela do ex-presidente Lula para ver se estava tudo bem e seguiria para reencontrar a família.

Era véspera de Carnaval e, para ganhar mais um dia de feriado, a direção da Polícia Federal decidira agendar a dedetização do prédio, que ficaria sem expediente até a quarta-feira de cinzas. Chastalo estava na escala e seria acionado caso houvesse alguma emergência durante o final de semana. Porém, se nada acontecesse, pegaria mulher e filhas e seguiria para Morretes, cidade a 67 quilômetros da capital paranaense onde sua mãe tem uma chácara. Uma viagem de carro de menos de uma hora.

Até as 12h30 tudo correu conforme os planos do policial. Ele estava voltando de Pinhais quando uma mensagem chegou pelo WhatsApp. Arthur, neto de Lula, havia sido internado num hospital de São Bernardo do Campo, em São Paulo, reclamando de enjoo, dores abdominais e apresentando febre. "Eu achei que não fosse nada de mais. Na volta eu passaria na cela do Lula e contaria para ele sobre o Arthur", disse Chastalo.

Os cinco traficantes já haviam sido transferidos, e o policial agora levava dois réus presos no CMP para uma audiência na Justiça Federal, que funcionava normalmente. Mas vinte minutos após a primeira mensagem, chegou outro recado. "O neto do Lula morreu!", disse Chastalo aos colegas. O motorista imediatamente desviou o caminho e, com o giroflex da viatura ligado, acelerou em direção à sede da Polícia Federal. No trajeto, Chastalo entrou em contato por rádio com o agente que estava de guarda no corredor, ao lado da cela do ex-presidente. "Tire o Lula daí imediatamente. O neto dele morreu e ele não pode saber disso pela TV. Leve-o até o banho de sol, mas não diga nada. Se ele perguntar, diga que foi ordem minha."

O carcereiro fez o que lhe foi ordenado. Lula estranhou: "Mas banho de sol agora, na hora do almoço e com esse tempo nublado? O que aconteceu?", perguntou. "Presidente, eu tenho ordens para levá-lo para o banho de sol. O Chastalo está vindo para conversar com o senhor", disse o carcereiro.

No caminho, Chastalo ligou para o advogado Manoel Caetano, que mora em Curitiba e atende Lula, e também para o superintendente da Polícia Federal no Paraná, Luciano Flores. Ambos foram imediatamente para a sede da PF. Os três, Chastalo, Flores e Manoel Caetano, chegaram praticamente juntos. No pátio do banho de sol, Lula estava apreensivo. "O que aconteceu?"

Coube a Manoel Caetano dar a notícia: "Hoje de manhã o seu neto Arthur foi internado em São Bernardo. Ele estava passando mal e os médicos falaram que era meningite. Presidente, seu neto morreu". Lula fixou o olhar no advogado e repetiu três vezes a frase: "O Arthur morreu? O meu neto Arthur morreu? O Arthur morreu?". "Sinto muito, presidente", disse Caetano, colocando a mão em seu ombro. Lula desabou. Passou a mão no rosto e seu olhar se perdeu. "Como pode uma criança de sete anos morrer assim?", repetiu para cada um que estava no pátio. Começou a chorar.

Apesar do diagnóstico inicial de meningite, o que matou o neto do ex-presidente foi uma infecção generalizada causada por uma bactéria chamada *Staphylococcus aureus*, muito presente em infecções na pele ou em contusões que podem ser a porta de entrada para a corrente sanguínea. Às vezes, a doença é curável, mas com o neto de Lula foi fatal.

Ninguém próximo a Lula tem dúvida de que aquele foi seu dia mais triste na cadeia. No mês seguinte, o ex-presidente completaria um ano preso pela Lava Jato, que o condenara a doze anos e um mês de prisão, acusado de receber como propina a promessa de um apartamento triplex na cidade do Guarujá, no litoral paulista. As pessoas que convivem com Lula na cadeia dizem que os momentos mais felizes nesse período foram ao lado do neto. Nas duas vezes em que o menino visitou o avô, os dois ficaram brincando no chão da cela e na cama. Lula mal conversou com os filhos e noras nesses dias.

As pessoas que estavam com Lula naquela sexta-feira relataram que ele chorou compulsivamente por no mínimo doze horas seguidas. "Eu nunca o vi daquele jeito", disse Chastalo. "O Lula já tinha tomado outras pancadas, mas a morte do neto foi a pior", disse Luiz Carlos Rocha, também advogado do petista.

O ex-presidente já havia enfrentado na cadeia duas outras grandes perdas: a morte do amigo Sigmaringa Seixas, advogado e ex-deputado petista, e do irmão mais velho, Genival Inácio da

Silva, o Vavá, vítima de um câncer. Nas duas ocasiões, a defesa de Lula solicitou à juíza Carolina Lebbos, responsável por observar o cumprimento da pena de Lula, que ele fosse autorizado a ir aos velórios. Ela negou os pedidos. O benefício de um preso velar um parente morto está previsto na Lei de Execução Penal, mas depende de autorização judicial.

No caso do irmão, Carolina Lebbos alegou que não havia estrutura logística para levar o petista até São Paulo porque as aeronaves da PF estavam comprometidas com o resgate das vítimas do rompimento da barragem em Brumadinho, em Minas, ocorrida em janeiro. O pedido da defesa foi então parar no Supremo Tribunal Federal. Quando o presidente da Corte, Dias Toffoli, autorizou a ida de Lula ao enterro, o corpo de Vavá já estava prestes a ser sepultado. Lula não se despediu do irmão morto.

Apesar desse precedente, ninguém achava que a juíza seria insensível diante da perda de um neto. A autorização para ir ao enterro de Arthur foi dada no mesmo dia. Na manhã de sábado, Lula embarcou em direção a São Paulo. O ex-presidente já estava mais calmo e ensaiava o que diria aos pais da criança. "A Marlene é uma ótima mãe, não pode se sentir culpada", disse aos policiais. "Agora é preciso cuidar da cabeça do Sandro e da Marlene." No velório, Lula ficou ao lado do filho e da nora. Recebeu o abraço de amigos e uma multidão de militantes se formou nos arredores do cemitério. No final da tarde, ele foi levado de volta para Curitiba.

Logo após a cerimônia de cremação do corpo circulou a foto de um Lula sorridente ao embarcar no helicóptero que o levaria de volta à prisão. A imagem se espalhou pelas redes sociais e teve gente que chegou ao extremo de dizer que ele se divertira com a fatalidade. Chastalo me confessou ter ficado chocado. Disse que, no momento flagrado pelo fotógrafo, Lula ironizava a própria falta de sorte. "Eu estava com ele naquela hora. O Lula estava arrasado. Antes de embarcar ele disse: 'Só falta o helicóptero cair com a gente.'"

Lula vive trancafiado no quarto andar da sede da Polícia Federal paranaense, o último do prédio. Todo o espaço foi isolado e o elevador da Superintendência só vai até o terceiro andar. Portanto, o único acesso é por uma escada. Uma câmera foi instalada e apontada para a entrada da cela, mas não há imagens lá de dentro. Dois agentes dão plantão ali 24 horas por dia. Lula está confinado num quarto de quinze metros quadrados, com banheiro, e que está ficando apertado. Há a cama, a mesinha da TV, um armário e uma mesa com quatro cadeiras em que ele faz as refeições, escreve e se reúne com as visitas. Ainda ocupam o espaço uma esteira ergométrica e uma caixa de isopor com alguma comida, fatias de mortadela, presunto e queijo, sucos de caixinha e frutas. Um pequeno frigobar foi colocado no corredor e é usado por Lula e pelos dois agentes que ficam de plantão na porta da cela.

Às oito da manhã, a cela é destrancada pelo policial que traz o café da manhã. Geralmente, Lula já está de pé. Ele acorda antes das sete, a tempo de ouvir o "bom dia, presidente Lula" entoado pelos militantes do acampamento Lula Livre, instalado em um terreno alugado bem em frente à Polícia Federal. Os apoiadores do ex-presidente estão acampados nas redondezas desde o dia em que ele foi preso, 7 de abril de 2018.

Lula fica a maior parte do tempo sozinho na cela. Ele tem direito a banho de sol por uma hora num espaço do terceiro andar onde antes funcionava o fumódromo. Como ele não tem contato com os outros presos, fica andando sozinho de um lado para o outro. Por vezes, prefere permanecer na cela lendo ou assistindo à TV. Quando decide ir para o banho de sol, um agente da PF esvazia os corredores do terceiro e quarto andares antes de Lula passar e verifica se há algum drone ou helicóptero sobrevoando o espaço com alguma câmera apontada para baixo. Todo cuidado é pouco para que não vazem imagens de Lula na prisão.

Quando estava para completar um ano de cadeia, começou a correr o boato de que ele estaria com depressão. Todos em seu entorno com quem falei garantem que ele conseguiu se manter "inteiro" durante esse tempo, apesar dos vários momentos tristes. E não é segredo que o petista não esconde a raiva por seus acusadores.

O calmo Chastalo teve que lidar com um Lula revoltado, sobretudo no início da prisão. "O que estão fazendo comigo é uma sacanagem. Esse Moro e esse Dallagnol sabem que sou inocente. Esse processo contra mim é político", dizia. O mesmo discurso era repetido para os advogados. A ira era tamanha que na segunda semana de cárcere o advogado Luiz Carlos da Rocha, o Rochinha, levou para o cliente o livro *A virtude da raiva*, escrito por Arun Gandhi, neto do pacifista indiano. A obra relata os ensinamentos de Mahatma Gandhi para o neto com vistas a canalizar a raiva para ações não violentas.

A CAMPANHA

Dois meses após a prisão de Lula, o petista Fernando Haddad, que é advogado, recebeu uma procuração para atuar nos seus processos e passou a se reunir com o ex-presidente fora dos dias de visita. Outros políticos petistas com diploma de advogado fizeram o mesmo, como o ex-deputado estadual Emídio de Souza e o ex-deputado federal Wadih Damous. A disputa presidencial para 2019 se aproximava e a cela ganhou ares de escritório de campanha.

Mesmo preso, Lula estava confiante de que disputaria e ganharia a votação no primeiro turno. A crença não era de todo descabida. Havia precedentes na Justiça Eleitoral de candidatos condenados em segunda instância, enquadrados na Lei da Ficha Limpa, que disputaram eleições com liminar porque não havia ainda sentença transitada em julgado. Usava-se o princípio da presunção de inocência. E, mais forte que isso, as pesquisas mostravam o petista na frente de seus adversários. Em agosto de 2018, quando sua candidatura foi registrada, Lula tinha 39% das intenções de voto. O segundo colocado, Jair Bolsonaro, do PSL, aparecia vinte pontos atrás. Mas no último dia daquele mês, o Tribunal Superior Eleitoral votou por rejeitar a candidatura do ex-presidente. Fernando Haddad, então, passou a ser o petista presidenciável.

Os encontros em torno da mesa quadrada de quatro lugares na cela de Lula continuaram, dessa vez com foco no ex-ministro da Educação. Lula achava possível transferir votos para o afilhado político e se animou quando pessoas saíram às ruas erguendo cartazes de "Ele Não" pelo país, em protesto contra Jair Bolsonaro. A rejeição ao adversário poderia crescer e a do PT ir no sentido contrário. A receita seria mostrar os avanços sociais dos anos de governos petistas e a falta de propostas do candidato do PSL. Era preciso confrontar Bolsonaro para fazer o contraponto entre os dois.

No entanto, em 6 de setembro, Jair Bolsonaro foi vítima de um atentado. Adélio Bispo, de quarenta anos, deu uma facada no abdome do candidato do PSL durante um evento em Juiz de Fora, Minas Gerais. Bolsonaro por pouco não morreu. Não se constatou nenhuma trama política por trás da facada, mas suas consequências foram claras. Adélio foi preso e tempos depois considerado inimputável por apresentar transtornos psiquiátricos graves. Permanece preso para tratamento psiquiátrico e pode ficar o resto da vida atrás das grades, já que não há prazo de soltura em casos como o dele. Bolsonaro passou praticamente o resto do primeiro turno da campanha no Hospital Israelita Albert Einstein, em São Paulo. O confronto num debate, que Lula e Haddad tanto queriam, não aconteceu.

Jair Bolsonaro não venceu no primeiro turno por pouco. Teve 46,03% dos votos válidos contra 29,28% de Fernando Haddad. Mas Lula ainda tinha esperanças de reverter a situação no segundo turno. Bolsonaro recebeu alta do hospital em 29 de setembro, gravou vídeos, fez reuniões, mas se recusou a enfrentar Haddad nos debates da TV.

Lula desanimou de vez quando, numa das reuniões, soube que os marqueteiros petistas haviam decidido descolar a imagem de Haddad da dele. Ele pediu que Haddad parasse de visitá-lo e fosse para as ruas fazer campanha. Não houve mais encontros na cela.

No dia 28 de outubro de 2018, Jair Bolsonaro foi eleito presidente da República com 57,8 milhões de votos. Haddad teve 10 milhões a menos. A eleição do ex-capitão do Exército foi um duro golpe para Lula. E logo em novembro, quando começaram as indicações de ministros, o petista avaliou que não havia chance de o novo governo dar certo. Para ele, Bolsonaro se cercou de pessoas despreparadas e montou uma equipe de governo muito ruim. "Ele não tem um partido sólido com ele, não tem gente que pensa num projeto de país. Colocou pessoas despreparadas para o comando de pastas importantes como Educação e Relações Exteriores. Não tem como isso dar certo", disse ao advogado Rochinha. E colocou em dúvida, inclusive, o apoio dos militares. "O Bolsonaro não é o candidato dos militares, mas um atalho que eles encontraram para chegar ao poder sem precisar colocar tanques na rua", disse a um agente da PF. "Se ele bobear, não termina o mandato."

Mas o petista também calculou que, além da derrota política dele e do seu partido, o resultado das urnas significava que o período na cadeia seria longo. Para Lula, sua liberdade não depende de questões jurídicas. Ele diz em alto e bom som a advogados e amigos que só será solto quando o ambiente político mudar. Até o momento, evitou alimentar esperanças, mesmo em episódios em que parecia que poderia sair pela porta da frente do prédio da Superintendência da Polícia Federal de Curitiba.

Nem quando o ministro do STF Marco Aurélio Mello, em dezembro de 2018, decidiu derrubar o entendimento da possibilidade de cumprimento de pena após decisão em segunda instância — o que o colocaria fora da prisão —, Lula se animou. Disse a Jorge Chastalo que sabia que aquilo seria revertido no mesmo dia. "Eles não seguram essa pressão", disse. Foi o que aconteceu. O presidente do Supremo, José Antônio Dias Toffoli, derrubou a decisão e Lula permaneceu na cadeia.

Em julho do mesmo ano, quando o desembargador Rogério Favreto, do Tribunal Regional Federal da 4ª Região, decidiu conceder liberdade ao ex-presidente durante o seu plantão, Lula chegou a arrumar as malas, descer até o terceiro andar e esperar o elevador para ir até o térreo. Mas, antes de as portas se abrirem, veio a notícia de que a decisão havia sido derrubada pelo presidente do Tribunal, Carlos Eduardo Thompson Flores.

"O presidente da República não quer que eu saia, o ministro da Justiça não quer que eu saia, os meios de comunicação, especialmente a Globo, não querem que eu saia, o capital financeiro não quer que eu saia, parte do Ministério Público não quer que eu saia. Vocês acham que eu vou sair?", perguntou ao assessor Marco Aurélio Ribeiro.

Lula também tem se negado a adotar medidas que possam reduzir sua pena. Apesar de ler dezenas de livros, recusou-se a fazer resumos e enviá-los para a execução penal. A resenha de cada livro abate quatro dias de pena — e é permitida uma resenha por mês. Ele também poderia ter pedido para trabalhar. Quando o Estado não fornece esse direito ao preso — caso de Lula, que vive em uma sala isolada —, há a jurisprudência de que o benefício é dado mesmo sem o exercício laboral. Os advogados de Lula propuseram isso a ele, mas a resposta foi sempre não. "Eu vou sair da cadeia absolvido. Não quero sair por essa porta usando tornozeleira. O Estado vai reconhecer que cometeu uma injustiça", repetiu várias vezes ao advogado Cristiano Zanin.

CHASTALO

Os ponteiros do relógio marcavam oito horas da manhã quando o agente federal Jorge Chastalo Filho deu três batidas na porta e virou a chave destrancando a cela onde vive o ex-presidente Lula. O petista estava em pé ao lado da cama, vestindo bermuda, camiseta e calçando chinelos. Olhava atento para a TV, que transmitia o telejornal *Bom Dia, Brasil*. Junto com o café da manhã, Chastalo trazia uma sacolinha plástica cheia de frutas-do-conde. "Trouxe para o senhor. É lá da chácara da minha mãe", disse. "Porra, você só me traz fruta, Chastalo. Quando vai trazer uma cervejinha?", respondeu Lula, em tom de brincadeira.

Ninguém tem contato mais frequente com Lula na prisão do que Chastalo. É ele quem destranca a cela de manhã e volta a trancá-la no final da tarde. Em 2018, após a aposentadoria de Newton Ishii, o Japonês da Federal, Chastalo foi promovido à chefia do Núcleo de Operações da Polícia Federal paranaense.

Entre suas atribuições, ficou responsável pela carceragem, no primeiro andar, e também pela sala de Estado-Maior, onde fica Lula. Ele comanda uma equipe de oito agentes que se revezam de dois em dois em plantões de 24 horas de trabalho por 72 horas de descanso em frente à porta do quarto do ex-presidente. Atualmente, a guarda é trocada de trinta em trinta dias com policiais de outras unidades fora de Curitiba, um expediente que evita que um policial fique muito próximo de Lula.

O cuidado faz sentido, já que um dos agentes chegou a ser acusado de agir com simpatia excessiva. Paulo Rocha, o Paulão, um negro alto, forte e falante, não escondia de ninguém sua afinidade com o PT e com Lula. Braço direito de Chastalo, ele passou a frequentar a cela do petista e chegou a ir até a Superintendência nos finais de semana para bater papo com ele. A ala antipetista da Polícia Federal paranaense, que é maioria, começou a plantar boatos sobre a conduta de Paulão. Ele era acusado, sem provas, de permitir regalias a Lula. Chastalo achou por bem mandar o amigo para missões fora de Curitiba durante noventa dias. Na volta, pediu ao comandado que evitasse contato com Lula. A boataria acalmou.

Lula e Chastalo mantêm uma relação cordial. O policial já tem entre suas tarefas rotineiras escutar as histórias que Lula traz dos bastidores do seu governo e da política brasileira das últimas décadas. Ele acha graça que um ex-presidente da República fale tanto palavrão. O petista provoca o policial dizendo que foi ele, Lula, quem deixou Chastalo famoso.

Chastalo ganhou notoriedade em 2017, quando o ex-presidente foi depor pela primeira vez para o juiz Sergio Moro no caso do triplex do Guarujá, antes da prisão. O agente foi escalado para a escolta e chamou a atenção pela aparência. As fotos em que aparecia ao lado do ex-presidente foram inundadas de comentários sobre a beleza do policial alto, loiro e de olhos verdes, que comparavam ao modelo e apresentador Rodrigo Hilbert. A fama de galã se espalhou e ele ganhou os apelidos de "policial gato" e "Rodrigo Hilbert da Federal". Ao contrário de outros colegas que surfaram na onda da celebridade repentina, Chastalo se recolheu. As poucas vezes em que aceitou falar para este livro foi em pé, no estacionamento da Polícia Federal, e sempre fez questão de dizer que não gosta de aparecer.

Quando perguntado sobre Lula, diz que não simpatiza com partidos. "Eu sempre visto preto, não quero ser tachado com nenhuma ideologia. Aliás, o próprio Lula diz que não gosta de ser tachado", diz. Na sua avaliação, o ex-presidente fez coisas boas no governo. Mas, para não se contaminar com a forte polarização, procura adotar certa distância e tenta encontrar os pontos positivos do preso sem cair na tentação de ser tolerante demais.

No dia a dia, Chastalo é quem diz não quando alguém leva para o ex-presidente algo que seja proibido ou possa configurar um privilégio. "Vieram muitos pedidos para entrar almoço comprado pelos advogados ou assessores. Eu não deixava e o povo ficava chateado comigo", disse. As demandas foram se acumulando. "Uma fã do Lula mandou para ele um vaso com flores e eu não deixei entrar por ser de vidro. Outro queria que eu entregasse a ele um crucifixo de ferro. Não dava, a peça era cheia de pontas. Teve até um camarada que queria que eu entregasse uma garrafa de cachaça. Claro que eu tentei levar na brincadeira, mas o senhor insistiu, dizendo que era uma das melhores pingas de Minas. Com muita paciência consegui convencer o sujeito a levar embora", disse.

Outro ponto de tensão diário é quando acaba o tempo das visitas. "A família e os advogados não gostam quando eu entro no quarto e aviso que acabou o tempo. Mas completou a primeira hora eu já entro e interrompo a conversa. Não posso deixar continuar. É a regra", diz.

Não é só a rotina de Lula que passa por Chastalo, mas a saúde também. Assim que ele o encontra de manhã, tira do bolso os dois pequenos aparelhos que lhe foram entregues pela família do ex-presidente. "Vamos furar o dedo?", pergunta o agente. Lula estica o dedo indicador para tomar a picada do glicosímetro, que mede o nível de glicose no sangue. Pré-diabético, ele precisa medir sua taxa glicêmica pelo menos três vezes por semana. Chastalo então anota os dados do visor do aparelho. Depois, prende no pulso de Lula um aparelho para medir a pressão arterial. Mais uma vez, anota o resultado. Por fim, o agente cobra que ele tome sua cápsula diária de Glifage, medicamento cujo princípio ativo é o cloridrato de metformina, que abaixa o nível de glicose no sangue.

Chastalo diz que a saúde de Lula é boa. Mas quando algum índice está alterado ou o ex-presidente reclama da saúde, ele manda uma mensagem para um de seus advogados, que, por sua vez, procura um médico. Nessas ocasiões, Chastalo usa seu poder de polícia e retira da cela os doces e tudo o mais que possa alterar o quadro de saúde do preso. Foram raras as vezes em que Lula precisou ser examinado por um especialista. A última aconteceu no dia 30 de julho de 2019, quando reclamou de dores de cabeça. A pressão arterial estava em catorze por dez, um pouco acima dos doze por oito recomendáveis. O médico foi chamado, deu ao paciente um analgésico e um medicamento para baixar a pressão e concluiu que o desconforto era resultado de estresse. Recomendou que Lula se acalmasse.

Não é difícil convencer Lula a cuidar da saúde. Ainda na Presidência da República, ele parou de fumar e adotou o hábito de fazer exercícios. Quase todos os dias caminha na esteira que tem ao lado da cama. Antes da prisão, Lula tinha a ajuda de um preparador físico, que lhe passava uma sequência de exercícios. Ele decorou as variações e repete tudo na cela com os elásticos de ginástica que seus advogados lhe deram. Os agentes da PF, acostumados à vida de exercícios, sempre palpitam quando percebem que ele está fazendo algum movimento que pode causar lesão.

Três vezes por semana os carcereiros levam Lula para o banho de sol. Como nem sempre ele se anima a andar de um lado para o outro sozinho, pede que o deixem na cela. É sempre atendido. Lula não tem contato com os presos da Lava Jato ou mesmo com os acusados de crimes comuns que vivem na carceragem e tomam o banho de sol num pátio no primeiro andar.

Chastalo também tem contato frequente com os advogados e familiares do ex-presidente. Na maioria das vezes, é ele quem escolta as visitas até o quarto andar. Às segundas, terças, quartas e sextas-feiras, o petista se encontra com seus advogados de Curitiba. São permitidas uma hora na parte da manhã e uma hora na parte da tarde para essas reuniões. Os que mais visitam Lula são seus defensores de Curitiba: Luiz Carlos da Rocha, o Rochinha, e Manoel Caetano. Os petistas Fernando Haddad e Emídio de Souza, deputado estadual por São Paulo, são advogados e têm procuração de Lula para atuar em seus casos. Eles também se reúnem com Lula como defensores. Nesses quatro dias, Lula fica 22 horas isolado. Nos dois dias do final de semana, quando não há encontros com sua defesa nem visitas, permanece as 48 horas sozinho, exceto pelos agentes que vão lhe entregar comida.

Às segundas-feiras, o petista se encontrava com líderes religiosos. Recebeu em sua cela pessoas da Igreja católica, umbandistas, espíritas, evangélicos, budistas, muçulmanos. Quem organizava essas visitas era Gilberto Carvalho, que foi ministro-chefe da Secretaria-Geral da Presidência em seu governo. Carvalho sempre foi uma espécie de braço direito de Lula. Começou a militância política na Pastoral Operária, movimento de esquerda da Igreja católica, ainda na ditadura militar. Com bom trânsito entre os religiosos, organizava os encontros ecumênicos.

Mas em janeiro de 2019 a juíza Carolina Lebbos proibiu essas visitas, ainda que estejam previstas como direito do preso na Lei de Execução Penal. A magistrada garantiu que um capelão disponibilizado pela Polícia Federal faria a assistência religiosa a Lula, mas isso não havia acontecido até o fechamento deste livro. "O Lula gostava dessas visitas, porque davam ânimo a ele. Ele fica muito tempo sozinho e os religiosos traziam uma mensagem de esperança", diz Luiz Carlos Rocha. Para enganar a solidão, de tempos em tempos ele muda a disposição dos móveis na cela.

O dia oficial da visita ao ex-presidente é a quinta-feira, quando ele recebe familiares, geralmente os filhos, noras, netos e os irmãos, e depois amigos e admiradores. Os parentes podem entrar a partir das oito e meia da manhã e saem para almoçar às onze e meia. Voltam a se encontrar com Lula à uma da tarde e a visita termina às três e meia. Segundo pessoas próximas da família do ex-presidente, os filhos de Lula estão com problemas financeiros e viajam de ônibus ou de carro para ver o pai, já que não conseguem bancar tantas passagens de avião. Eles se hospedam e fazem as refeições na casa de amigos do ex-presidente em Curitiba.

Depois dos filhos e irmãos, Lula pode receber as visitas sociais. Já encontraram o ex-presidente o ator americano Danny Glover, conhecido pela sequência de filmes de ação *Máquina mortífera* e embaixador da ONU para direitos humanos e assuntos raciais; os cantores e compositores Chico Buarque e Martinho da Vila; políticos do Brasil e do exterior, como os ex-presidentes Eduardo Duhalde (Argentina), Pepe Mujica (Uruguai) e Dilma Rousseff, e o governador do Maranhão, Flávio Dino; os jornalistas Juca Kfouri e José Trajano; os escritores Raduan Nassar e Pilar Del

Rio, que foi companheira do escritor português José Saramago até o final da sua vida.

O músico britânico Roger Waters, fundador do Pink Floyd, também tentou visitar Lula no final de semana em que Bolsonaro foi eleito presidente da República. Ele estava em uma turnê pelo Brasil e no dia 27 de outubro de 2018 se apresentou na cidade de Curitiba. Os advogados de Lula solicitaram que, em caráter excepcional, o britânico pudesse visitar Lula no sábado, já que ele iria embora no dia seguinte após o show. A juíza Carolina Lebbos não permitiu, alegando que as visitas devem ser pré-agendadas e não podem atender a conveniência do visitante. Waters repetiu em entrevistas que Lula estava preso injustamente e durante a turnê exibiu num telão a frase "Ele Não", em uma referência direta a Bolsonaro. No sábado, véspera da eleição, o músico recebeu uma notificação do TSE impedindo-o de tecer comentários de teor político depois das 22 horas. Um minuto antes do prazo, o telão do show exibiu o "Ele Não" em contagem regressiva. Bolsonaro acionou o TSE contra a campanha de Haddad e a produção do espetáculo, mas a ação foi arquivada.

Após uma das visitas sociais a Lula, um de seus segredos na cadeia mais bem guardados foi revelado. O delator foi o economista Luiz Carlos Bresser-Pereira, de 85 anos. O ex-ministro dos governos Sarney e Fernando Henrique Cardoso encontrou o ex-presidente no dia 16 de maio de 2019. No final da visita, caiu em prantos. Ele estava acompanhado do ex-chanceler Celso Amorim, e chorava de soluçar. Lula tentava acalmá-lo. "Levanta a cabeça e vamos em frente. Estou inteiro, porra! Não fica assim, olha aqui a aliança. Estou namorando e vou casar. Estou bem", disse antes de beijar a cabeça do economista. Bresser se acalmou. Dois dias depois, espalhou a notícia. Publicou em suas redes sociais um relato sobre o encontro com Lula.

Na última quinta-feira eu visitei Lula. Ele está em ótima forma física e psíquica. Sua grande preocupação agora é com a defesa da soberania — com a união dos brasileiros para defender o Brasil e seu povo contra isso que está aí. Sua maior demanda é a de ter reconhecida sua inocência. Está apaixonado e seu primeiro projeto ao sair da prisão é se casar.

A namorada era Rosângela da Silva.

Tudo começou no dia 23 de dezembro de 2017, quando Lula calçou chuteiras para a inauguração do campo Doutor Sócrates Brasileiro, na Escola Florestan Fernandes, do MST (Movimento dos Trabalhadores Rurais Sem-Terra), na cidade paulista de Guararema. Mais do que a estreia do gramado, o evento serviria como desagravo a Lula, que seria julgado no mês seguinte pelo TRF4 (Tribunal Regional Federal da 4ª Região) no caso do triplex.

O time do petista tinha sido escalado com Chico Buarque e Fernando Haddad. O rapper Mano Brown, líder do Racionais MC'S, e o escritor Fernando Moraes estavam na arquibancada. O jornalista Juca Kfouri foi o árbitro da partida — usando o nome de Juca Moro, expulsou o petista depois de ele ter marcado um gol de pênalti. Tudo isso foi relatado em reportagens de jornal, mas o que ninguém atentou foi que naquele dia o ex-presidente engatou um romance.

Rosângela da Silva, uma petista de 52 anos, separada e sem filhos, fora com amigas ao jogo. Lula e ela começaram a namorar. O petista havia ficado viúvo onze meses antes; em 3 de fevereiro de 2017, Marisa Letícia Lula da Silva morreu vítima de um acidente vascular cerebral. A paixão por Rosângela, a quem Lula chama de Janja ou Janjinha, foi avassaladora. Em março de 2018, durante uma caravana pelo Sul, Lula confidenciou a um amigo que pensava em formalizar o relacionamento com ela. "Sabe, eu gosto muito da Janjinha. Se eu casar de novo, vai ser com ela." Mas, no mês seguinte, veio a prisão.

Rosângela mora em Curitiba e é funcionária da Itaipu Binacional há dezesseis anos. Trabalha na área de programas de responsabilidade social. Durante três anos e nove meses entre 2012 e 2016 foi cedida para a Eletrobras, mas voltou para a Itaipu depois desse período. É bacharel em ciências sociais e fez pós-graduação em história pela Universidade Federal do Paraná (UFPR). Em redes sociais de negócios, publicou que cursou MBA em gestão social e desenvolvimento sustentável.

Apesar de morar na cidade em que Lula está preso, foi só depois de o namoro vir a público que ela passou a vê-lo com mais frequência. Antes, o ex-presidente queria preservá-la do assédio da imprensa. Rosângela começou a visitar Lula apenas em dezembro de 2018, depois de oito meses de prisão. Sempre nas visitas sociais, aquela em que duas pessoas encontram o presidente depois que os familiares vão embora, nas quintas-feiras.

A distância entre as visitas às vezes ultrapassava dois meses. Depois que o namoro foi matéria na imprensa, a defesa de Lula pediu que ela fosse incluída na visita familiar. A partir de julho de 2019, ela começou a chegar por volta do meio-dia. Despedia-se de Lula por volta das duas e meia da tarde, para que os filhos pudessem ter tempo com o pai em particular.

Lula disse que pretende casar com Rosângela assim que sair da prisão. Confidenciou a intenção ao agente Jorge Chastalo. Recebeu como resposta uma piada: "Vai casar? Já não basta estar preso?".

O GABINETE DE LULA

Marco Aurélio Ribeiro chegou a Curitiba antes de Lula desembarcar no heliponto da Superintendência da Polícia Federal. Hospedou-se no hotel Petras, no bairro de São Francisco, e lá esperou dez dias até receber a primeira carta do ex-presidente. Marcola, apelido que ganhou de colegas da faculdade de ciências sociais, tinha 33 anos e passara os últimos cinco cuidando da agenda de Lula. Atualmente, organiza toda a comunicação do petista com o mundo fora da cadeia.

Quando recebeu a primeira mensagem de Lula numa folha de papel sulfite recortada, o cientista social não sabia bem o que fazer. Apesar da iminência da prisão, não chegaram a fazer um planejamento para quando acontecesse. Ele então teve a ideia de ligar para os amigos de Lula. Telefonou primeiro para o líder de um movimento de catadores de papel reciclável, depois para outros amigos e parentes. Pediu não só que enviassem recados para Lula, mas que também dessem notícias de si mesmos. Foi anotando e juntando tudo — os relatos, as perguntas, mensagens de apoio — e mandou para o ex-presidente por meio do seu advogado Luiz Carlos da Rocha, com quem se encontrava toda manhã.

Em maio, o procedimento virou rotina. Marcola acordava de manhã, lia todos os e-mails endereçados ao ex-presidente, fazia algumas ligações e botava tudo no papel. Depois seguia até a PF para encontrar Rochinha, o advogado, que na saída deixava com ele as respostas de Lula. Repetia o mesmo expediente na parte da tarde, só que com o advogado Manoel Caetano.

Além dos recados de amigos e familiares, Marcola junta ao material um compilado do noticiário selecionado pelo jornalista José Chrispiniano, assessor de imprensa de Lula que vive em São

Paulo. A jornalista Nicole Brione cuida das redes sociais e também se mudou para Curitiba. Quando Lula quer se manifestar por seus perfis no Facebook, Twitter e Instagram, passa o texto para um dos advogados, que, por sua vez, encaminha para Marcola, que faz a mensagem chegar a Nicole. Lula, em 2019, tem quase 4 milhões de seguidores no Facebook, outros 957 mil o acompanham no Twitter e mais 1 milhão de pessoas no Instagram.

Marcola viveu no quarto de hotel até novembro. Após a eleição de Bolsonaro, resolveu mudar de vez para Curitiba. Antes, pensava que Lula sairia rápido, mas os reveses nas instâncias superiores foram mostrando que a situação poderia não ser provisória.

A estrutura em torno de Lula inclui também um grupo de oito militares do Gabinete de Segurança Institucional da Presidência da República que, desde que estava solto, fazem a sua segurança, um direito assegurado por lei para os que comandaram o país. Dois deles ficam sempre em Curitiba. Cuidam de demandas do dia a dia, como material de higiene pessoal, roupa de cama, toalhas, vestuário, calçados, alimentação, remédio, escolta e transporte dos familiares. O chefe do grupo é o coronel Valmir Moraes, que está com Lula desde 2003.

A leitura foi o principal passatempo de Lula no início da cadeia. Todo mundo mandava e sugeria livros, os quais ele devorava e recomendava de volta para quem o visitava. Um dos mais indicados pelo ex-presidente foi *Brasil, uma biografia*, das escritoras Lilia Moritz Schwarcz e Heloisa Murgel Starling. Ganhou do advogado José Roberto Batochio *Fogo e fúria*, do jornalista Michael Wolff, que recomendava muito aos petistas que o visitavam durante a campanha, dizendo que as histórias sobre os bastidores da campanha e do governo do presidente norte-americano Donald Trump tinham paralelo com o fenômeno Bolsonaro no Brasil. A trilogia de Getúlio Vargas, de Lira Neto, e *Sapiens: Uma breve história da humanidade*, do historiador israelense Yuval Noah Harari, também entravam nessa lista.

Em novembro, porém, Lula cansou da leitura. Mandou uma carta a Marcola pedindo que enviasse pendrives com filmes e documentários. O televisor da Philco que fica na cela, doado por Rochinha, tinha uma entrada USB para tornar o desejo de Lula possível. Ele não fez nenhum pedido específico, então ficou a cargo do assessor escolher o que mandar. Desde então, a curadoria de Marcola selecionou filmes como *Democracia em vertigem*, da cineasta Petra Costa, entrevistas de canais do Youtube como o "Brasil 247", "Nocaute" (do escritor Fernando Moraes), "Diário do Centro do Mundo", "Carta Capital", "Rádio Brasil Atual", "Fundação Perseu Abramo", TVT (TV dos Trabalhadores) e "Tutameia" (site jornalístico criado por Eleonora de Lucena e Rodolfo Lucena).

Num dos programas de Fernando Moraes, Marcola ouviu a dica do podcast "Presidente da Semana", feito pelos jornalistas Rodrigo Vizeu e Victor Parolin, da *Folha de S.Paulo*, que antes das eleições de 2018 contou em episódios a história de todos os presidentes da República, começando pelo marechal Deodoro da Fonseca e finalizando com o então recém-eleito Jair Bolsonaro. Mandou pro Lula, que adorou. "A gente percebe nesse programa como os militares estiveram presentes nos governos da história do Brasil. Foram poucas as vezes em que eles não estavam governando, como na minha Presidência, por exemplo", disse Lula.

Gleisi Hoffmann, ao ficar sabendo que Lula estava assistindo a vídeos na prisão, decidiu gravar as reuniões da executiva e do diretório nacional do PT para enviar a ele. Marcola ficou na dúvida sobre até que ponto revelar assuntos internos do partido aos policiais seria pertinente; afinal, eles veriam os vídeos que entrariam na cela. "É bom que assistam para saber que não tem nada de mais. E também vão ver que a gente é bagunçado pra caralho", disse Lula.

O primeiro vídeo mais parecia um teste de paciência. A gravação de dezoito horas dos três dias de reunião do diretório nacional, em novembro de 2018, em que avaliavam os motivos da derrota para Jair Bolsonaro, foi assistida por Lula com atenção. No retorno para Marcola, em carta, ele fez vários apontamentos que comprovam que ele realmente assistira a tudo. Numa das mensagens, usou até linguagem de redes sociais para cutucar um dos fundadores do PT. "KKK Ligue para o Sokol e diga que eu ouço esse discurso dele faz trinta anos", escreveu Lula, referindo-se a Marcus Sokol.

Lula, segundo os assessores, nunca foi muito fã de TV. Antes da prisão, assistia a novelas, telejornais e partidas de futebol, seu programa preferido. Marcola levava bronca quando esquecia que havia rodada decisiva da Champions League, o principal campeonato de clubes europeu, ou marcava alguma reunião no horário das partidas. E ainda ouve reclamações constantes de que no Paraná quase não passa jogos do seu time, o Corinthians. É que, na cela, o ex-presidente só tem acesso a canais abertos.

Desde a campanha, Lula tem prestado muita atenção nos programas religiosos, sobretudo os evangélicos. Segundo ele, ali estão alguns dos principais atores políticos do momento. "É preciso entender esses caras. Eles têm controle sobre uma grande massa de pessoas pobres que obedecem ao que eles mandam", disse Lula a Rochinha. O advogado também é alvo de críticas de Lula pela sua performance diante das câmeras. Rochinha comanda o programa semanal "Minuto do Vinho", no canal local CNT. "O Lula dá pitacos, disse que o ambiente é muito escuro e eu preciso pôr música pra deixar o programa mais alegre", diverte-se o advogado.

Como Rochinha e Manoel Caetano são os responsáveis por entregar nas mãos de Lula o resumo das notícias do dia, presenciam também suas reações. Após a publicação das reportagens com as trocas de mensagens no Telegram do procurador da República Deltan Dallagnol com outros procuradores e com o ex-juiz federal Sergio Moro, que conduziu o processo que levou Lula à prisão, repetia: "Eu não falei que eles faziam política no meu processo? Alguém tinha alguma dúvida de que eles estavam mancomunados contra mim?".

Para Lula, os episódios narrados nas reportagens publicadas pelo The Intercept Brasil não foram apenas um exemplo da perseguição que sofria e de um suposto julgamento injusto. Quando o ex-juiz Moro deixou a toga para virar ministro de Jair Bolsonaro, Lula apontou o dedo. "Ele usou o Judiciário para fazer campanha. Não é possível que não anulem meu processo", disse ao advogado Cristiano Zanin, que mora em São Paulo e é responsável pela sua defesa. "Eu não aceito sair daqui de tornozeleira ou ir pra casa em progressão de regime. Eu vou pra casa absolvido ou com esse processo anulado", repetiu ao advogado.

Lula vinha repetindo também que Léo Pinheiro, ex-presidente da OAS, que há cerca de quatro anos está preso na Lava Jato, foi forçado a delatá-lo. O discurso do ex-presidente ganhou força quando a *Folha de S.Paulo*, em parceria com o The Intercept Brasil, publicou conversas entre Deltan e os advogados do empreiteiro que indicam que a proposta de delação de Léo Pinheiro foi sendo alterada, por pressão dos procuradores, até que incluísse uma acusação mais direta ao ex-presidente. Antes, Léo Pinheiro dizia que o triplex do Guarujá era uma tentativa de agrado a Lula, feita sem combinação prévia com o ex-presidente. Afinal, o petista nunca tomou posse do triplex. No final, o empreiteiro alterou o depoimento e incriminou Lula ao afirmar que o imóvel era parte de um acerto dele com a OAS em troca de três contratos da Petrobras. Apesar de as mensagens entre procuradores e advogados terem sido expostas na reportagem, tanto a defesa de Léo Pinheiro quanto os procuradores negaram que tenha havido esse tipo de mudança de discurso.

O fato é que essa história já havia sido relatada em junho de 2016 pelos repórteres Mario Cesar Carvalho e Bela Megale. Eles publicaram na *Folha de S.Paulo* que a negociação do acordo de delação premiada de Léo Pinheiro estava travada por causa do modo como ele havia descrito dois episódios envolvendo Lula (as obras no triplex no Guarujá e no sítio de Atibaia).[1] Até o fechamento do livro, a delação de Léo Pinheiro foi homologada pelo Supremo Tribunal Federal, e ele passou para a prisão domiciliar.

Mas, quando a delação ainda não tinha sido validada pela Justiça, Léo Pinheiro aceitou depor ao juiz Sergio Moro contra Lula no caso do triplex no Guarujá. O depoimento do empreiteiro deu aos acusadores o que eles precisavam. Lula foi condenado a nove anos e meio de prisão e sua pena foi aumentada no julgamento do seu recurso na oitava turma do Tribunal Regional Federal da 4ª Região a doze anos e um mês. A quinta turma do STJ, mais tarde, reduziu a pena para oito anos, dez meses e vinte dias. Léo Pinheiro teve a pena reduzida em 70%. Lula e Léo Pinheiro estavam presos no mesmo prédio, mas Léo na carceragem, no primeiro andar, e Lula na cela especial, no quarto e último andar. Os dois nunca tiveram contato.

Mas Lula, no início de 2019, pediu a um agente da PF que entregasse um bilhete a Léo Pinheiro. Na mensagem, dizia que ainda gostava muito de Léo e que entendia a razão da delação. Se o empreiteiro não incriminasse Lula, ficaria para sempre preso, perseguido pela Lava Jato. Léo Pinheiro agradeceu e disse que também gostava muito de Lula. Em março, quando da morte de Arthur, Lula recebeu um bilhete de Léo Pinheiro. O empreiteiro sentia muito pela perda do ex-presidente.

Sobre este livro

Na manhã do dia 14 de abril de 2018, cruzei os portões do Complexo Médico Penal, em Pinhais, na região metropolitana de Curitiba, em direção à galeria de número 6. Passei pelo detector de metais, segui por um extenso corredor, depois subi uma rampa ladeada por paredes amarelas. O local era limpo e silencioso e, não fosse pelas grades que separavam os ambientes, poderia ser confundido com um corredor de escola pública ou hospital.

No dia em que visitei o lugar, acompanhado pelo então diretor do presídio Jeferson Medeiros Walkiu, estavam trancafiados em suas celas o ex-presidente da Câmara Eduardo Cunha e o ex-presidente da Petrobras e do Banco do Brasil, Aldemir Bendine, entre outros. Com autorização do então chefe do Departamento Penitenciário do Paraná, Luiz Alberto Cartaxo de Moura, pude circular pela ala, pelas celas, pelo pátio do banho de sol e pelos chuveiros coletivos, e tirar fotos do lugar. O único compromisso era não falar com os presos, o que cumpri. Eu não estava ali para coletar histórias; queria apenas ver com meus próprios olhos os cenários que eu descrevera no já em curso *A elite na cadeia*.

A ideia de escrever este livro nasceu muito antes, em meados de 2016. Durante meu trabalho como repórter da *Folha de S.Paulo* na cobertura da Operação Lava Jato, conheci pessoas envolvidas com a investigação que me contaram acontecimentos interessantes sobre o dia a dia no cárcere. A cada história, meu entusiasmo aumentava.

De lá para cá, publiquei inúmeras reportagens sobre a vida dos presos da Lava Jato, mas ficou evidente que aquele universo extrapolava as páginas do jornal. Para reconstruir os episódios contados neste livro, conversei por quase quatro anos com cerca de cinquenta pessoas, entre carcereiros, policiais federais, funcionários do presídio, advogados, empresários, lobistas, doleiros, políticos, parentes de presos, enfim, pessoas que de alguma maneira presenciaram ou souberam de acontecimentos intramuros do Complexo Médico Penal ou dos cárceres da Polícia Federal. Como o assunto era sempre delicado, a grande maioria falou comigo com a condição de permanecer no anonimato.

Para ter acesso aos personagens mais importantes, também fiz muitos plantões em frente ao CMP e à sede da PF; liguei insistentemente até que aceitassem falar comigo; convenci amigos a me apresentarem a fontes que depois se mostraram essenciais para que este livro fosse adiante.

Não foi fácil conquistar a confiança de muitos deles. Os que foram presos, ou mesmo seus parentes, temiam uma exposição inadequada ou ser retratados como uma caricatura de bandido. Outro temor era o de se incompatibilizar com os investigadores. Já os carcereiros, policiais e outros funcionários públicos tinham receio de sofrer punições ou até mesmo uma demissão por justa causa, caso viesse a público que eram fontes de informações. Daí a importância do sigilo.

Para garantir a veracidade dos fatos a mim relatados, adotei alguns critérios de checagem. Após ouvir um episódio, fosse de um carcereiro, familiar, advogado ou de alguém que esteve preso, eu procurava outras pessoas que teriam presenciado o mesmo evento. A elas eu mencionava apenas o assunto, sem dar detalhes sobre o que ouvi, e depois comparava as versões. Quanto mais versões "únicas" eu ouvia, mais tinha segurança de que o caso realmente havia acontecido. Algumas histórias foram repetidas com exatidão por até seis pessoas. Muitas confirmei com os próprios protagonistas.

Vários diálogos deste livro foram construídos a partir desses múltiplos relatos. Ou seja, nem sempre me foram contados por quem está "falando", mas sim compostos a partir do que terceiros me narraram, uma prática comum na tradição do jornalismo literário. Por exemplo, antes de descrever a reação do ex-presidente Lula à morte do neto Arthur, conversei com cinco pessoas, das quais duas delas estavam com Lula na hora em que ele recebeu a notícia.

Para descrever a carceragem da Polícia Federal e o Complexo Médico Penal, falei com carcereiros e ex-presos, sendo alguns especialmente úteis, já que eram ligados a empreiteiras ou tinham como formação a engenharia — desenharam croquis das alas e das celas e me ajudaram a visualizar as áreas que não pude conhecer pessoalmente.

Durante os últimos anos também precisei acompanhar de perto todos os desdobramentos da Lava Jato, fosse em apuração própria, fosse pelas publicações de colegas de imprensa. Além disso, reuni uma relevante bibliografia sobre o tema e reportagens e estudos sobre o sistema penitenciário paranaense.

No entanto, este livro é, essencialmente, fruto da apuração de campo, das conversas com os personagens.

Sorte a minha ter me tornado confidente de pessoas que compreenderam que olhar para dentro das celas é contar uma parte importante da história recente do Brasil.

Cela da sexta galeria do Complexo Médico Penal, em Pinhais. Nesta ala moraram os presos da Lava Jato. Na cama, o material de higiene que eles recebem quando entram no presídio.

Banheiro da cela da sexta galeria do Complexo Médico Penal, em Pinhais, usado por presos da Lava Jato. No cubículo não há chuveiro.

Pátio de banho de sol visto da janela do corredor da sexta galeria do Complexo Médico Penal, em Pinhais. Ali os presos da Lava Jato corriam e jogavam futebol.

Chuveiros usados pelos presos da Lava Jato na sexta galeria do Complexo Médico Penal, em Pinhais.

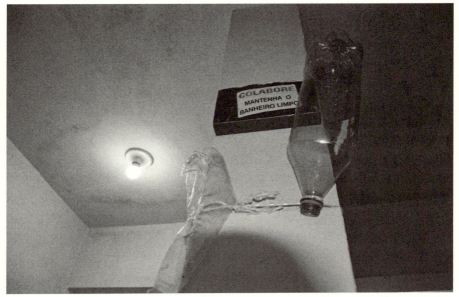

Garrafas PET usadas como cabides na área de chuveiros da sexta galeria do Complexo Médico Penal. Ali presos da Lava Jato penduravam toalhas e roupas.

Marmitas distribuídas para os presos da Lava Jato na sexta galeria do Complexo Médico Penal, em Pinhais. Na cadeia, elas têm o apelido de "blindadas".

Sala de aula do Complexo Médico Penal, em Pinhais, usada por todos os presos do local.

Auditório da sexta galeria do Complexo Médico Penal, em Pinhais.

Biblioteca do Complexo Médico Penal, em Pinhais.

Sala de informática do Complexo Médico Penal, em Pinhais, usada pelos presos de todo o presídio.

Enfermaria do Complexo Médico Penal, em Pinhais, reservada para os presos comuns.

Banheiro da enfermaria do Complexo Médico Penal, em Pinhais, usado pelos presos comuns.

Colchões na enfermaria do Complexo Médico Penal, em Pinhais, usados pelos presos comuns.

TV dos presos comuns na enfermaria do Complexo Médico Penal, em Pinhais.

Agradecimentos

Quando resolvi escrever um livro sobre a vida dos presos da Lava Jato não sabia onde isso ia parar, ou mesmo se chegaria a algum lugar. O que eu tinha certeza é de que não era possível fazê-lo sozinho.

O primeiro passo foi consultar o jornalista David Friedlander, por quem tenho profunda admiração. "Eu leria este livro", disse David. Ganhei, então, um motivo para escrever.

Depois dele vieram muitos outros amigos, colegas e "fontes" que dedicaram seu tempo para me ajudar nas mais diversas tarefas.

Agradeço a Fábio Zanini, que, como meu editor na *Folha de S.Paulo*, incentivou e compreendeu meu projeto. O mesmo digo de Sérgio Dávila, diretor de redação, que foi generoso comigo e com meu livro. Em 2019, Eduardo Scolese passou a ser meu editor no caderno Poder do jornal. Ganhei um amigo e mais apoio.

Ainda na *Folha*, agradeço a sorte de ter como colega e amigo o repórter Felipe Bächtold. Poucos jornalistas conhecem tanto a Lava Jato quanto ele. Não por acaso, fez a checagem deste livro.

Peço desculpas aos colegas Guilherme Seto, Rogério Gentile e Flávio Ferreira, que muitas vezes desperdiçaram tempo conversando sobre acontecimentos da cadeia em vez de falar sobre o que realmente interessa: o time do Palmeiras.

Muito obrigado aos meus colegas de editoria Alencar Izidoro, Catia Seabra, José Marques, Joelmir Tavares, Carolina Linhares, Flávia Faria, Guilherme Magalhães, Mario Cesar Carvalho, Camilla Matoso, Gessica Brandino, Isabel Fleck, Valdeci Lima Santos, Rodrigo Vizeu, Rodrigo Borges Delfim, Thais Bilenky, Letícia Berger Sander. E também aos jornalistas de outras editorias Joana Cunha, Paulo Muzzolon, Danilo Verpa, Magê Flores, Alexa Salomão, Willian Castanho, Juliano Machado, André Rosa, Luiz Fernando Cosenzo. Agradeço também aos secretários de redação Vinícius Mota, Roberto Dias, José Henrique Mariante e Uirá Machado.

À Bruna Narcizo, minha colega de reportagem, devo um reconhecimento especial. Durante o processo de apuração de alguns capítulos ela me socorreu e compartilhou o contato de fontes que foram essenciais para que eu avançasse nas histórias. Quem não é jornalista não tem a dimensão do quão generoso e raro é isso.

E a minha dívida de gratidão se estende para fora da *Folha*. Obrigado a André Sarmento, Aline Ribeiro, Ricardo Mendonça, Fábio Altman, Ivan Martins, Bruno Ferrari, Mariana Shirai, Taís Hirata, Fábio de Lima Moraes, Fernando Nakajato, Laio Manzano, Tiago Palopolli, Maurício Setubal, Ricardo Fela, Fernando Barreto, Kalleo Coura, Luiz Otávio Paro, Eduardo Pugnalli, Graciliano Rocha, Samuel Figueiredo, Giovana Calandriello, Fabio Victor, Danilo Thomaz e a todos que de alguma forma me acompanharam neste caminho.

À Paula Reverbel, devo mais do que posso retribuir. Foi ela quem esteve comigo nos capítulos mais complicados. Foi mais fácil enfrentá-los na sua companhia. Também nunca saíram de perto Guilherme Evelin, Paulo Roberto Pepe e Eliane Sobral, grandiosos jornalistas. E exigentes. Se há um benefício em publicar este livro, é o de poder dizer para eles que, enfim, acabei.

Laura Ancona esteve comigo na hora certa. Como sempre.

Jéssika Torrezan e Carla Bigatto, que estão por perto desde a faculdade, obrigado por tudo.

Pedro Marcondes de Moura, valeu por me ajudar tanto e dividir comigo boas histórias.

Ser editado pela Objetiva, do grupo Companhia das Letras, é uma sorte que aconteceu graças a uma conversa de bar com meu amigo Fábio Suzuki. Ele se ofereceu para levar a primeira versão desta obra ao seu tio, o jornalista e escritor Matinas Suzuki. Matinas encaminhou o projeto para a editora Daniela Duarte, que inaugurou uma série de generosidades. Primeiro, aceitando editar o livro. E, depois, tendo paciência para me orientar, melhorando o que não dei conta de explicar direito, questionando-me, corrigindo equívocos e dando o rumo. Se há mérito no texto que você lê, grande parte é da Dani. Por fim, agradeço demais a Luiz Schwarcz pelo entusiasmo e a primorosa — e proveitosa — leitura.

Sou grato, sobretudo, aos empreiteiros, empresários, lobistas, políticos, burocratas presos na Operação Lava Jato, policiais federais, agentes penitenciários, diretores de presídio que concordaram em revelar histórias, na condição do anonimato, confiando em mim. São eles a matéria-prima deste trabalho.

Muitos advogados me auxiliaram, seja com informações, tirando dúvidas, confrontando histórias com seus clientes e até me indicando fontes de pesquisa. Que sorte contar com a generosidade de Pedro Bueno de Andrade, Pierpaolo Bottini, Rodrigo Sanchéz Rios, Igor Tamasauskas, Augusto de Arruda Botelho.

A advogada Danyelle da Silva Galvão teve papel especial. Mesmo às voltas com seu doutorado, encontrou tempo para tirar minhas dúvidas e contribuir com informações essenciais. Leu textos por cima do meu ombro. Além disso, Dany foi a inspiração na hora exata em que precisei.

Foram preciosas as colaborações de Isabel Kugler Mendes, Isabel Cecília Mendes Paredes, Eriksson Felipe Denk (Sony), Zaccaria Junior, João Paulo Carvalho, Vanessa Cristina Cordeiro Freire e Robson Costa e Silva, um amigo desde Avaré.

Obrigado a Angélica Beda, João Beda, Elaine Nunes, Sophia Alice, Francine de Paula, Viviane Pereira de Paiva, Edson Nunes, Ana Claudia Arantes Grechi, Frederico Arantes Grechi, Ricardo Alves da Silva, Renan Alves da Silva, Juliano Evangelista, Catharina Kortes, Ricardo Wagner Veiga Rodrigues, Karin Abreu Veiga Rodrigues, Maria Beatriz Veiga Rodrigues e Gabriel Cesar Veiga Rodrigues.

A médica Roberta da Motta Garcia arrumou tempo, em meio a consultas e plantões, para me explicar sobre procedimentos médicos e efeitos de remédios. Durante meses cuidou da minha saúde e da do livro.

Enzo, meu sobrinho, é coautor desta obra. Escreveu no meu colo, no alto dos seus três anos de idade, a melhor palavra do manuscrito: "Nv.ç.].];]".

O meu obrigado a Vinícius Nunes, que já nasceu meu irmão, e Alexandre Grechi e Renato Cesar Veiga Rodrigues, que se tornaram durante a vida. E, claro, a meus pais Paulo Nunes Filho e Áurea de Paula Nunes. Sem eles, não haveria livro, não haveria nada.

Notas

I. NA CARCERAGEM DA POLÍCIA FEDERAL [pp. 11-79]

1. *Levantamento Nacional de Informações Penitenciárias, atualização junho de 2017*. Consultor: Marcos Vinícius Moura Silva. Brasília: Ministério da Justiça e Segurança Pública, Departamento Penitenciário Nacional, 2019. Disponível em: ‹http://depen.gov.br/DEPEN/depen/sisdepen/infopen/relatorios-sinteticos/infopen-jun-2017-rev-12072019-0721.pdf›. Acesso em: 10 set. 2019.

2. Rodolfo Almeida, Daniela Mariani, "Qual o perfil da população carcerária brasileira", *Nexo*, 18 jan. 2017.

3. No total, foram executados pela Polícia Federal, em conjunto com a Receita Federal, 85 mandados que incluíam prisões temporárias e preventivas, busca e apreensão e condução coercitiva (ver: Ministério Público Federal, "Por onde começou", disponível em: ‹mpf.mp.br›).

4. As citações a seguir são de: Estelita Hass Carazzai, "Em dia de visita a presos da Lava Jato, discrição e revolta marcam parentes", *Folha de S.Paulo*, 26 nov. 2014. Disponível em: ‹https://www1.folha.uol.com.br/paywall/signup.shtml?https://www1.folha.uol.com.br/poder/2014/11/1553830-em-dia-de-visita-a-presos-da-lava-jato-discricao-e-revolta-marcam-parentes.shtml?mobile&width=600›. Acesso em: 21 jan. 2018.

5. "Procuradoria pede que executivo continue preso", *Estadão*, São Paulo, 30 jun. 2015.

6. Fabio Victor, "Filho de Cerveró que gravou Delcídio é quase hippie e já teve patrocínio da Petrobras", *Folha de S.Paulo*, São Paulo, 6 dez. 2015; Daniel Haidar, "Por que Cerveró é tão temido", *Época*, 15 jan. 2016.

7. Os relatórios na íntegra da Polícia Federal que relacionam os itens apreendidos na residência de Duque estão disponíveis em PDF na matéria publicada pelo *Estadão* "PF conta as riquezas de Renato Duque, ex-diretor da Petrobras", de 27 de março de 2015, por Julia Affonso, Ricardo Brandt e Fausto Macedo. Disponível em: <https://politica.estadao.com.br/blogs/fausto-macedo/pf-conta-as-riquezas-de-renato-duque-ex-diretor-da-petrobras/>. Acesso em: 11 ago. 2019.

8. "Dono de galeria confirma que Duque escolheu obra de Guignard paga por lobista", *Época Negócios*, 9 set. 2015.

9. Em 2018, por exemplo, o advogado foi acusado de receber propina de 50 mil dólares mensais entre 2005 e 2013 dos doleiros Vinicius Claret e Cláudio de Souza. Ver: Juliana Castro, Igor Mello, "Em delação, doleiros relatam propina para advogado em troca de proteção", *O Globo*, Rio de Janeiro, 19 maio 2018.

10. Bibiana Dionísio, "Inquérito sobre regalias aos presos da Lava Jato está em fase final, diz PF", *G1*, Paraná, 11 mar. 2015.

11. Além das entrevistas feitas para este livro, ver: Bela Megale, Wálter Nunes, "Da saída da cadeia, Youssef estimulava presos da Lava Jato a fazer delação", *Folha de S.Paulo*, São Paulo, 16 nov. 2016.

12. Afonso Benites, "Presos da Lava Jato serão levados para prisão que foi manicômio no passado", *El País*, São Paulo, 23 mar. 2015.

II. NO COMPLEXO MÉDICO PENAL [pp. 81-112]

1. Katna Baran, "Superlotação em presídio no Paraná 'beneficia' detentos da Lava Jato", *Folha de S.Paulo*, São Paulo, 19 ago. 2019.

2. Juliana Castro, "Assad diz que Andrade Gutierrez pagou R$ 30 milhões para 'matar' CPI do Cachoeira", *O Globo*, Rio de Janeiro, 9 ago. 2017.

III. A ODEBRECHT NA CADEIA [pp. 113-48]

1. A rebelião ocorreu em 6 de outubro de 2015 e chegou ao fim em 24 horas, quando os rebelados apresentaram uma carta com reivindicações para os representantes da Polícia Militar e do Depen. Ver: "Sistema Penitenciário – Presos da PEL 2 se rendem após 24 horas de motim", *Folha de Londrina*, Paraná, 7 out. 2015.

2. Segundo o site do Depen (<www.depen.pr.gov.br/modules/conteudo/conteudo.php?conteudo=11>. Acesso em: 11 set. 2019).

IV. RELAÇÕES EM CADEIA [pp. 149-205]

1. "MPT move ação contra o Estado exigindo melhoria nas condições de trabalho nas unidades penais do PR", Sindarspen — *Sindicato dos Agentes Penitenciários*, Paraná, 21 set. 2017.
2. *Folha de S.Paulo*, São Paulo, 15 abr. 2018.
3. Wálter Nunes, "A esperança de Marcelo Odebrecht", *Veja*, 31 out. 2015.
4. Ver: *Tribuna da Imprensa*, 21 maio 2008.
5. Wálter Nunes, "Andrade Gutierrez pagou regalia a presos da Lava Jato, diz podóloga", *Folha de S.Paulo*, São Paulo, 3 abr. 2016.
6. Diego Escosteguy com Flávia Tavares, Marcelo Rocha, Murilo Ramos e Leandro Loyola, "As denúncias do operador do PMDB na Petrobras", *Época*, 9 ago. 2013.

V. NOVOS E ANTIGOS DETENTOS [pp. 207-43]

1. Bela Megale, "Condenado, Pedro Corrêa diz que política se fazia com corrupção e compra de votos", *O Globo*, Rio de Janeiro, 7 jan. 2018.
2. Severino Motta, "Marcelo Odebrecht delatou os políticos mais poderosos do país e agora relaxa malhando num step da Polishop", *Buzzfeed News*, 26 jan. 2017. Disponível em: <https://www.buzzfeed.com/br/severinomotta/marcelo-odebrecht-malhacao>. Acesso em: 11 set. 2019.
3. Wálter Nunes, "Após delatar, Palocci ganha direito a circular livremente e até a cultivar um jardim", *Folha de S.Paulo*, São Paulo, 28 abr. 2018.
4. Laudo citado em: "Advogados alegam mau estado de saúde de ex-executivo da Odebrecht", *Veja*, 9 fev. 2017.
5. Luís Humberto Carrijo, *O carcereiro: O Japonês da Federal e os prisioneiros da Lava Jato*. Rio de Janeiro: Rocco, 2018, p. 156.
6. Malu Mazza, Thais Kaniak, Samuel Nunes, "Mulheres são presas com detentos da Lava Jato e ganham autógrafos", *G1*, Paraná, 15 dez. 2015.

VI. LULA [pp. 245-70]

1. Mario Cesar Carvalho, Bela Megale, "Delação de sócio da OAS trava após ele inocentar Lula", *Folha de S.Paulo*, São Paulo, 1 jun. 2016.

ESTA OBRA FOI COMPOSTA PELA ABREU'S SYSTEM EM INES LIGHT
E IMPRESSA EM OFSETE PELA LIS GRÁFICA SOBRE PAPEL PÓLEN SOFT
DA SUZANO S.A. PARA A EDITORA SCHWARCZ EM NOVEMBRO DE 2019

A marca FSC® é a garantia de que a madeira utilizada na fabricação do papel deste livro provém de florestas que foram gerenciadas de maneira ambientalmente correta, socialmente justa e economicamente viável, além de outras fontes de origem controlada.